I0355155

www.ingramcontent.com/pod-product-compliance
Lightning Source LLC
Chambersburg PA
CBHW070050080526
44586CB00013B/990

* 9 7 8 1 5 9 5 8 4 3 7 3 9 *

ایرج پزشک زاد

به یاد یار و دیار

شرکت کتاب

Reminiscing on the Fellow-companions and the Beloved Home
Subject: Anti-superstition
Author: Iraj Pezeshkzad
Published by: Ketab Corporation
Copyright© 2025 Ketab Corporation
All right reserved.
2nd Edition by: Ketab Corporation

به یاد یار و دیار
مجموعه ی طنزیات سیاسی و اجتماعی
نویسنده: ایرج پزشک زاد
موضوع: خرافات ستیزی
ناشر: شرکت کتاب
چاپ دوم شرکت کتاب: ۲۰۲۵ میلادی - ۱۴۰۴ خورشیدی - ۲۵۸۴ ایرانی خورشیدی

No part of this book may be reproduced in any manner without the express written
consent of the publisher,
except in the case of brief excerpts in critical reviews or articles.
For information about permission to reproduce selections from this book, write to
Permissions@Ketab.com

The Library of Congress Cataloging-in-publishing Data is available upon request.

ISBN:978-1-59584-373-9
Ketab Corporation:
12701 Van Nuys Blvd., Suite H,
Pacoima, CA, 91331, USA

2 2 3 4 5 6 7 8 25

فهرست

بجای پیش‌گفتار ۱
قلم‌یار فرزانه‌ام ۱۱
دوئل در پاریس ۲۷
بازگشت به وطن آشفته ۴۳
صندوق لعنت ۶۵
اکبر شیر در میان بچه پُر روها ۹۱
دو یار زیرک و ۱۰۹
عمو جانان من ۱۲۵
ناز طبیبان ۱۴۳
مأموریت ژنرال ۱۶۵
یادبادی از شاعران ۱۸۱
پیک بشارت بی.بی ۱۹۵
شب اول Black Humour ۲۰۹

بجای پیش‌گفتار

واژه‌ی طنز، که تا پنجاه شصت سال پیش برای ما واژه‌ی تقریباً ناشناسی بود، در سال‌های اخیر بسیار باب شده وکاربرد فراوانی یافته است. نشریاتی با عنوان سالنامه، ماهنامه یا هفته نامه‌ی طنز منتشر می‌شود. در روزنامه‌های خبری هم غالباً به صفحه‌ی طنز یا ستون طنز برمی‌خوریم. در مقالات سیاسی و اجتماعی اصطلاحات طنزآمیز و طنزآلود فراوان دیده می‌شود. نویسندگان وگویندگان امروز، طنز را مترادف Satire غربی ـ به معنای خرده‌گیری و انتقاد مستهزآنه‌ی معایب و مفاسد اخلاقی و اجتماعی، به‌کار می‌برند و معرفی می کنند. هر چند در مغرب زمین درباره‌ی این مفهوم اتفاق نظر وجود ندارد، ولی در فارسی ظاهراً قبول عام یافته است. در تألیفات تحقیقی ادبی نیز بر آن تأکید شده است. مثلاً درکتاب «از صبا تا نیما» تألیف دکتر

یحیی آرین‌پور، که تاریخ ادب معاصر فارسی است، زیر عنوان «طنز» می‌خوانیم: «آن نوع ادبی که در السنه‌ی غربی Satire نامیده می‌شود در فارسی طنز اصطلاح شده است.»

اصطلاح، به این مفهوم هنوز رسمیت نیافته و فرهنگ‌ها معنی لغوی آن، ریشخند، طعنه، ملامت ـ را حفظ کرده‌اند. البته کلمه‌ی نوساخته‌ای نیست. در زبان فارسی سابقه‌ی هزار ساله بلکه بیشتر دارد و در شعر و ادب به همین معنی آمده است.

از خاقانی:

زبون‌تر از مه سی‌روزه‌ام مهی سی روز
مرا به طنز چو خورشید خواند آن جوزا

از سعدی:

دی گفت سعدیا من از آن توام به طنز
این عشوه‌ی دروغ دگر باره بشنوید

از عبید زاکانی:

گفتمش زلف تو دارد دل من از سر طنز
گفت کاین بی‌سروپایین که چه سودا دارد

از حافظ:

در سیل غم فتاد سپهرش به طنز گفت
الانَ قد نَدِمتَ و ماینفعُ النَّدَم

ولی در گذشته، لفظ طنز به خلاف امروز، زیاد سر زبان شاعران و

نویسندگان نبوده است. انگار زیاد دوستش نداشته‌اند. در تمام غزلیات سعدی تنها همین یک بار آمده و، عبید و حافظ هم بیش از همین یک‌بار آن را به کار نبرده‌اند. این غریبگی وکم پیدایی لفظ تا دوران ما به همان معنی ادامه داشته و تحول معنای آن کاملاً جدید است.

اشعار سید اشرف‌الدین گیلانی در نسیم شمال و چرند پرند دهخدا در صوراسرافیل، عنوان طنز نداشتند. و بعد از آن‌ها روزنامه‌های توفیق و باباشمل با عنوان فکاهی ـ انتقادی منتشر می‌شدند و در بحث وگفتگو راجع به آن‌ها صحبتی از طنز نبود. من شخصاً با آن‌که در محیطی کتاب آشنا و روزنامه و مجله‌خوان زندگی می‌کردم، تا نوجوانی خاطره‌ای از این واژه ندارم. تنها از دهه‌ی بیست خودمان به بعد بود که کم‌کم این کلمه به گوشمان خورد و منشأ بروز آن، تا آن‌جا که حدس زده‌ام و دنبال کرده‌ام، در مجله‌های یادگار و یغما و سخن بود. عباس اقبال و حبیب یغمائی و دکتر خانلری و همکاران ادیب‌شان در این نشریات، به مناسبت‌های مختلف، به‌خصوص به مناسبت معرفی عبیدزاکانی، واژه‌ی طنز را، البته همراه با الفاظ کمکی رساننده‌ی مفهوم، از قبیل طنز و هزل، طنز و مطایبه، طنز و طیبت به کار بردند و ترویج کردند و در نهایت آن را به عنوان هویت هنر والای عبید ـ که بین هزل و هجو و لاغ و لطیفه بلاتکلیف بود ـ جا انداختند.

این بزرگان، در این کوشش و تلاش اگر توانستند تفاوت میان طنز و هجو زشت و منفور را – که چیزی جز فحاشی منظوم نبود – به خوبی برسانند، در تفهیم فرق میان طنز و فکاهه آن‌قدرها موفقیتی نیافتند. به

رغم زحمات آن‌ها، خوانندگان‌شان به این نکته‌ی دقیق توجه نکردند که هدف فکاهه یا لاغ ـ یا به قول فرنگی‌ها جوک، خنداندن است و بس. در حالی که طنز اگر اتفاقاً خنده‌ای را موجب شود، از نوع خنده‌ی فکاهه نیست و به هر حال، نه هدف که وسیله‌ای برای رساندن مطلب است.

نتیجه‌ی این نارسائی جز این نبوده که ما، کماکان بین طنز و فکاهه فرق نمی‌گذاریم و از طنز مثل فکاهه توقع خنده داریم تا آن‌جا که اگر طنزی ما را نخنداند، بر طنزیت آن خط انکار می‌کشیم. به گمان من، افتتاح باب معرفی طنز با آثار عبید در این اختلاط و اغتشاش بی‌اثر نبوده است. ما، وقتی با عبید آشنا شدیم، رساله‌ی اخلاق‌الاشراف، شاهکارش را که خنده‌آور نیست، سرسری مروری کردیم. ولی «رساله‌ی دلگشا»ی او با حکایت‌های خنده‌آورش چشم‌مان را گرفت و تمام حواس‌مان را مشغول به خود کرد. خواندیم و خندیدیم و ناشیانه بر تمام حکایت‌هایش مهر طنز زدیم. در حالی که اکثر حکایت‌های رساله‌ی دلگشا، از نوع فکاهه برای خنداندن است:

«قزوینی پیش طبیب رفت گفت موی ریشم درد می‌کند. پرسید چه خورده‌ای؟ گفت نان و یخ. گفت برو بمیر که نه دردت به درد آدمیزاد می‌ماند نه خوراکت».

«مجد همگر زنی زشت‌رو در سفر داشت. روزی در مجلسی نشسته بود. غلامش دوان بیامد که مژده، خاتون به خانه فرود آمد. گفت مژده در آن بودی که خانه به خاتون فرود آمدی».

اما ایـــن بزرگ‌مرد روزگار، لابلای ایـــن فکاهه‌های خنده‌آور، با زیرکی، طنز نیش‌دار قتّالش را در تک و توک حکایت‌های ظاهراً ساده، علیه فساد شیخ و قاضی و واعظ و حاکم عنوان کرده، که در آن دوران مسلماً خطر مرگ را به جان خریده است.

البته تشخیص این ظرافت‌ها محتاج وقت بوده که ما فرصت آن را نداشتیم. طنز و خنده در ذهن‌مان مخلوط و جدایی‌ناپذیر شد و آخرکار قزوینی نان و یخ خورده و زن زشت‌روی مجد همگر، برای ما نمونه‌ی طنز عبید و معیار سنجش طنزهای دیگر از نظرکم و زیادی خنده شد.

حرفی نیست که خنده، این هدیه‌ی اختصاصی خداوند به انسان، نعمت بزرگی اســـت و اعتقاد به خنـــده و انتظار خنده به خودی خود سعادتی است، به‌خصوص برای ما که از چند طرف در منگنه‌ی تحریم خنده تحت فشـــار هســـتیم. از یک طرف آخوندها، برای این که مبادا وقت گریه را بگیرد، فتوای علامه مجلسی در کتاب «حلیةالمتقین» را توی چشم‌مان می‌زنند: «از حضرت صادق (ع) منقول است که بسیار خندیدن دل را می‌میراند و دیـــن را می گدازد» از طرف دیگر عارف بزرگ‌مان امام محمد غزالی در «کیمیای سعادت» هشدار می‌دهدکه: «دل از خنده‌ی بســـیار سیاه شود» و بدتر از آن‌ها شاعر سخن‌دان‌مان، ناصرخسرو خنده را به عنوان علامت حماقت محکوم می‌کند: «خنده از بی‌خردی خیزد چون خندم – چون خرد سخت گرفتست گریبانم».

در نتیجـــه، خنده‌خواهـــی و خنده‌جویـــی مـــا محروم‌الخنده‌ها، مشروع‌ترین حقّ‌مان است. ولی، اگر در طنز دنبال خنده می گردیم، اول

باید تکلیف‌مان را با ســاتیر غربی ـ آن‌طورکه عنوان شده و دیدیم ـ روشن کنیم. چون اگر طنز را مترادف ساتیر غربی بشناسیم ولی ملاک طنزیت را خندانندگی بدانیم، باید عمده‌ی طنزیات نویسندگان بزرگ غربی – از هوراســیوس ساتیریست بزرگ رومی گرفته، تا فرانسوی‌ها: بوالو، ولتر، ویکتورهوگو– تا آنگلوساکسون‌ها: سویفت، هاکسلی، اُرول – تا، از خودمان: ســنائی، سعدی، مولانا، حافظ و حتی دهخدا راکه طنزشان. خندانندگی مورد انتظار را ندارد، از عنوان طنز محروم کنیم.

ولی انکار خندانندگی به عنوان شناســنامه‌ی طنز، نه تنها در ذهن مــا، آدم‌های عادی، که حتــی در ذهن اهل تحقیــق ادبی هم خوش نشسته اســت. برای مثال، دکتر آرین‌پور، که قبلاً تعبیرش از واژه‌ی طنز مبنی بر برابری آن با ســاتیر غربی را دیدیم، در همان تألیف، در فصل «طنزنویســی» اظهارنظر می‌کندکه اگر موش وگربه و بعضی لطایف عبیــد و حکایات ملانصرالدین و بعضی آثار محمدحســن صفاعلی معروف به نبی‌السارقین در دوره‌ی ناصرالدین شاه را مستثنی کنیم، «در سراســر ادبیات حجیم هزار ســاله‌ی ایران به آثار طنزآمیزکه هدف آن اصلاح و تزکیه باشد برنمی‌خوریم». این انکار و داوری و ردّ قاطعانه‌ی سابقه‌ی طنز درادبیات هزار ساله‌ی ایران، قبل از همه به مغرب زمینی‌ها برمی‌خــورد. چون جمعی از بزرگان ادب و دانش آنها، مثل ارنســت رنان، باربیه دو منار، هانری ماسه، یان‌ریپکا و دیگرانی، از قرن نوزدهم تاکنون، در نوشته‌هاشان، سعدی را به اعتبارگلستان، طنزپردازی بزرگ قابل قیاس با هوراسیوس رومی و ساتیریست‌های قرن شانزدهم فرانسه،

معرفی کرده‌اند.

آن‌ها متعجب می‌شـــوند و ما متوجه می‌شویم که مفهوم جدید طنز مترادف با ساتیر غربی، حتی در ذهن نویسنده‌ای که این مترادف بودن را عنوان کرده، جا نیفتاده و وجه تمیز و تشخیص طنز، برای او هم‌چنان خنداندگی است. و ظّن غالب من آن است که این ابهام (خویشی طنز و خنده) بر ذهن اساتید ادب ما نیز حاکم باشد. به قرینه‌ی این که دیده‌ام استادگرانقدر بسیاردان ما، دکتر ذبیح‌الله صفا، در «گنجینه‌ی سخن» که کتاب مرجع درباره‌ی آثار پارسی‌نویسان بزرگ است، ضمن بحث راجع به آثار ســعدی، وقتی به موضوع طنز او می‌رســد –که از آن به عنوان «هــزل و انتقاد» یاد می‌کند– هزلیات و مضاحک او را پیش می‌کشد و مورد بررسی قرار می‌دهد. و به طنزگلستان –که آن‌طور نظر بزرگان غرب را جلب کرده– هیچ اشاره‌ای نمی‌کند.

باری، درباره‌ی خنداندگی طنز این را هم به عنوان نتیجه بگویم که در طنز، اگر آن را مترادف ساتیر غربی به عنوان یک نوع ادبی بشناسیم، خنده یک مســأله‌ی سبک و شیوه اســت. طنزپرداز می‌تواند بخنداند و یا بگریاند. اشــعار طنز ویکتورهوگو علیه خودکامگی ناپلئون سوم، درکتاب «عقوبات»، نه تنها کســی را نمی‌خنداندکه غالباً اشک غم به چشــم می‌آورد. جورج اُرول که «مزرعه‌ی حیوانات» اوگاه خواننده را بــه خنده می‌اندازد و در نتیجــه در ردیف طنزهای خندان جا گرفته است، در طنز دیگرش «۱۹۸۴»، که تجسم یک دنیای خیالی، حاصل توتالیتاریسم کمونیست‌ها و نازی‌ها و فاشیست‌هاست، شیوه‌ی دیگری

انتخاب کرده است. حال و هوای داستان در کشوری تحت سلطه‌ی حزب با «پلیس عقیده» قدر قدرتش و شعار سه‌گانه‌ی آزادی بردگی است، جنگ صلح است، جهل قدرت است – که در آن عشق ممنوع و عشق‌بازی جرم سیاسی است، نه تنها مجالی برای خنده نمی‌گذارد، که شرح زندگی روزمرّه‌ی قهرمان داستان زیر نگاه ثابت تصویرهای همه‌جا حاضر Big Brother رئیس کل حزب و تحت مراقبت دائمی هلی‌کوپترهای جاسوسی وزارت «حقیقت» محیطی آن‌چنان تیره و سنگین به وجود می‌آورد. که گاه خواننده را به هول و هراس می‌کشاند. یا ولتر، که با طنز «کاندید یا خوشبینی» گاه خواننده را می‌خنداند و گاه می‌گریاند، به رغم آوازه‌ی ساتیرنویس خنداننده، ساتیر معروفی هم در قالب تراژدی دارد. در تراژدی «محمد» در پنج پرده، پشت پرده‌ی حکایت ظاهری، ساتیر قهّاری علیه مذهب کاتولیک ساخته است.

به هر حال، اگر طنز خنده‌ای ایجاد کند از نوع وصف‌شده در لغت‌نامه‌ها: که «لب‌ها و دهان گشاده گردند و آواز مخصوصی از حلق برآید»، نیست. نوعی خنده‌ی درونی یا انبساط و رضایت خاطر است که شاید بتوان آن را با اصطلاح «وقت خوش شدن» عرفاء و یا به اصطلاح خودمانی «دل خنک شدن» توصیف کرد. برای مثال، در صحنه‌های تراژی – کمیک «مزرعه‌ی حیوانات» اُرول، وقتی می‌بینیم عوارض دیکتاتوری و زورگویی و تبعیض و حق‌کشی به زبان قصه محکوم شده و مسببین این بلایای انسانیت مورد استهزاء قرار گرفته‌اند، احساس رضایت خاطر می‌کنیم و اگر اتفاقاً خنده‌ای بزنیم، نه از سر

شـادی بلکه خنده‌ی تلخ تأسف برکج‌رفتاری روزگار است که به چنین دیوسارانی اجازه‌ی سلطه بر سرنوشت آدمیان داده است. به قول گوگول خنده‌ای در میان اشک‌های نامرئی است.

به یاد

قلم یار فرزانه‌ام

تورج فرازمند

آن سال‌ها ـ مثلاً دهه‌ی سی ـ ما اهل قلم، می‌نوشتیم. اما خودرو و خودساخته و سرخود بودیم. کسی به ما نگفته بود برای قصه نوشتن چه بار و بُنه‌ای لازم است، چه‌طور باید نوشت، چه باید نوشت. همه جور، اجتماعی، اخلاقی، هنری می‌نوشتیم وکسی هم نبود بگوید نوشته‌ات چه می‌ارزید و چه عیب و ایرادی داشت. همین‌قدرکه اهل بیت و عمّه و خاله، غالباً نخوانده، به‌به می‌گفتند، خیال می‌کردیم مالی هستیم.

به زبان امروزی منتقد ادبی نداشتیم. البته چند نفری با این عنوان بودند. ولی آن‌ها هم مثل ما خودرو و خودساخته و تعلیم نادیده بودند.

و، معلوم نبود به قضاوت‌شان ـ اگر می‌کردند ـ چه‌قدر می‌شد اعتماد کرد. علی‌الخصوص که غالباً ابوابجمعی حزب پیش‌رو بودندکه اگر نوشته‌ای به مقیاس و معیار رئالیسم سوسیالیست اژدانفی نبود، فقط به درد زباله‌دان می‌خورد. البته تک و توکی هم فارغ از قید و بند حزبی پیدا می‌شدکه مایه‌ای داشتند و می‌توانستند اگر می‌خواستند، به نقد ادبی بپردازند. ولی جرأت نمی‌کردند. چون خودشان هم درکار نوشتن بودند و می‌ترسیدند بدجوری تاوان نقدکردن را پس بدهند. به! به نوشته‌ی من ایرادگرفته؟ صبرکن کتاب خودش در بیاید تا بفهمد با کی طرف است! که تازه، این تلافی کتاب به کتاب، سبک‌ترین تاوان بود. نگذارید دهنم باز بشود سوابق زندگی‌اش را رو کنم!

نقد ادبی نداشتیم، تحمل نقد هم نداشتیم، غریب هم نبود. جلوه‌ای بود از درد مزمن عدم تحمل نظر مخالف، که از دیرباز عارض‌مان بوده، با این‌که بزرگان ادب‌مان از ضرورت نقد ادبی غافل نبوده‌اند. شیخ اجل سعدی نقد را تنها راه ترقی و تعالی کار نویسنده وگوینده می‌داند. در گلستان می‌خوانیم:

«متکلم را تا کسی عیب نگیرد، سخن‌اش اصلاح نپذیرد.»

«مشو غره بر حسن گفتار خویش

به تحسین نادان و پندار خویش»

که پندی و درسی سخت ذی‌قیمت است و هر نویسنده وگوینده‌ای باید آویزه‌ی گوش کند. هر چند این آموزگار بزرگ ادب و آداب هم خودش متأسفانه نمونه‌ای از عارضه‌ی عدم تحمل نظر مخالف حاکم بر

جامعه‌ی ما، بدست می‌دهد. وقتی شنونده‌ای بعد از تحسین و تمجید هنر والای شاعری او در همه‌ی زمینه‌های ادبی و اجتماعی، جرأت می‌کند به اولویت شاعر دیگری، در اشعار حماسی- لابد فردوسی- نظری ابراز کند، آن‌چنان آزرده خاطر می‌شود که گوینده را- که جز احسنت گفتن کاری نکرده- به علت این اظهارنظر آخری- پراکنده‌گوی و خبیث معرفی می‌کند. در باب پنجم بوستان می‌خوانیم:

شبی زیت فکرت همی سوختم
چراغ بلاغت می‌افروختم
پراکنده گویی حدیثم شنید
جز احسنت گفتن طریقی ندید
هم از خبث نوعی در آن درج کرد
که ناچار فریاد خیزد زِ درد
که فکرش بلیغ است و رایش بلند
درین شیوه‌ی زهد و طامات و پند
نه در خشت و کوپال و گرز گران
که آن شیوه ختم است بر دیگران
نداند که ما را سر جنگ نیست
وگرنه مجال سخن تنگ نیست
بیا تا در این شیوه چالش کنیم
سر خصم را سنگ بالش کنیم

بگذریم که سخنور بزرگ سپس برای تأدیب آن پراکنده‌گو، یک قطعه‌ی حماسی عرضه می‌کند که متأسفانه به پای حماسه‌ی متعالی فردوسی نمی‌رسد.

البته از دهه‌ی چهل به بعد، شاید بر اثر تحول روحیات و انتشار مجلات اختصاصی ادبی، تا حدی در راه تحمل نظر مخالف و در نتیجه، قبول کم و بیش نقد ادبی پیش رفته بودیم وگاه شاهد تحمل انتقاد بدون خنجرکشی بودیم. در سال‌های سی، من چند سالی در مجله‌ی فردوسی در صفحه‌ای با عنوان آسمون ریسمون به امضای الف. پ. آشنا، به نوعی نکته‌گیری، به زبان مزاح و مطایبه، درباره‌ی کتاب‌ها و رساله‌ها و مقالات، می‌پرداختم. برای این صفحه‌ی آسمون ریسمون یک شورای خیالی داشتیم که اعضای خیالی آن، تظاهرات مختلف ادبی و هنری را زیر ذره‌بین می‌گذاشتند. به مناسبت همین آسمون ریسمون‌بافی، که به زحمت می‌شد اسم نقد ادبی روی آن گذاشت، من مکرّر مزه‌ی عدم تحمل نظر مخالف، حاکم بر جامعه‌ی ادبی را چشیدم. قال و مقال اعتراض و حتی ناسزا شنیدن و تهدید جزء برنامه بود. ولی گاه کار به جای خطرناکی می‌کشید. مثلاً یک بار، سناتور مطیع‌الدوله حجازی، از رجال سیاسی معروف و قدرتمند که ضمناً نویسندگی را هم یدک می‌کشید، در مقابل تذکر بسیار مؤدبانه‌ی یک لغزش ادبی‌اش به زبان مطایبه، آن‌چنان برآشفت که از دو طریق به مجازات من قیام کرد. از یک طرف به پدر من که سری توی سرها داشت و از قدیم با او آشنا بود، به سختی گله کرد که پسرت به من اهانت کرده است. از طرف دیگر

به کارفرمای اداری من، وزیر امورخارجه، عباس آرام، شـــکایت برد که به‌علت «تمایلات چپی» من، ادامه‌ی خدمتم در آن دســـتگاه حسّاس، به صلاح ملک و ملت نیســـت. به این ترتیب مدتی خطر دور ســـر من می‌چرخید، تا عاقبت، چون سبب توجه ناگهانی او به صلاح ملک و ملت را با دلیل و مدرک جرمم نشـــان دادم، هر دو طرف مرا از تنبیه و مجازات معاف کردند.

البته تأدیب ادبی هم سکه‌ی رایج بود. در مجله‌ی دیگری نویسنده‌ی آسمون ریســـمون، به گناهی یا لااقل به غرض‌ورزی به دستور دیگران متهم می‌شـــد. یادم نمی‌رودکه در یک شـــماره‌ی آسمون ریسمون، از یک نوشته‌ی جلال‌آل‌احمد نویســـنده‌ی معروف، نکته‌ای گرفته بودم. چیزی نگذشـــت که خبر آوردندکه آل‌احمد در مقاله‌ای در مجله‌ی علم و زندگـــی، زیر ظاهر تعریف از قلم مـــن، ظرافت لازم را به کارگرفته و یواشـــکی نیش تأدیب را زده است. من موضوع را زیاد به دل نگرفتم. ولی به هواخواهان آســـمون ریسمون، یا به قولی آسمون رسمونچی‌ها، برخورده بود. طوری که انگار یک غریبه به بچه محلشـــان متلک گفته باشـــد. این نیش زدن او را مکّرر به رخ من کشیدند. پیدا بود که انتظار گوش‌مالی‌اش را می کشیدند.

دیدار من با جلال‌آل‌احمد و همســـرش ســـیمین دانشور، غالباً در باغچه‌ی هتل نادری، که پاتوق من و آن‌ها بود، اتفاق می‌افتاد. سیمین که از خوانندگان مرتب آسمون ریسمون بود، هر بارکه به آن‌ها بر می‌خوردم، بازوی مرا می گرفت و با خنده، مطلبی راکه درآسمون ریسمون خوانده

بـود بـه یاد من می‌آورد. آل‌احمد که ظاهراً به موضوع بی‌علاقه بود، دو قدم آن طرف‌تر، بی‌حوصله انتظار پایان صحبت زنش را می‌کشید.

باری، جواب نیش آل‌احمد، به صورت اعلامیه‌ی تشکر شورای عالی، تقریباً به این مضمون چاپ شد:

اعلامیه‌ی شورای عالی آسمون ریسمون

«به قرار اطلاع واصله، آقای جلال آل‌احمد، شـوهر بانو سـیمین دانشور از بانوان دانشمندکشور و اولین فارغ‌التحصیل زن رشته ادبیات دانشگاه تهران و مؤسس انجمن بانوان دانشگاهی و کمیته‌ی سوادآموزی زنان روسـتایی، طی مقاله‌ای در مجله‌ی علم و زندگی، شـرح مفیدی راجع به الف. پ. آشـنا، مدیرعامل شـورا، مرقوم داشته‌اند که موجب امتنان گردیده است.»

چاپ این اعلامیه در شماره‌ی بعدی آسمون ریسمون سرو صدایی کرد و در محافل مطبوعاتی دهان به دهان نقل شد. از قضای اتفاق، سه چهار روز بعد، به مناسبت سفر یکی از نویسندگان فرانسوی به تهران ـ آندره مالرو یا اوژن یونسکوـ یک مهمانی کوکتل در یکی از هتل‌های بزرگ ترتیب یافته بود. من وقتی رسیدم چشمم از دور به جلال آل‌احمد و سـیمین دانشـور افتاد که در میان چند نفر از اهل قلم، بالای سـالن مشـغول صحبت بودند. سـیمین تا از دور چشمش به من افتاد لب به خنده بازکرد. وقتی نزدیک‌شان رسیدم، در میان خنده‌ی صدا داری، از یکی از مناصبی که در اعلامیه‌ی شـورای‌عالی به او نسبت داده بودم، و یادم نیست چه بود، اسم برد و گفت از قضا آن را به من پیشنهادکرده

بودند اما قبول نکردم. آل‌احمد وقتی دید سیمین موضوع را رو کرده، دیگر نتوانست خود را به بی‌خبری بزند. ناچار برای حفظ ظاهر سعی کرد با سیمین در خنده همراهی کند. اما زیاد موفق نشد. یعنی خنده‌ی ناقص منقبضی کرد و با لحنی تقریباً عصبی گفت: خوشمزگی فرمایشی فرازمند به قلم آقا را دیدم! از تکیه‌ای که به‌خصوص روی «فرمایشی فرازمند» کرد، حاضران خوب متوجه شدندکه می‌خواست بگوید آن‌چه من نوشته‌ام به دستور دیگری بوده و به این وسیله جسارت مرا تنبیه کند.

من با خنده تشکر کردم و به طرف دیگر رفتم. تورج فرازمند با تأخیر به مجلس مهمانی رسید. پیش از این که به من برسد، دوستان مطبوعاتی حکایت گوشه زدن آل‌احمد به مرا، به اطلاعش رسانده بودند. مراکه دیدگفت: «شنیدم. منتظر عکس‌العملش بودم. چون بد زخمی‌زده‌ای: ما، جلال‌الدین آل‌احمد، شوهر بانو سیمین؟؟!! باز، برو شکرکن که گفته فرمایشی فرازمند و نگفته فرمایشی اینتلیجنت سرویس!» گفتم حق داری. هیچ بعید نبود بگوید! چون فراموش نکرده‌ایم که در رساله‌ی "غرب‌زدگی" نوشت که لشکرکشی نادرشاه به هندوستان هم به دستور انگلیسی‌ها بوده است. گفت بهرحال بابت زخمی که زده‌ای منتظر سقلمه‌ی سنگین‌تری باش چون آل‌احمد به اسم سیمین کنار اسم خودش حسّاسیت دارد، به قولی حسادت می‌ورزد.

من این مقدمه را شروع کرده بودم که به تورج فرازمند برسم، که خودش رسید. می‌خواستم از بخت بلند خودم یادکنم که در آن خشکسالی نقد ادبی، من یک منتقد خصوصی به نام تورج فرازمند

داشتم. که نه تنها منتقد بعد از انتشار که نکته‌بین و راهنمای قبل از انتشار خیلی از نوشته‌هایم بود. برای نمونه، از نقش او در دو نوشته‌ی پر سر و صدایم یاد می‌کنم. یکی رمان دائی جان ناپلئون و دیگری ماشاءالله خان در بارگاه هارون‌الرشید، رمان برای بچه‌ها و نوجوانان.

اواخر دهه‌ی چهل که در مأموریت ژنو بودم، رمان دائی جان ناپلئون را به یک جایی رسانده بودم. ولی گرفتاری‌های گوناگون دست به دست تنبلی و پشتِ گوش‌اندازی‌های مکّرر اجازه نداده بود آن را به سامان برسانم. تصادفاً تورج به مأموریتی از طرف رادیو و تلویزیون برای چند روزی به سوئیس آمد. یکی از اولین سوالاتش از من، بعد از احوال‌پرسی، این بود: تازگی چه نوشته‌ای؟ وقتی جواب مرا شنید، خواست جزئیات داستان را بداند. ساعت‌ها حوصله کرد که آن‌چه روی کاغذ آورده بودم برایش بخوانم. نظرهای اصلاحی او را یادداشت و بسیار استفاده کردم. از جمله، یادم هست که در آخرین صحنه‌ی داستان، که دائی جان بیمار، انتظار رسیدن انگلیسی‌ها برای بازداشت‌اش را دارد، بنابر آن‌چه نوشته بودم، یک مأمور اینتلیجنت سرویس ـ البته قلّابی ـ با کلاه ملون، چتر به دست برای توقیف او می‌آمد. تورج عقیده داشت که یک سرباز انگلیسی پرچم انگلیس به دست، بیشتر با تخیلات دائی جان جور در می‌آید، که پسندیدم و اصلاح کردم. تشویق و ترغیب او در آماده کردن رمان برای چاپ بسیار مؤثر بود. تورج در بازگشت به تهران در محافل مطبوعاتی از این رمان بسیار گفت به طوری که وقتی من به تهران رسیدم. خیلی‌ها را در انتظار آن یافتم.

در مورد ماشاءالله‌خان، که سال‌ها قبل از دائی جان اتفاق افتاده بود تورج نقش بسیار مؤثرتری داشت. سال ۱۳۳۶، تورج بعد از سردبیری روزنامه‌ی اطلاعات، مجله‌ی اطلاعات جوانان را به راه انداخته بود. مجله‌ای که در مدت کوتاهی مقام مهمی در مطبوعات بدست آورده بود.

غروب یک روز تعطیل مرا به رستورانی دعوت کرد. ضمن صحبت گفت حالا که با موفقیت صفحه‌ی آسمون ریسمون، صاحب شهرت و عنوانی شده‌ای، چرا به مجله‌ی ما کمک نمی‌کنی؟ آیا در ذهنت فکر یک قصه‌ای باب‌پسند بچه‌ها و نوجوانان نداری؟ گفتم نه، ولی فکر یک سناریو دارم. حکایت بازگشت به گذشته که باید بامزه بشود. همه‌ی آن‌هایی که صنعت سینما دارند از این سوژه استفاده کرده‌اند. آمریکایی‌ها یک ایرلندی را به سراغ اجدادش در قرن شانزدهم فرستادند. ایتالیایی‌ها آن دو کمیک، چیچو و رفیقش را پیش نرون بردند فرانسوی‌ها فرناندل را به قرن فرانسوای اول برگرداندند. من فکر دارم که یک تهرانی ساده‌ی امروزی را به بغداد دوران هارون‌الرشید بفرستم. گفت حالا که سینمای نوپای ما نمی‌تواند جلال و شکوه بارگاه هارون‌الرشید را درست کند، چرا آن را به صورت قصه برای مجله ننویسی؟ پیش از این که من جوابی بدهم پرسید اسم این آدم را چه فکر کرده‌ای؟ گفتم ماشاءالله خان. گفت به‌به! چه عنوان خوبی می‌شود: ماشاءالله‌خان در بغداد! با شور و علاقه از این حکایت حرف زد و بازگیلاس مرا پرکرد. نتیجه این که وقتی از هم جدا شدیم قول و قرارمان این شد که من از شماره‌ی آینده‌ی

اطلاعات جوانان قصه را شروع کنم. و تورج گفت که این خبرخوش را اعلان خواهدکرد.

صبح روز بعد، وقتی با سردرد، یا به قول سازندگان شربت اسکاتلندی، "هنگ اُوِر" از خواب بیدار شدم، در مرور وقایع شب گذشته ناگهان به یاد وعده‌ی نوشتن قصه پاورقی، که ابداً حوصله‌اش را نداشتم، افتادم. قبل از هرکار، خودم را روی تلفن انداختم که به تورج بگویم حرف دیشب را جدی نگیرد. از خانه رفته بود. در دفترش هم نبود. منشی‌اش اظهار بی‌خبری می کرد. چندین بار زنگ زدم پیدایش نکردم. بعدازظهر راه افتادم که هر جا هست پیدایش کنم و بگویم که آمادگی قصه نوشتن ندارم. دو سه جا سرکشیدم پیدایش نکردم. تا عاقبت، حین عبور، به روزنامه‌ی اطلاعات تازه از چاپ درآمده برخوردم که در آن چشمم به یک آگهی بزرگ افتادکه با حروف درشت در جای نظرگیری چاپ شده بود: ماشاءالله‌خان در بغداد ـ به قلم الف.پ.آشنا از شماره‌ی آینده در اطلاعات جوانان.

البته بعد دانستم که تورج با توجه به تنبلی سابقه‌دار من در نوشتن، براساس برنامه‌ی قبلی‌اش، با هم‌دستی منشی‌اش و معاون‌اش، از صبح زود تا در آمدن روزنامه از چاپ، از من رو پنهان‌کرده بود. به هر حال قصه‌ای شدکه در آن موقع تا سال‌های اخیر با عنوان تازه‌اش "ماشاءالله خان در بارگاه هارون‌الرشید" بسیار موفق بود. دو چاپ آخرش ـ بعد از سال‌ها ممنوعیت ـ در اواخر دوران پرزیدنت خاتمی منتشر شد ولی با رسیدن دستگاه پرزیدنت احمدی‌نژاد، دوباره به فروش زیرمیزی، لابد

به نفع یکی از آحاد حزب‌الله برگشت. باید بپذیریم که این رمان را تورج فرازمند به من نویساند.

باری، گذشته از این نوشته‌های پر سروصدا، من در تمام سالهایی که قلم زده‌ام، معیار خوب و بد نوشته‌هایم نظر تورج فرازمند بوده است. غالب مجموعه‌های حکایاتم از آغاز تا انجام با نظر موافق تورج به چاپ رفته است. تورج سخن‌دان و سخن‌شناس بود. خیلی بهتر و بیشتر از بسیاری از مدعیان، ادب و فرهنگ خودمان و ادب و فرهنگ مغرب زمین را می‌شناخت. مطمئنم که اگر رادیو و تلویزیون دامنش را رها کرده بودند و فرصت نوشتن می‌یافت، آثار برجسته‌ای به وجود می‌آورد. برای نمونه، رمان جاسوسی‌ـ سیاسی که با موضوع طرح ترور چرچیل نخست‌وزیر انگلیس در کنفرانس ۱۹۴۳ تهران به وسیله‌ی جاسوسان آلمانی، نوشت، رمانی فوق‌العاده موفق بود. تا آن‌جا که کسی آن را به زبان ایتالیایی ترجمه کرد و با تغییر اسامی قهرمانان، به اسم خودش در ایتالیا منتشر کرد. در ایران هم گذشته از چاپ‌های مکرّر، به چاپ‌های تقلبی فراوانی رسید. متأسفانه، تورج به مناسبت چاپ این رمان و یک تألیف دیگرش، از طرف ناشری آن‌چنان کج‌روی و نادرستی دید که مدت‌ها حاضر نبود دیگر از نشر و ناشر بشنود. در نتیجه، به رغم اصرار دوستدارانش انتشار سلسله گفتارهای رادیویی‌اش را که نزدیک دو سال با عنوان «تاریخ بشریت» پخش شده بود، دنبال نکرد.

این ناشر استعدادکُش که صابونش به جامه‌ی من و بسیاری دیگر هم خورده، بین اهل قلم به «آبی هندونه» معروف بود. علت هم این بود

که وقتی نویسنده یا مترجمی برای دریافت حق‌التألیف مقررش پیش او می‌رفت، شروع به تعریف از خاصیت‌های معجزه‌آسای آب هندوانه، که در لهجه‌ی مخصوصش «آبی هندونه» بود، می‌کرد. اگر در مخاطب عارضه‌ای نمی‌دیدکه تجویز آب هندوانه را توجیه کند، از امراض خودش که به برکت آب هندوانه رفع شده بود، حکایت می‌کرد. با مذاکره‌ی طولانی راجع به این کشف علمی‌اش اگر موفق نمی‌شد مقداری از حق نویسنده را بخورد، دست‌کم تسویه‌حساب را دو سه ماهی عقب می‌انداخت که فرصت کافی برای حساب‌سازی داشته باشد.

این جناب ناشر یک کتاب تورج را بی‌خبر او مکّرر منتشرکرده و به بهانه‌ی سفرهای متعدد به تورج رو نشان نمی‌داد. من در جریان این نادرستی او بودم. تا این‌که یکی از روزها آقای آبی هندونه، در اداره به دیدن من آمد. نشست وگفت آمده‌ام از شما که هم قاضی بوده‌اید و هم با آقای تورج فرازمند دوستی نزدیک دارید، تقاضا کنم بین من و ایشان قضاوت کنید. پرسیدم به چه مناسبت؟ گفت: بنده چند روز پیش در مراجعت از سفر به آقای فرازمند تلفن کردم. بعد از سلام و عرض ارادت، وقتی خودم را معرفی کردم، به محض این‌که اسمم را شنیدند، بی‌آن‌که به من اجازه‌ی یک کلمه بدهند، هر چی فحش و ناسزا که تصورش را بفرمائید، نثار من و پدر و مادر و جّد و اجداد و احفادم کردند و گفتند حیف که نمی‌شود از راه تلفن به کلاهبردار، توسری زد. وگوشی را طوری روی تلفن کوبیدند که گمانم شکسته باشند! وقتی آبی هندونه شرح فحش خوردنش را می‌داد، من با چنان کیفی گوش

می‌کردم که انگار خودش هم متوجه شد. تورج کاری را که من آرزو داشتم می‌کردم ولی طبیعت آرامم اجازه نمی‌داد ـ کرده بود. سابقه‌ی خسران دیدگی من از آبی‌هندونه قدیم‌تر از مال تورج بود. به هر حال، شنگول وکیفور، پرسیدم: در تلفن به آقای فرازمند چه می‌خواستید بگویید؟ گفت می‌خواستم عرض کنم که هر جور ایشان بفرمایند حاضرم اقدام کنم که رفع سوء تفاهم بشود. اما اجازه‌ی نفس کشیدن هم به من ندادند. حالا به شما متوسل شده‌ام که وساطت بفرمایید. گفتم: جناب آقا، خودتان گفتیدکه من دوست نزدیک آقای فرازمند هستم. از آن‌جا که قاضی باید بی‌طرف باشد، نمی‌توانم بین شما قضاوت کنم. گفت: من به اتکاء شرف قضایی شما قضاوتتان را قبول دارم. گفتم، اتفاقاً به اتکاء شرف قضائیم نسبت به شما هم نمی‌توانم بی‌طرف باشم. چون شما، اگر فراموش نکرده باشید، یک کتاب مرا که اجازه داشتید برای یک بار چاپ کنید، وقتی من در مأموریت خارج بودم، به عنوان این که صاحبش هستید به انتشارات فرانکلین فروختید. اگرگذشت مؤسسه معتبر فرانکلین نبود، به جرم "کلاهبرداری" همان‌طور که آقای فرازمندگفته، تعقیب می‌شدید! آبی هندونه این راکه از من شنید، شروع به فحاشی به شریک خیالی‌اش کرد وگفت که هر چه می‌کِشَد از دست شریک بی‌شرف‌اش می‌کشد. گفتم که من سند فروش کتابم به فرانکلین را دیده‌ام به خط و امضای شما بود. مگر از رو رفت؟ خون‌سرد جواب داد برای این جور آدم‌های بی‌شرف مگرکاری دارد خط و امضای دیگری را تقلیدکنند؟ در پایان جلسه اصرار داشت که من از آقای فرازمند برای او وقت بگیرم

که برود برای رفع سوء تفاهم توضیح بدهد. گفتم آن‌طور که من فرازمند را می‌شناسم به هیچ قیمتی دیگر حاضر به دیدن شما نخواهد شد و اگر بشود برای آن توسری است که پای تلفن ممکنش نشده است.

باری، عوامل مختلف، متأسفانه مانع شدند که تورج فرازمند، آن‌طور شناسای ادب فارسی و مسلط به ادب و فرهنگ مغرب زمین، دانش‌آموخته‌ی روان‌شناسی، صاحب‌نظر در هنر، با طبع سخن‌گزار و قلم شیرین‌اش بیشتر بنویسد و برای نسل بعد به یادگار بگذارد. من، خوشبختانه در طول بیش از نیم قرن دوستی و همراهی و همدلی، از او بسیار آموختم و با هم مکّرر به ریش روزگار ستیزه‌گر خندیده‌ایم. این هم ناگفته نماندکه قهقه‌ی من، آدم بسیار دیر خنده را، جز درکنار تورج فرازمند، کمترکسی به یاد دارد.

آخرین بهره‌ای که از یمن نظر رخشان و رهنمون او بردم در مورد رمان تاریخی "حافظ ناشنیده پند" بود. دست‌نویسم را از پاریس به آمریکا بردم که نظر تورج دانای حافظ‌شناس را بپرسم و بدانم آیا باید یا نباید نوشته‌ام را به چاپ بدهم.

تمام بعدازظهر یک روز تعطیل، در بالکن مهمان‌سرای بنیاد فرهنگی کیان، که محل اقامت من بود، به خواندن آن نشست. و من برای شناختن نظر او، به تماشای خطوط چهره‌اش نشستم، که گویاتر از هر اظهار عقیده‌ای بود. در این حال از او عکس گرفتم. نوشته را بسیار پسندید. کتاب منتشر شد. به چاپ‌های متعدد رسیده و هنوز بازارگرمی دارد و ...

دریغا و بسیار دریغا، که دیگر به کلی دست تنها مانده‌ام.

جدا شد یار شیرینت کنون تنها نشین، ای شمع

که حکم آسمان این است اگر سازی و گر سوزی

پاریس مرداد ۹۱

تورج تمام یک بعدازظهر نشست و دستنویس حافظ ناشنیده پند مرا خواند.

دوئل در پاریس

ما، یعنی من و تورج فرازمند، در دوران تحصیل در فرنگ، هر چند دیگر بچه نبودیم ولی، شاید از آن‌جا که در فرانسه سن رشد قانونی بیست و یک سالگی بود و ما زیر آن حد بودیم، خیلی بچگی می‌کردیم. گذشته از آزاری که برای تفریح به سفارتی‌ها می‌دادیم، و در حکایت «بارانی سفارتی» از آن یاد کردم، وقتی دیگر کسی دم دست نبود، مثل سلمانی‌های بیکار سر خودمان را می‌تراشیدیم و گاهی، بدون این‌که خواسته باشیم، برای یکدیگر دردسر درست می‌کردیم. به خصوص تورج بود که در این کار تخصصی داشت. یک نوع خلق و خوی جنگی و پرخاش‌جو داشت که برای خودش و برای من ماجرا می‌آفرید. مدام با مردم دعوا می‌کرد. کافی بود کسی به او بگوید بالای چشم ایران ابروست، که مثل خروس جنگی به او بپرد و چون جثه‌ی کوچکی

داشـــت به فراوانی کتک می‌خورد. مکرر شاهد بودم که به دنبال یک برخورد بی‌معنی، مشت‌ها را به سبک «جان وین» گره می‌کرد و آماده زد و خورد می‌شد و مرا هم طوری به ورود در زد و خورد دعوت می‌کرد که انگار «رابرت میچوم» هم‌بازی او در فیلم غرب وحشی هستم. البته من با طبع ضد خشـــونتم زیر بار نمی‌رفتم. ولی خوب، گاهی احساس مرافقت آمیخته با خریت نوجوانی موجب می‌شـــد که به حمایت از او برخیزم و ازکتک خوری حق او سهمی ببرم.

از ایـــن پرخاش‌جویی متحیر بـــودم. اگر از ذرّیـــه‌ی عباس میرزا نایب‌الســـلطنه، شـــاهزاده جنگ دیده و جنگ کرده قاجار بود می‌شد محملی برایش تراشید. ولی او از نوادگان محمدتقی میرزا حسام‌السلطنه، پسر فتحعلی شـــاه بود که هنر عمده‌اش شـــاعری و قصیده سرودن با تخلص «شـــوکت»، در مدح پدر تاج‌دار بود، که این بیت مقطع یکی از قصائد اوست:

خامـوش شـوکتاکـه شهنشـه به تیـغ قهر

اجزای آسـمان و زمین را عنان گرفت

باری، یکی ازکتک خوردن‌ها به اهتمام ایشان را فراموش نمی‌کنم: برای گذارندن چند روز تعطیلات، کنار دریاچه شاراوین، نزدیک شهر گرونوبل چادر زده بودیم. جشـــن ۱۴ ژوئیه بـــود. درکافه کنار دریاچه بودیم. ساعت حدود ۳ صبح بود. آخرین مشتری‌ها مشغول رقص بودند. ولی ما دیگر در فکر رفتن بودیم. چند جوان فرانســـوی ورزشـــکار، که

بعدها دانستیم عضو اکیپ فوتبال شاراوین بودند، وارد شدند. همان‌طور ایستاده درباره‌ی ماندن یا رفتن مردد بودند. یک وقت یکی از آن‌ها زیر لب چیزی به دوستانش گفت. همه برگشتند ما را نگاه کردند و خندیدند. یک‌باره تورج از جا پرید و رفت توی دل آن‌ها که: چرا به ما می‌خندید؟ یکی از آن‌ها جواب داد: برای این‌که قیافه‌تان مضحک است. همین جواب کافی بود که حضرت والا، پیش از آن‌که من بتوانم دخالتی کنم، با مشت‌های گره کرده، به آن‌ها پیشنهاد بیرون رفتن از کافه بدهـــد. و پیش از آن‌کـه من بتوانم دهن بازکنم، اندام لاغر او را در محاصره جوان‌های ورزشکار و گردن کلفت فرانسوی، در حال خروج از کافه دیدم.

پنجره کنار میزمان بود. نگاهی به بیرون انداختم. این نگاه سریع مصادف بود با مشت جانانه‌ای که به صورت نواده خاقان مغفور خورد. دور خودش چرخی خورد و بی‌حرکت بر زمین افتاد. من تحت تأثیر یک بحران حماقت که شراب «ایزر» به آن حدّتی بخشیده بود، به حمایت او به میان جنگجویان فاتح پریدم. مشتی را که به طرف چانه‌ام می‌آمد دیدم ولی دیگر چیزی به یاد ندارم.

دو رفیق فرانسوی هم در این سفر با ما همراه بودند که آن شب برای تفریح جای دیگر رفته بودند. حدود نیم ساعت بعد از جنگ‌آوری ما، موقع برگشتن به طرف چادرشان، به اندام بی‌حرکت ما دو نفر برخوردند. ما را تا کنار دریاچه کشاندند و مقداری آب به صورت‌مان زدند تا به هوش آمدیم. صبح بعد قیافه‌های ما دیدنی بود. سمت چپ صورت

دردنـــاک من به اندازه‌ی یک پرتقال متورم بود و دندان‌هایم از هم باز نمی‌شد. در صورت تورج دایره سیاهی جانشین چشم راست شده بود و فقط یک خط نازک افقی حکایت از وجود چشـــم در پس آن دایره می‌کرد. مراجعه به بیمارستان و عکس‌برداری و تحقیقات ژاندارمری تمام روز را گرفت. از همه بدتر، اصرار تورج بود که باید ضاربین را پیدا کنیـــم و انتقام ضرب و جرح را بگیریـــم. که بالاخره با هزار زحمت و مرارت و این استدلال که انتقام گرفتن از آن نره‌غول‌ها خطر بسته شدن تنها چشم باز او را دارد، منصرفش کردیم.

عکس‌برداری نشـــان داد که خوشـــبختانه شکستگی در استخوان نداریم. بقیه مدت تعطیلات را در شـــهر گرونوبـــل گذراندیم ولی این تعطیلات زهرمان شد. آن‌چه به‌خصوص مرا به سر حد عصیان می‌رساند این بود که در این روزها من به علت قفل شدن دندان‌ها ناچار بودم به عنوان ناهار و شـــام، سوپ را به‌وسیله‌ی نی بخورم. در حالی که تورج برای خوردن بیفتک و سیب‌زمینی سرخ کرده‌اش احتیاج به هر دو چشم نداشـــت. در نتیجه جلو چشم منِ گرسنه غذایش را با لذت می‌خورد و گاهی که اشتهایش صاف بود سهم مرا هم می‌خورد.

گفتنی اســـت که در همین روزها و در همان حال نزار، با استفاده از قیافـــه‌ی مضروب، با کمک و هم‌دســـتی آقا کیوان (بعداً دکتر کیوان نجم‌آبادی رئیس پلی‌تکنیک تهران) قصه‌ای ساختیم و با آن، سیروس (بعداً دکتر سیروس ذکاء صاحب‌منصب وزارت خارجه) را آزار دادیم که فعلاً می‌گذرم تا به مناسبت دیگری نقلش کنم.

اما، مرافعه دیگری که تورج درست کرد و اگر تلاش من نبود احتمالاً موضوع فقط به کتک خوردن خاتمه نمی‌یافت، مربوط به دعوای او با یک فرانسوی سرشناس و ذی‌نفوذ بود.

شبی در پاریس، دیروقت، آماده می‌شدم که بخوابم. تورج میرزا وارد شد. هر دو در هتل «دناسیون» در شماره ۲۹ «رو دزکول» (خیابان مدارس) در کارتیه لاتن مقیم بودیم. این، از هتل‌هایی بود که ماهانه اتاق اجاره می‌داد و غالباً مستأجرینش محصلین بودند. ابتدا بساکن گفت:

ـ ایرج جان، چند سال است با هم دوست هستیم؟
ـ چطور مگر؟ مقصود؟
ـ می‌دانی که تو نزدیک‌ترین دوست من هستی، من همیشه حتی بیشتر از برادرم روی تو حساب کرده‌ام.
نفهمیدم. این موقع شب منظور از این یادآوری با این لحن سوزناک چیه؟

تورج لحظه‌ای تردید کرد و بعد گفت:
ـ می‌خواهم تو شاهد من باشی.
ـ شاهد؟ می‌خواهی زن بگیری؟ مبارک است...
ـ نه، می‌خواهم دوئل کنم. شاهد دوئل.
ـ چی؟ نفهمیدم. دوئل؟ یعنی جنگ تن به تن؟
ـ بله، جنگ تن به تن.
ـ ها کن ببینم! چند تا گیلاس زده‌ای؟

ـ نه، مشروب نخورده‌ام. جدی هستم.

ـ پس کله‌ات به در و دیوار خورده! مگر نمی‌دانی که دوئل خلاف قانون است؟

آن زمـان، گاهی در روزنامه‌هـا می‌خواندیم که دو نفر با هم دوئل کرده‌اند. ولی از آن‌جا که قانون برای دوئل رسمیتی قائل نبود، اگرکسی در دوئل مجروح یا کشته می‌شد، ضارب به اتهام جرح یا قتل عمد مورد تعقیب قرار می‌گرفت.

باز پرسیدم:

ـ حالا با کی می‌خواهی دوئل کنی؟

با «ژی بر» یعنی پسر صاحب ژی برژون.

بعـد جزئیات برخوردی را که با پسـر «ژی بر» یکی از بزرگترین کتاب‌فروش‌های پاریس داشته برایم حکایت کرد.

کتاب‌فروشـی‌های «ژوزف ژی‌بر» و «ژی برژون» که در سـطح وسیع به صورت زنجیره‌ای در شهرهای بزرگ فرانسه فعالیت می‌کنند از نیمه قرن نوزدهم سـابقه کتاب‌فروشـی دارند. در آغاز یک شرکت بزرگ خانوادگی بوده و پیش از جنگ دوم دو برادر از هم جدا شده و مؤسسه‌ی «ژی بر» به دو شرکت «ژوزف ژی‌بر» و «ژی برژون» تقسیم شده است. امروز «ژوزف ژی‌بر» در چند عمارت بزرگ شش طبقه، در بولوار سن‌میشل مستقر است و «ژی برژون» تقریباً تمام محوطه‌ی میدان سن‌میشـل و قسمتی ازکرانه سن‌میشل رود سـن را اشغال کرده است. منظور از پسر «ژی بر»، مورد بحث، پسر صاحب شرکت کتاب‌فروشی

«ژی برژون» بود که جوانی خوش قد و بالا بود و مکرر او را در ماشین کورسی‌اش در حال دلبری از عابرین حسرت زده دیده بودیم. این آقا که پیدا بود از ما سه چهار سالی بیشتر داشت، دختر جوان ظاهراً بی‌کس و بسیار زیبایی را از یکی از شهرستان‌ها به پاریس آورده و به تازگی در هتل دناسیون، یعنی همان خانه ما برایش اتاقی اجاره کرده بود.

اما... اما حضرت والای ما، نمی‌دانم با چه افسونی با این دختر که اسمش گمانم کریستین بود، باب آشنایی را بازکرده بود. حالا، این مادموازل در کنار آقای «ژی بر» جوان خوش قد و بالا و اسم و رسم‌دار ثروتمند چه کم و کسری داشت که برای رفیق ما سر و گوشش جنبیده بود، نمی‌دانستم.

ولی این را می‌دانستم که تورج نوجوان مهره‌ی مار داشت. به قول فرنگی‌ها واقعاً Charming بود. چند کلمه‌ی اوکافی بود که مخاطبش را مجذوب و مسحور کند.

به هر حال، روز پیش از آن، وقتی تورج دخترک را برای صرف چای و شیرینی به اتاق خود دعوت کرده بود، ناگهان آقای «ژی بر» سر رسیده بود. شرح ماوقع و بگومگوی آن‌ها، آن‌طور که از اظهارات تورج و قرائن بعدی، فهمیدم به این قرار بوده است:

«ژی بر» در اتاق را می‌زند. ابتدا جوابی نمی‌شنود. وقتی فریاد می‌کشد که: کریستین، در را بازکن، صدایت را شنیدم! آن‌وقت تورج در را باز می‌کند. ژی بر، تورج را به کناری می‌زند و یک‌راست به طرف دختر می‌رود و همراه با ناسزایی، یک سیلی به صورت او می‌زند. تورج

بعد از لحظه‌ای بهت، به خود می‌آید و با تعرض می‌گوید:

- به چه اجازه این‌طور وارد اتاق من می‌شوید؟ به چه اجازه به مهمان من سیلی می‌زنید؟ برویم بیرون تا جواب‌تان را بدهم، آقای وحشی!

«ژی‌بر» عصبانی فریاد می‌زند:

- خفه‌شو! حساب تو را هم می‌رسم.
- هر موقع و هرجا که بخواهی حاضرم با تو روبرو بشوم.
- منظورت دوئل است؟

تورج که نمی‌خواهد، به‌خصوص در حضور دختر جوان، که در گوشه‌ای تظاهر به گریه می‌کند، خود را از تک و تا بیندازد، می‌گوید:

- دوئل یا هر چه بخواهی! دوئل هم اگر بخواهی حاضرم. این هم اهانت برای بهانه‌ی دوئل!

در فیلم‌ها دیده است که با دست‌کش به صورت طرف می‌زنند که او را به دوئل تحریص کنند. چون دست‌کش در دسترس ندارد ناچار با جوراب شسته، که به جاحوله‌ای آویخته، به صورت آقای" ژی‌بر" می‌زند و ادامه می‌دهد:

- چون انتخاب اسلحه با کسی است که بهش اهانت شده، اسلحه را انتخاب کنید! شمشیر یا رولور!

«ژی‌بر» حین بیرون بردن دختر می‌گوید:

- خبرتان می‌کنم.

و در را به‌شدت به‌هم می‌کوبد.

تورج حالا خیلی جدی روبروی من نشسته و منتظر جواب من بود. گفتم:

ـ حالا، توی این شهر زن و دختر قحط بود که تو بروی رفیق پسر «ژی‌بر» را انگولک کنی؟

ـ باور کن مقصود بدی نداشتم. گفتم ایرانی هستم؛ اظهار علاقه به فرهنگ و تمدن ایران کرد. من هم ...

ـ البته از فداکاری‌های تو در راه بسط فرهنگ و تمدن ایران کاملاً اطلاع دارم!

ـ نه، به جان خودت...

ـ به جان مرحوم پدرت!... و اما در باب دوئل، خوب، یک چیزی تو گفتی یک چیزی هم او گفته، حتماً تا صبح یادش رفته، تو هم...

ـ نه، امروز رفته بودم بیرون، آمدم دیدم صاحب‌خانه یک یادداشتی توی غرفه‌ی پستم گذاشته بود که یک آقایی زنگ زده پیغام گذاشته که راجع به کار آقای «ژی‌بـر» به او تلفن کنم. زنگ زدم برای دوئل قرار گذاشت ساعت ۵ صبح چهارشنبه آینده در جنگل فونتن بلو، جایش را هم توی جنگل معین کرد و نشانی داد. من هم قبول کردم.

ـ یعنی چه قبول کردم؟ این‌ها مخصوصاً جنگل فونتن‌بلو، جای به این دوری را گفته‌اند که تو منصرف بشوی، حالا یک جوری...

ـ چرا منصرف بشوم؟

ـ آخر چه‌طور می‌توانی ساعت ۵ صبح فونتن بلو باشی؟ مگر از شب پیشش بروی آن‌جا، که آن هم باید یک شب کلی پول هتل خودت

و دو نفر شاهدت را بدهی. همچو پولی را ازکجا می‌آوری؟ بچه نشو! همین الان برو پایین به همان آدم زنگ بزن، به بهانه این‌که فونتن‌بلو دور است و نمی‌توانی سر وقت برسی، دوباره موضوع را عنوان کن. بعد ضمن صحبت هم حرف توی حرف بیاور و مثلاً بگو یکی از شهودم آن روز امتحان دارد، خلاصه یک جوری قضیه را لقّش کن، بعد هم یک مختصری عذرخواهی کن که ...

ـ من عذرخواهی بکنم؟!

ـ پس‌چی؟ می‌خواهی واقعاً بروی دوئل کنی؟ یا او می‌زند چشم و چار تو را ناقص می‌کند یا تو می‌زنی دک و دماغ او را معیوب می‌کنی. دولت هم جفت‌تان را می‌اندازد زندان. گرچه پسر «ژی‌بر» را، با آن نفوذی که پدرش دارد، کاری نمی‌کنند، تو را می‌برند محکومت می‌کنند. تازه، توکه شمشیر بازی بلد نیستی!

ـ شمشیربازی کاری ندارد! صد دفعه توی فیلم‌های ارول فلین و کلارک گیبل دیده‌ام. تازه، خود آن یارو هم گمان نکنم بلد باشد. اگر بلد بود تا گفتم شمشیر یا رولور، می‌گفت شمشیر، در صورتی‌که من و من کرد.

ـ اگر یک بلایی به سرت بیاید فردا به من نمی‌گویند توکه رفیقش بودی چرا ...

حضرت والا برآشفت:

ـ این‌قدر نصیحت و دلالت نکن! اگر قبول نمی‌کنی شاهدم باشی بگوکه تا دیر نشده برون سراغ بیژن!

مقصودش بیژن جلالی شاعر بود. اما من می‌دانستم که بیژن عاقل‌تر از آن است که وارد این بازی بشود.

فکر مرا حدس زد وگفت:

ـ بیژن هم قبول نکند می‌روم سراغ دکتر شیلوی.

دکتر شیلوی به نسبت ما آدم جا افتاده‌ای بود. پیش از جنگ در فرانسه تا کلاس چهارم طب را در پاریس خوانده بود و با پیش آمدن جنگ نمی‌دانم چه‌طور به شیلی در آمریکای جنوبی رفته بود و بعد از جنگ برگشته بود که تحصیل طبش را تمام کند. در کلاس ششم طب بود. با این که شاید چهل سال از عمرش می‌گذشت خل‌خلی‌های بچه‌گانه‌ای داشت. چون همیشه از او به عنوان دکتر شیلوی یاد می‌کردیم اسمش را فراموش کرده‌ام. در این موقع فکر کردم که اگر به سراغ دکتر شیلوی برود، احتمالاً از او تشویق هم خواهد دید. گذشته از این که با قدرت بیان ـ که بعدها از او سخنور معروفی ساخت ـ از همان موقع داشت و به راحتی می‌توانست غیر از دکتر شیلوی، دیگری را هم مجاب کند. ناچار، با خیالی در سر، پذیرفتم که شاهد او باشم.

صبح روز بعد شال وکلاه کردم و راه افتادم. اول به فکر افتادم که همان دختر خانم مورد دعوی را واسطه‌ی آشتی قرار بدهم. اما «ژی‌بر» همان شب واقعه دختر را به محل دیگری منتقل کرده و به صاحب‌خانه سپرده بود که نشانی او را به کسی ندهد. با هزار تمهید آدرسش را که هتلی در محله‌ی مون‌پارناس بود گرفتم. کریستین با قیافه ظاهراً مظلومی می‌گفت که نمی‌خواهد در این مرافعه دخالت کند. بعد از مدتی

بگومگو، احساس کردم که هیچ بدش نمی‌آید که بر سر وجود نازنین او سر و صدایی بلند بشود و زد و خوردی درگیرد که قدر و قیمتش بالا برود. ناامید از او، چاره را در آن دیدم که به خود طرف دعوا، یعنی آقای «ژی‌بر» متوسل بشوم. جوان مغرور، به زحمتی پذیرفت که چند دقیقه به حرف من گوش بدهد. دفتری در بالاترین طبقه کتابخانه داشت که آنجا به سراغش رفتم. این آقا هم با آن که مسن‌تر از ما بود ولی در کله‌شقی دست کمی از حضرت والا نداشت. هیچ‌کدام از دلایل من از قبیل ملاحظه آبرو و حیثیت خودش و پدرش، احتمال تعقیب جزایی عاملین دوئل و خطر زخم و جراحت، به خرجش نرفت و کارگر نیفتاد. چون به هر حال در کارکتاب بود به دلیل فرهنگی متوسل شدم:

ـ این را هم در نظر داشته باشید، آقای ژی بر، که علت ملاقات آن‌ها بحث درباره فرهنگ و تمدن ایران بوده است و اگر...

ـ ببینم! مگر فرهنگ و تمدن ایران خنده‌دار است که صدای خنده‌ی آن‌ها تا توی راه‌پله‌ها می‌آمد؟

ـ آن کاری هم که شما نسبت به آن‌ها گمان برده بودید خنده‌دار نیست.

ـ به هرحال فارغ از اصل موضوع، این آقا به من در حضور نامزدم، اهانت کرده است.

ـ حالا، به نظر شما هیچ راهی غیر از دوئل برای رفع سوء تفاهم نیست؟

ـ چرا. باید بیاید و در حضور نامزدم از من عذرخواهی کند.

از پیش می‌دانستم که هیچ امیدی به این راه‌حل نیست.

ناچار برگ دیگری رو کردم:

ـ آقای «ژی‌بر»، خواهش می‌کنم دقت کنید. من ناچارم به خلاف قولی که برای حفظ یک راز به دوستم داده‌ام، واقعیت تلخی را افشاء کنم: این آدمی که شما می‌خواهید با او دوئل کنید یک بیمار روانی است.

ـ بیمار روانی؟

ـ بله، تعجب می‌کنم که شما چه‌طور متوجه نشدیدکه حرکاتش غیرعادی است.

ـ حرکاتش؟ ... نه... یعنی ... البته خوب که فکرش را می‌کنم... یعنی وقتی داشتم از اتاقش بیرون می‌آمدم، گفت صبرکنید و دوید جورابش را از روی بند برداشت زد به صورت من ...

ـ تازه خیال می‌کنید او قواعد دوئل حالیش هست؟ چه بسا تا خم شده‌اید بندکفش‌تان را ببندید، شمشیر را توی کمرتان فرو کند. چه توقع دارید؟ این جوان دو بار، هر دفعه نزدیک شش ماه در بیمارستان روانی بستری بوده است.

ـ واقعاً؟ بیمارستان روانی؟ کدام بیمارستان؟

خوشبختانه برقی هم در ذهنم درخشید و یاد اسم بیمارستان «سنتان» افتادم، که از قضا از خود تورج شنیده بودم. محصلین رشته روان شناسی سوربن را هر چند وقت یک بار، به عنوان درس عملی و مشاهده بیماران، به بیمارستان سنتان می برند و تورج مکرر از این

درس‌های روانشناسی در بیمارستان حکایت کرده بود. گفتم:

ـ بیمارستان سنتان.

چون دیدم واقعاً دارد سست می‌شود، برگ آخر را زدم و عکسی از تورج را از جیب درآوردم و روی میزی گذاشتم. تورج، سال پیش از آن، به سبک شاگرد مدرسه‌های تهران که نزدیک امتحان سر را می‌تراشیدند، سرش را از ته تراشیده بود که در خانه بماند و درس حاضر کند. برای یادگاری عکسی هم با این دستگاه‌های عکاسی اتوماتیک گرفته بود که من یکی از آن‌ها را برای تفریح برداشته بودم. صبح آن روز با مدتی جست‌وجو این عکس را میان کاغذهایم پیدا کرده احتیاطاً همراه برداشته بودم.

ژی‌بر مدتی به عکس تورج با سر تراشیده و پیراهن سفید، خیره شد و عاقبت سپر انداخت:

ـ من واقعاً متأسفم. اگر می‌دانستم که این بیچاره مشکل روانی دارد هیچ‌وقت با او در نمی‌افتادم.

ـ خوب، حالا که دانستید باید یک فکری بکنید.

ـ حالا گذشت می‌کنم. دیگر کاری با او ندارم.

ـ عجب! شما کاری با او ندارید اما او با شما کار دارد. خیال می‌کنید آدم خل و چل به این آسانی ماجرا را فراموش می‌کند؟

ـ پس چه باید کرد؟

ـ شما باید از او عذرخواهی کنید.

ژی‌بر از جا پرید:

ـ مــن باید از او عذرخواهی کنم؟! آقا نامزد مرا از راه به در برده، جلو روی او به من اهانت کرده، جوراب به صورت من زده، تازه من باید از او عذرخواهی کنم؟!

ـ بله، اتفاقی است افتاده و حالا با اسم و رسمی که پدرتان دارد و خودتــان دارید اگر نمی‌خواهید مضحکه مردم و روزنامه‌ها بشــوید که با یـــک صغیر روانی دوئل کرده، تنها چاره‌اش این است که از او عذرخواهی کنید و هر طور هست رضایتش را جلب کنید.

ژی بر چند لحظه ساکت ماند. بعد گفت:

ـ بسیار خوب. وجداناً چاره دیگری ندارم.

گفتم:

ـ هر چه زودتر این کار را بکنید بهتر است.

ژی برگوشی تلفن را برداشت. هتل دناسیون را که خوب می‌شناخت گرفت. از صاحبخانه خواست که تورج را صدا کند. وقتی ارتباط برقرار شــد با کمال ادب و فروتنی از او عذرخواهی کرد و گناه برخورد را به گردن گرفت. از او تشکر کردم و به خانه برگشتم.

صاحبخانه گفت:

ـ دوست‌تان رفت بیرون و خواهش کرد که شما جایی نروید، باشید تا برگردد. با شما کار مهمی دارد.

کمی بعد حضرت والا تورج میرزا، با قیافه حسام‌السـلطنه‌ی دوم هنگام ورود به شهر فتح شده‌ی هرات، وارد اتاق من شد که:

ـ دیدی که مرتیکه بزدل چه جور خودش را باخت؟!

- چطور مگر، شازده؟
- تلفن زد، به غلط کردن افتاد. آن‌قدر التماس و درخواست کرد تا از تقصیرش گذشتم. باید بودی و می‌دیدی که چه جور به جلز و ولز عذرخواهی و غلط کردن افتاده بود.
- لابد از یک جایی فهمیده که تو از نسل آن خاقان مغفور لشکرشکن دشمن‌گداز هستی!

پاریس نوروز ۷۴

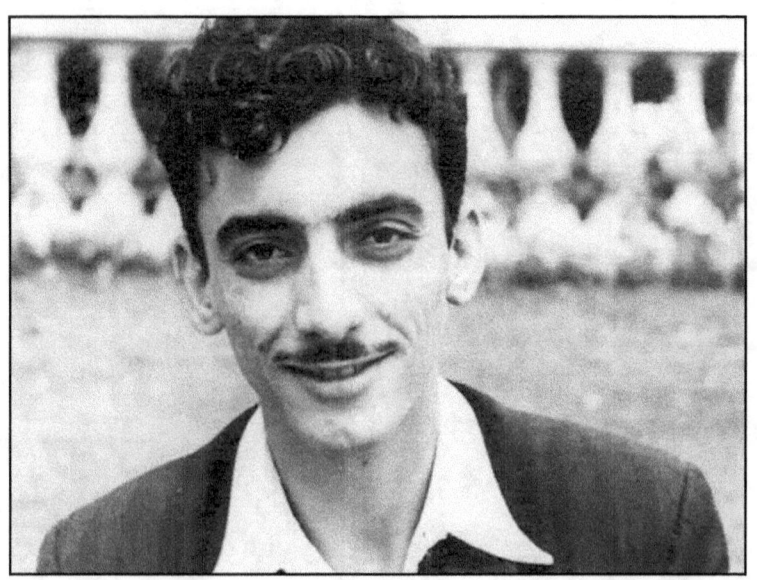

دوران تحصیل در فرنگ
من و تورج هر چند دیگر بچه نبودیم خیلی بچگی می‌کردیم.

بازگشت به وطن آشفته

اواخر سال ۱۳۳۰ بر ما، محصلین که در فرنگ درس می‌خواندیم روشن شده بود که زنگ رحیل را زده‌اند و هنگام بازگشت به آغوش مام میهن است. افزایش چند برابر بهای ارز خارجی- پوند از ۹ تومن به سی و چند تومن – نتیجه‌ی محاصره‌ی مملکت به وسیله‌ی دولت فخیمه‌ی انگلیس، به خانواده‌ها توانایی تأمین هزینه‌ی تحصیل بچه‌ها را نمی‌داد. از جمله معاودین دم بخت، من بودم و دوست همدم و همدل قدیم و ندیمم، تورج فرازمندکه ضمن بحث و گفتگو درباره‌ی فعالیت‌مان در بازگشت به وطن، برنامه‌های بلندپایه‌ای برای ایجاد کارهای تولیدی ثروت‌زا، ریخته بودیم که اطمینان داشتیم نه تنها زندگی مرفه ما را تأمین می‌کند، که ضرر و زیان قطع صادرات نفت را در قلیل مدتی جبران خواهدکرد. در این برنامه‌ریزی، به‌خصوص قبول کار دولتی

را با شعار «نوکری دولت ممنوع» از آینده‌ی خود طرد کرده بودیم. به هر حال اوایل سال ۳۱ احضاریه‌ی خانواده‌هامان رسید: بلیت هواپیما ارسال شد، ساعت ورود تلگرافید!

باکلی باد و بروت برنامه‌هایی که برای ترقی و تعالی کشور ریخته بودیم، قدم به خاک وطن گذاشتیم. ولی تقریباً بلافاصله متوجه شدیم که چه اندازه از اوضاع و احوال مملکت بی‌خبر بوده‌ایم. به مناسبت مساله‌ی نفت گاهی روزنامه‌های فرانسوی خبری راجع به ایران منتشر می‌کردند. ولی روزنامه‌های ایران که به دستمان نمی‌رسید. از هیچ‌کدام از وسائل ارتباطی امروز هم خبری نبود. تنها ارتباط ما با داخل مملکت نامه‌های احوال‌پرسی خانوادگی بود که ماهی یک‌بار اتفاق می‌افتاد. از تغییرات و تحولات پنج شش‌ساله به‌کلی بی‌خبر بودیم. تاتی‌تاتی، قدم به جامعه‌ی نوگذاشتیم. خیلی زود فهمیدیم که طرح‌های انقلابی‌مان برای ایجادکار و ثروت، به علت نبودن حداقل سرمایه‌ی اولیه نقش بر آب است. جلوی صادرات نفت راگرفته بودند و صادرات برگه‌ی قیسی هم برای بیست میلیون جمعیت کفاف نمی‌کرد. نه تنهاکاری برای ملت نمی‌توانستیم بکنیم که کار خودمان هم لنگ بود. باید برای امرار معاش فکری می‌کردیم. از پدر و مادر سالخورده و بازنشسته دیگر پول جیبی نمی‌توانستیم بگیریم. یک لقمه غذایی پیش آن‌ها می‌خوردیم ولی لازم بودکه‌کاری پیداکنیم. در این زمینه چیزی که توی ذوقمان زد این بودکه شعار اصلی‌مان «نوکری دولت ممنوع» خودبخود از سکّه افتاد. زیرا حتی آن دسته از محصلینی که به عنوان بورسیه به خرج دولت تحصیل

کــرده و مکلف بودند در مقابل، فلان قدر ســال برای دولت خدمت کننــد، بیکار مانده بودند. ادارات دولتی در برابر مراجعه‌ی آن‌ها برای کار، با عرض معذرت ردشان کرده یا به معلمی بی‌ربط با تحصیل‌شان گماشته بودند.

اهالی شرافتمند تهران

محل اجتماع ما بــرای فکرکردن و مشــورت و چاره‌جویی کافه فردوس ــ یا فردوســی ــ در خیابان اســلامبول بود. آن‌جا با خیلی‌ها، از شــاعر و نویسنده و روزنامه‌نگار آشنا شدیم که کم و بیش مثل ما در مضیقه‌ی مالی بودند. ســر میز این کافــه در برابر فنجان چای یا قهوه، یا حین قدم زدن در خیابان اســلامبول و نادری در فکر پیدا کردن کار برای تأمین لااقل پول توجیبــی و خرج کافه بودیم. ولی فکر کردن هم در آن ایــام راحت نبود. تظاهرات خیابانی شــهر را به یک میدان زد و خــورد مداوم بدل کرده بود. به‌خصوص جوانان توده‌ای خیابان‌های مرکزی شــهر را به محل تظاهرات سیاسی بدل کرده بودند. تا جمعیتی می‌دیدند، یکی از آن‌ها بالای چهارپایه یا نرده‌ای قد می‌افراشــت و با خطابیه‌ی «اهالی شرافتمند تهران...» سخنرانی سیاسی تند و تیزی را با شعارهای کوبنده شروع می‌کرد. به محض اولین شعارهای سخنران، کسبه‌ی خیابان که به تجربه می‌دانستند تا چند لحظه‌ی دیگر مأمورین حکومت نظامــی برای مقابله با اجتماع ممنــوع، هجوم می‌برند، با عجله کرکره‌های آهنی را با صدای گوش‌خراش تــا قد یک آدم پائین

می‌کشـیدندکه با رسیدن سربازان کاملاً ببندند. عابرین از این طرف و آن طـرف فرار می‌کردند و آن‌هاکــه در دکان‌ها یاکافه‌ها بودند مدتی زندانی می‌شـدند. در نتیجه ما هم به محض این که از گوشه‌ای صدای «اهالی شـرافتمند تهران» می‌شنیدیم، برای این که آخرین لحظه میان برخوردها گیر نیفتیم پا را به فرار می‌گذاشتیم. تورج به تخصصی رسیده بود که قیافه‌ی افرادی را که احتمال رفتن روی بلندی و شـروع سخنرانی از جانب آن‌ها می‌رفت، خوب تشخـیص می‌داد؛ یک‌باره داد می‌زد: ایرج بدو! یک اهالی شـرافتمند تهران می‌خواهد شروع کند! که بعد از فرار می‌دیدم درسـت تشخیص داده است. غیر از رویاروئی توده‌ای با مأمورین حکومت نظامی، یک میدان فرعی نبرد توده و سومکا هم وجود داشـت. گاهی به محض این‌که جوانان تــوده‌ای و افراد دیگر دور سـخنران جمع می‌شدند، گروه ضربت حزب سومکا سر می‌رسید. یک جیپ قراضه وسـط خیابان ترمز می‌کرد و پیراهن سـیاهان از آن پیاده می‌شـدند. به پیراهن سـفیدان حمله می‌بردند و بعد از سرکوبی و مبادله‌ی مقداری مشــت و لگد، دوباره به داخل جیپ می‌پریدند و روانه می‌شدند. کرکره‌ی مغازه‌ها دوباره بالا می‌رفت. خاطرات مختلفی از آدم‌هایی که در این شــلوغی‌ها دیده‌ام دارم. از جمله خاطره‌ی کتک خوردن نصرت رحمانی شاعر است. یک روز ما، به دنبال حمله‌ی گروه سـومکا به کافه فردوس پناه برده بودیم. وقتی کرکره باز شــد، نصرت رحمانی با سر و روی آسیب دیده‌ی خون‌آلود وارد شد، بعد از تحقیق دانستیم که گروه ضربت سومکا نصرت را با احمد شاملو عوضی گرفته

وکتک جانانه‌ای به او زده‌اند. در ماجرا، خود شاعر هم تقصیر داشت چون وقتی سومکائی‌ها پرسیده بودند: احمد شاملو توئی؟ لحن سؤال آن‌ها بر اوگران آمده و جواب داده بود: بله، چه فرمایش؟ آن هم تنبیه شاملو را در حق او اجرا کرده بودند.

به این ترتیب، وقتی شعار «نوکری دولت ممنوع» از اعتبار افتاده و پروژه‌های انقلابی ثروت‌زای ما هم نقش بر آب شده بود، می‌بایستی راهی بینابین نوکری و آقائی پیدا می‌کردیم و برای فکر کردن و چاره‌جوئی و رایزنی، محل تشکیل جلسه لازم بود. ولی متأسفانه بی‌پولی به‌طوری حاد و فراگیر شده بود که برای پول چای و قهوه کافه فردوس هم لنگ مانده بودیم. پول چای را دیگر نمی‌توانستیم از پدر و مادر بازنشسته بخواهیم. من کمی سابقه‌ی مطبوعاتی داشتم. در دوران مدرسه‌ی متوسطه یک سالی برای مجله‌ی اطلاعات هفتگی قصه ترجمه می‌کردم یا می‌نوشتم، سری به این مجله کشیدم. سردبیر، مهندس کردبچه، با شرمندگی گفت البته هر چه بنویسید با کمال میل چاپ می‌کنیم ولی متأسفانه پرداخت حق‌التحریر فعلاً مقدورمان نیست.

فعالیت سینمائی

همان‌طور که در آن حکایت شیخ اجل، در عین شدت حَرّ تموز «همی ناگاه از ظلمت دهلیز خانه‌ای روشنیی بتافت»، بر ما هم، در نهایت نومیدی، از دهلیز خانه‌ای در خیابان شاپور روشنیی بتافت. خبر شدیم که آقای ابراهیم مرادی، که می‌گفتند اولین سینماگر و فیلم‌ساز

ایران است، بعد از مدتی کناره‌گیری، قصد تجدید سازمان خود را برای دوبله‌ی فیلم، دارد. چون دنبال افراد تحصیل کرده‌ی زبان‌دان می‌گردیده، کسی من و تورج را به او معرفی کرده است. خبر، موجب شعف و شادی ما و دوستان شد. طبق قرار، با سر و وضع و فکل کراواتی مرتب به دیدن آقای مرادی رفتیم. در خانه‌ای قدیمی در خیابان شاپور ساکن بود. با علاقه از ما استقبال کرد و از تحصیلات‌مان پرسید. گفت قصد دارد فعالیت تازه‌ی سینمائی‌اش را با دوبله‌ی فیلم‌های خارجی شروع کند. در مرحله‌ی اول کار ما ترجمه‌ی دیالوگ چند فیلم فرانسوی است. قرار شد کار را از همان روز شروع کنیم. استودیو که پشت دفترش بود، عبارت از یک اتاق کوچک بود که در آن یک آپارات بزرگ نمایش فیلم قرار داشت که بیشتر فضای اتاق را اشغال کرده بود. معلوم شد که دیالوگ فیلم‌ها را در اختیار ندارد و ما بایستی با تماشای فیلم، دیالوگ را روی کاغذ پیاده می‌کردیم و با توجه به حرکات لب و دهن بازیگران، به فارسی همنوائی ترجمه می‌کردیم. شروع به کار کردیم. اولین فیلم یک فیلم فرانسوی قدیمی با شرکت شارل بوایه و دانیل داریو بود. یک حلقه یا به اصطلاح یک پرده از فیلم را دیدیم ولی از موضوع آن چیزی نفهمیدیم. زیرا صدای فیلم کهنه بسیار خراب بود و تصویری که روی پرده می‌افتاد خیلی کوچک بود و نور کم پروژکتور اجازه نمی‌داد حرکات لب و دهن هنرپیشگان را درست ببینیم. مضافاً به این‌که آقای مرادی برای خنک کردن اتاق خفه، یک پروانه‌ی ماشین روی آپارات سوار کرده بود که همراه چرخش فیلم می‌چرخید، که متأسفانه هوا را

زیاد خنک نمی‌کرد ولی صدای تلق‌تلوقش صدای فیلم را می‌پوشاند. خلاصه این‌که با چند ساعت کار و مکرّر دیدن، توانستیم فقط چند دقیقه از دیالوگ فیلم را روی کاغذ بیاوریم. شب، در مراجعت ازکار، سؤالی را که رومان نشده بود از آقای ابراهیم مرادی بکنیم، بین خودمان مطرح کردیم: چه مقدار دستمزد و چه موقع می‌دهد؟ احتیاجات فوری بود. تصمیم گرفتیم عقده‌ی کم‌روئی را زیر پا له کنیم و درباره‌ی دستمزدمان صحبت کنیم. قرارمان این بود که به‌خصوص خواهش کنیم مقداری از حقوق‌مان را مساعده بپردازد. که پول چای و قهوه‌مان تأمین بشود. روز بعد وقتی کارمان تمام شد، برای گزارش پیشرفت کار به آقای مرادی، به دفترش رفتیم. بعد از سؤال من که برای کار و زحمت ما چه دستمزدی در نظر گرفته شده است، آقای مرادی، با لهجه‌ی اصیل رشتی‌اش گفت: اگر آقایان یک قدری بیشتر پشت کار بگذارند، به‌طوری که ما بتوانیم دوبله را برای قبل از چهارم آبان آماده کنیم، من به هرکدام از آقایان یـک دانه قلم خودنویس تقدیم می‌کنم. مـن آمدم چیزی بگویم ولی تورج مهلت نداد. گفت: جناب آقای مرادی، شما ماشاءالله چه دل گنده هستید، حالا کی، چهارم آبان کی؟ تا آن موقع انشاءالله فیلم دوم هم باید حاضر شده باشد. لطف عالی زیاد تا به زودی زود!

در صحنه‌ی تآتر

بعد از فراغت از این فعالیت سینمائی، بـاز چند روزی به تفکر و چاره‌جوئی گذشت. ولی انگار ستاره‌ی اقبال‌مان به‌کلی فراموش‌مان

نکرده بود. این بار روشـــنی همی ناگاه از دهلیز خانـــه‌ای در لاله‌زار بتافت. خبر رسیدکه تآتر تهران تصمیم گرفته است نمایش‌نامه‌ی خسیس اثر مولیر را که در گذشـــته به صورت یک اقتباس فارسی نمایش داده شـــده، به صورت کاملاً کلاســیک با دکور و لباس وقت روی صحنه ببرد، و از آن‌جا که من قبل از فرنگ، در دوران تحصیل، نمایشنامه‌هایی ترجمه کرده بودم و سابقه‌اش در آن تآتر بود، ترجمه‌ی تازه‌ی پیس را به عهده‌ی من بگذارند. خبر مسرت‌انگیزی بود. درباره‌ی دستمزد ترجمه، چهارصد تومن، هیچ چانه نزدم و بلافاصله مشغول کار شدم. ظرف دو هفته، با ســیزده چهارده ساعت کار روزانه، ترجمه تمام شد. متن را در جلد شکیلی نزد مدیر تآتر بردم. گفت باشد تا کارگردان، آقای حالتی، ببیند و نظر بدهد. کی؟ فردا عصر. به بچه‌ها که در کافه فردوس منتظر سور و سات بودند خبر ناخوشایند تأخیر را رساندم. روز بعد طبق قرار، بـــرای گرفن نتیجه، در تآتر به دیدن کارگـــردان رفتم. هیچ راضی نبود. گفت: آقا، ما می‌خواهیم این نمایشنامه را به شیوه‌ی کلاسیک با دکور و لباس وقت با بهترین هنرپیشگان روی صحنه ببریم. این ترجمه‌ی شما کلاسیک نیست. متن را به من نشان داد. جابه‌جا کنار صفحه علامت گذاشـــته بود. از نکاتی که یادداشت کرده بود و ایراداتی که گرفته بود. دانســـتم، که از نمایش به سبک کلاسیک که مکّرر بر آن تکیه می کرد، تصور دقیق و روشنی ندارد. ولی جای بگومگو نبود. گفتم بسیار خوب، ایـــرادات را رفع می کنم. و راه افتـــادم. در موقعیت ناجوری گیر افتاده بودم با تورج مشورت کردم. گفتم نه می‌توانم از چهارصد تومن که بسیار

بسیار لازم است، بگذرم، نه به خودم اجازه می‌دهم طبق نظر کارگردان متن ترجمه‌ام را اصلاح کنم. مولیر این نمایش‌نامه را به زبان رایج قرن هفدهم قابل فهم برای همه‌ی مردم نوشته، من هم به زبان قابل فهم برای مردم در دهن همان طبقه آدم‌ها گذاشته‌ام. آن طور که کارگردان می‌خواهد درست نیست و مورد ایراد اهل تآتر و اهل قلم قرار می‌گیرد. یادم نمی‌رود که چند سال پیش که یکی از مترجمین، نمایشنامه‌ی معروف «له فم ساوانت» مولیر را به فارسی به عنوان «زنان دانشمند» ترجمه و چاپ کرده بود، عباس اقبال در مقاله‌ای در روزنامه‌ی اطلاعات، از عنوان تا متن ترجمه را به باد انتقادگرفت. نمی‌دانم چه کارش کنم. برای مثال من نوشته‌ام «تصمیم بگیرم» کارگردان معتقد است برای این که کلاسیک بشود باید بنویسم: «اخذ تصمیم نمایم». تورج گفت: یک جائی خوانده‌ام که یک نویسنده‌ی انگلیسی، که اسمش یادم نیست، از ناچاری به ناشر وعده داد که طبق نظر او دست‌نوشته‌اش را تصحیح کند ولی عین آن را با جوهر دیگری رونویس کرد و از تصویب ناشر گذراند. تو هم که متن ترجمه را با جوهر آبی نوشته‌ای با جوهر سیاه رونویس کن و ببر تحویل بده، چه بسا شانس بیاوری قبول بشود. من حاضرم دیکته کنم که سریعاً تمام بشود.

سه روز بعد متن جدید را به تآتر بردم. مدیر تآتر آقای عبدالله والاگرفت که به نظر کارگردان برساند. چون جوان خوشروئی بود، بی رودروایسی گفتم که سخت پول لازم دارم. حواله‌ای نوشت که دویست تومن از گیشه‌ی تآتر گرفتم و به سراغ دوستان رفتم. البته دویست بعدی

را هم چند روز بعد وصول کردم. ظاهراً کارگردان فرصت نکرده بود متن تازه را بخواند. چون چند ماه بعدکه نمایش‌نامه روی صحنه رفت، دیدم که از عین متن من استفاده کرده‌اند.

گروه مهندس

در چند ماهی که به آغوش میهن بلادیده برگشته بودیم، این چهارصد تومن اولین و آخرین درآمدمان بود. محاصره‌ی اقتصادی ادامه داشت. تنگنای بی‌پولی هر روز بدتر می‌شد. از دو سه تدبیر دیگرمان که بعد از فعالیت سینمائی و تآتری‌مان ناموفق ماند، می‌گذرم. ناچار، یک روز من و تورج شرمنده از خودمان، تابلوی «نوکری دولت ممنوع» را بی‌سر و صدا پائین آوردیم. من به خدمت دادگستری و تورج به استخدام ابتدا خبرگزاری فرانسه و بعد روزنامه‌ی اطلاعات، تن در دادیم.

من، بعد از طی ماه‌ها کارآموزی قضائی که از شرح آن می‌گذرم، در مرداد ماه ۱۳۳۲، حکم دادیاری دادسرای تهران راگرفتم. قرار بود دادستان تهران پست خدمت مرا معین کند. صبح ۲۸ مرداد که یک چهارشنبه به یادماندنی بود، من مثل روزهای دیگر، به حکم نومنصبی، سرساعت در دادسرا بودم. قضات دادسرا، این‌جا و آن‌جا دور هم جمع شده و درباره‌ی وقایع روز، به‌خصوص میتینگ جبهه‌ی ملی و تظاهرات حزب توده و احتمالات آینده بحث می‌کردند.

وقایع فوق‌العاده‌ای ظرف سه روزگذشته با سرعت گیج‌کننده‌ای اتفاق افتاده بود. صبح ۲۵ مرداد از رادیو خبر یک کودتای ناموفق علیه

دولت را شنیدیم. بعد خبر خروج شاه از مملکت را شنیدیم و صحبت شورای سلطنت به ریاست دهخدا به میان آمد. شاهد میتینگ جبهه‌ی ملی و تظاهرات توده و پائین کشیدن مجسمه‌ها بودیم.

باری، آن روز در دادسـرا نگرانی برای وقایع آینده، عمومی بود و در چهره‌ها خوانده می‌شـد. دادسرا به شلوغی روزهای معمولی نبود، کلانتری‌ها که غالب مشـتری‌های روزانه‌ی دادسرا را تأمین می‌کردند انگارگرفتاری‌های دیگری داشـتند. من که هنوز کار مکلفی بر عهده نداشتم با یکی از همکاران، که مثل من نومنصب بود، بحث می‌کردیم. یک وقتی شنیدیم که آقای مسـعودی، رئیس اجرائیات دادسرا به این اتاق و آن اتاق سـرکشیده و هشـداری می‌دهد. پرسیدیم؛ حرفش این بود: می‌گفت یکی از پاسـبان‌های من که صبح دنبال مأموریتی رفته، تلفنی به من اطلاع داد که در جنوب شـهر یک گروه مردم با چوب و چماق، به سردستگی مهندس، که همه می‌شناسیدش، با شعار مرگ بر قضات توده‌ای به راه افتاده‌اند. شعارشـان نشان می‌دهد که قصد کاخ دادگسـتری را دارند. سر دسـته‌ی گروه که آقای مسعودی از او به اسم «مهندس» یاد می‌کرد، از مشتریان دائمی دادسرا بود که تخصصی در صدور چک بلامحل داشت. مکرر به زندان افتاده بود. اسامی مختلفی داشـت. آخرین اسمی که روی خودش گذاشـته بود مهندس افراشته بود. از شـیوه‌ی اختصاصی‌اش برای تسهیل کلاهبرداری حذف نقطه از املای فارسـی بود و از این هنرش غالباً در صدور چک اسـتفاده می‌کرد. مسـعودی بعد از این هشدار، یادآوری می‌کرد که خبر حرکت

گروه مهندس را به گارد نظامی محافظ کاخ اطلاع داده است ولی معلوم نیست این‌ها که سه چهار نفرند، بتوانند جلوی جمعیتی را بگیرند. این را گفتم که خودتان تصمیم بگیرید که چه کنید. همکارم که گفتم مثل من جوان و نومنصب بود گردن گرفت که ما قاضی هستیم، اگر آمدند جواب‌شان را می‌دهیم. گفتم این‌ها که می‌آیند برای سؤال نمی‌آیند که ما جواب‌شان را بدهیم. شعارشان که «مرگ بر قضات توده‌ای» است حکایت می‌کند که از مراحل اصلی سؤال و جواب و اعلام اتهام و صدور حکم گذشته‌اند و حالا برای اجرای حکم می‌آیند. زیاد وقتی نگذشته بود که از پنجره‌های جنوبی کاخ هیاهوی جمعیتی از دور به گوشمان رسید. همکارم که انگار از جوابگویی منصرف شده بود، چشم به دهن من دوخته بود. گفتم بله، خودشانند. حالا باید تصمیم بگیریم که چه کنیم. پرسید نظر شما چیست؟ گفتم نظر من همان نظر حکیم طوس است که فرمود: گریزی به هنگام، با سر به‌جای ـ به از پهلوانی و سر، زیر پای. دیگر حرف زیادی نزدیم و راه افتادیم. در خیابان شمالی کاخ دادگستری او به چپ به طرف خیابان خیام رفت و من به راست به طرف خیابان ناصرخسرو، که راه عادی‌ام بود، رفتم.

شمشیر رضاشاه

در ناصرخسرو یک کامیونی را دیدم که به طرف میدان سپه در حرکت بود و مسافران ایستاده‌اش شعار جاوید شاه می‌دادند. این مسافران غالباً و لابد برای دفاع از خود به چوب و باتون مسلح بودند.

این کامیون و شایدکامیونی قبل از آن که من ندیده بودم، کسبه را ترسانده بود. مغازه‌ها بسته و یا در حال بستن بودند. صاحب یک مغازه نزدیک میدان سپه تلاش می‌کرد کرکره‌ی آهنی را که در نیم‌متری زمین گیرکرده و پائین‌تر نمی‌رفت، پائین بیاورد. چون ضمن زورآوردن فحش‌های رکیک و مضحکی نثار سیّد جد به کمر زده، لابد سازنده‌ی کرکره، می‌کرد، توجهم را لحظه‌ای جلب کرد. همان موقع برای جلب کمک، همسایه‌اش را صدا زد. چون صدایش را شنیدم و رویش را دیدم، او را شناختم. دو روز پیش حین عبور، او را جلوی مغازه‌اش در میان جمعی از مردم که گردش حلقه زده بودند، دیده و چند لحظه به تماشا ایستاده بودم. این شخص، بعد از این که مردم مجسمه‌ی رضاشاه را پائین آورده بودند، با ارّه‌ی آهن‌بری، کونه‌ی شمشیر مجسمه ــ البته غلاف شمشیر ــ را بریده بود. این بریده را که شاید بیست و دو سه سانتی‌متر طول داشت، با افتخار به مردم نشان می‌داد. در میان جمع حلقه‌زده به دورش شنیدم که بعضی پیشنهاد خرید آن را کردند. قبول نکرد. گفت می‌خواهد به عنوان یادگار شرکتش در مبارزه، برای بچه‌هایش بگذارد. روز ۲۸ مرداد، در آن لحظات حالش را بعد از دیدن کامیون جاوید شاهی‌ها می‌فهمیدم. چون آن طور که روز مجسمه، سر و صدا راه‌انداخته بود، بی‌تردید همه اهل محل تا بازار و سبزه‌میدان، از شاهکارش خبردار شده بودند و نگران بود که اگر تظاهرات امروز به تغییراتی منجر بشود، با آن کونه شمشیر چه بلائی سرش می‌آورند. به راهم ادامه دادم.

یادآوری می‌کنم که من نظرم راجع به کودتای ۲۸ مرداد ۳۲ را مکرّر

در مقالاتم ابرازکرده‌ام. و این‌جا، در این متن که از خاطراتم خلاصه می‌کنم، احساساتم را درباره‌ی واقعه کنارگذاشته‌ام. فقط مشاهداتم و برخوردهایم با افراد و روحیات آن‌ها را گزارش می‌کنم، آن هم به نرمی، به‌طوری که شیرینی عید درکام خواننده تلخ نشود.

نماینده‌ی صنف بستنی فروش

با این‌که هیچ شوقی به شرکت یا حتی حضور در هیجانات انقلابی نداشتم، گفتم ببینم این تظاهرکنندگان جنوب شهر به بالای شهر هم می‌رسند و اگر برسند، آن جماعت جوانان برآشفته‌ای که دیشب و پریشب دیده بودم در خیابان فردوسی و اسلامبول تمام پیاده‌روها حتی سواره‌روها را اشغال کرده و با شور و حرارت تا دیروقت به بحث و جدل درباره‌ی آینده مشغول بودند، چه عکس‌العملی از خود نشان می‌دهند. از آن گروه‌ها اثری ندیدم... و وقتی دیدم یک جیب و یک ماشین شخصی با پرچم‌های برافراشته و شعار جاویدشاه از جنوب به طرف شمال رفتند و مغازه‌ها شروع به پائین کشیدن کرکره‌های آهنی کردند، گفتم انگار احساسات آن طرف به این طرف هم رسیده و دیگر جای ماندن نیست. به‌خصوص که بین مردم زمزمه‌هایی از حمله به ادارات و روزنامه‌ها شنیده می‌شد. برای سلامت دوستم تورج نگران شدم. به قصد خانه قدم تندکردم. در خیابان فردوسی یک ماشین آمریکائی در کنارم ترمزکرد. یکی از دوستان قدیم، حسن دادگر بود که تعارف کرد سوار بشوم. حسن دادگر را از خیلی پیش، می‌شناختم. این ایام یک روزنامه‌ی

بی‌طرف را که کسی در اختیارش گذاشته بود، البته گاه‌گاه منتشر می‌کرد. سرمقاله‌ها را با امضای مستعار خودش می‌نوشت. باقی مطالب را هم از دوستان و آشنایانش می‌گرفت. دو سه بار من به خواهش او مقالاتی از لوموند و نوول ابسرواتور برایش ترجمه کرده بودم. آن روز وقتی تعارف کرد که سوار بشوم گفتم اگر به راهتان می‌خورد سوار می‌شوم. گفت اول سری یک جائی می‌زنیم بعد می‌رسانمت به منزل. پرسیدم کجا؟ گفت بی‌سیم پهلوی.

آن موقع، از محل بی‌سیم پهلوی که از آن روز به بعد مشهور شد، تصور دقیقی نداشتم، فکر کردم جائی در خیابان پهلوی است. گفتم، نه، خانه‌ی ما از این طرف است. خانم خوش‌بر و روئی هم در ماشین بود که تعارف کرد سوار بشوم. بعد دانستم خانم ملکه اعتضادی شاعر و به اصطلاح امروز ـ فعال سیاسی است. تشکر کردم و راه افتادم. آن‌ها هم رفتند.

با پرهیز از نقاطی که می‌گفتند شلوغ شده، خود را به خانه رساندم. ساعت خبرهای رادیو گذشته و صدائی بلند نشده بود. بیش از پیش نگران و ناراحت به دو سه نفر تلفن کردم. علت سکوت رادیو را نمی‌دانستند. تا ساعت شاید سه بعدازظهر بود که رادیو به صدا درآمد. خبرهای شلوغ و نامرتبی از سقوط دولت و کشته شدن وزیر خارجه درهم و برهم شنیدیم. تا تیمسار زاهدی به عنوان رئیس دولت جدید صحبت کرد. بعد از او عده‌ی زیادی از نظامی و شخصی حرف زدند. در میان آن‌ها کسی که با تعجب صدایش را شنیدم، حسن دادگر بود که

ساعتی پیش مرا دعوت به سوار شدن به ماشینش کرده بود. اما آن چه بیشتر تعجب‌انگیز بود موضع‌گیری او علیه دولت مصدق به طرفداری دولت زاهدی بود. و از همه این‌ها تعجب‌انگیزتر برای من، عنوانی بود که در شروع صحبت به خودش داد: «اینجانب حسن دادگر نماینده‌ی صنف بستنی‌فروش...» و ظرف دو سه دقیقه صحبت، وفاداری صنف را به دولت تیمسار اعلام کرد. در پایان برنامه‌ی سخنرانی‌های انقلابی، عاقبت نوبت به گوینده‌ای رسید که با لحن عادی اعلام کرد: این جا تهران است. شنوندگان گرامی؛ امشب برنامه‌ی موسیقی ایرانی، به علت تصادف با شهادت حضرت مسلم‌بن عقیل، اجرا نخواهد شد. خبر غم‌انگیزی بود. ولی تاریخ شهادت حضرت مسلم‌بن عقیل در ۲۸ مرداد، انگار درگوشه‌ی ذهن من یادداشت شده بود که سال‌ها بعد، در قصه‌ی دائی جان ناپلئون، آن را برای کمک به رفع گرفتاری دائی جان به اطلاع آسید ابوالقاسم واعظ رساندم.

حیوانات هار

روز اول شهریور تیمسار زاهدی دولت جدید را به شاه که از خارج برگشته بود، معرفی کرد و ما به طور جدی سرکارمان برگشتیم.

جائی که من می‌نشستم رنگ دیوار طوری رفته بود که وقتی از جا پا می‌شدم پشت کتم به کلی گچ‌آلوده بود. فکر کردم یک جلد مقوائی پرونده را روی ریختگی رنگ بچسبانم. پیشخدمت جوانی داشتیم به اسم چابک، فرستادمش از قسمت ملزومات چند پونز یا میخ بگیرد.

برگشت گفت می گویند نداریم. عصبانی گفتم سرت دوانده‌اند. برو پیش یک آدم مسؤول، مدیرکل، رئیس، کفیل، معاون، بگو فلانی گفت چند تا پونز یا میخ فوری لازم است. کمی بعد باز با دست خالی برگشت. اما این بار ناراحت و منقلب. بغض در گلوگفت آقای رئیس یک اداره‌ای که رفتم عصبانی شد. پیش از این که چیزی بگویم داد زد مرتیکه نفهم، کی به تو اجازه داد مثل گاو سـرت را بیندازی پائین، بیائی اتاق من؟ گفتم قربان، ببخشید. در نیمه باز بود. در زدم فرمودید بله، آمدم تو. باز داد زد: حالا چی می‌خواهی؟ گفتم من در دادسـرا پیشخدمتم. رفتم ملزومات پونز برای آقای پزشـک‌زادکه لازم دارند بگیرم، نگذاشـت حرفم را بزنم، داد زد: برو گمشـو بیرون! پونز می‌خواهد برود ناصریه بخرد. داشتم می‌آمدم بیرون شنیدم به معاونش که کنار میزش وایستاده بود گفت آن پیرمرد مجنون همه‌ی این حیوانات را هارکرده. پیشخدمت جوان فحش‌خورده را تا توانسـتم دلداری دادم. پونز را می‌توانستم از خانه بیاورم. ولی به این رئیس اداره‌ی بی‌ادب باید جوابی می‌دادم.

صبـح روز بعد، اول وقت اداری که اتاق خلوت بود، پونزهای دور عکس شاه راکندم و از پنجره بیرون انداختم. توضیح آن‌که بعد از ۲۸ مرداد یک عکس شاه را روی کاغذ چاپ کرده و به جای قاب عکس رسمی شـاه که از بین رفته بود به دیوارها چسبانده بودند. عکس شاه را روی میزگذاشـتم، بعد نشستم و نامه‌ای به این مضمون به آن رئیس بی‌ادب نوشـتم: جناب آقای فلانی رئیس اداره‌ی فلان (عنوان دقیق اداره یادم نیست) برای نصب عکس اعلیحضرت همایون شاهنشاه

که بر اثر کوران هوا، یا علت نامعلوم دیگری از دیوار کنده شده روی زمین افتاده، تعدادی پونز مورد نیاز فوری است که با وجود مراجعه مکرر و تذکر فوریت موضوع در تأمین آن، کوتاهی شده است. لذا خواهشمند است ضمن ارسال فوری مقداری پونز مقاوم، دقیقاً علت تأخیر و تعلل را تحقیق نموده و برای اقدام مقتضی اعلام نمایند. رونوشت برای ملاحظه‌ی مقام وزارت ـ رونوشت برای استحضار جناب آقای دادستان تهران ارسال می‌گردد. نامه را به عنوان دادیار دادسرای تهران امضاء کردم و در پاکت گذاشتم. چابک را صدا زدم گفتم کوران هوا عکس اعلیحضرت را کنده، برای نصب دوباره‌اش نامه به آن آقا نوشته‌ام که پونز بدهد. به مستخدم اتاقش بده و بگو فوری است. ترتیبی داده‌ام که بیاید از تو عذرخواهی کند. باید آن توهین را از دلت دربیاورد. گفته پیرمرد مجنون ترا هار کرده، هاری‌ات را باید نشانش بدهی.

چند دقیقه‌ای نگذشته بود که رئیس بی‌ادب زنگ زد: جناب آقای پزشک زاد، سلام عرض می‌کنم. بنده فلانی، می‌خواستم اگر وقت داشته باشید برای یک عرض فوری خدمتتان برسم. سه چهار دقیقه بعد با یک جعبه پونز به دست آمد. به محض ورود عکس شاه را که روی میز بود قاپید و به دیوار کوبید. در حالی که فکر کرده بودم او را ندیده‌ام، وقتی به طرف من برگشت شناختمش.

روز ۲۷ مرداد مستخدمی تحت نظارت او عکس‌های شاه را از اتاق‌ها پائین می‌آورد. آن موقع او را فقط چند لحظه دیده بودم. اگر قیافه‌اش در خاطرم مانده بود، برای این بود که وقتی قاب عکس شاه

را پائین کشـــیدند، شنیدم که خطاب به صاحب عکس گفت: «برو آقا، بــرو که برنگردی! ملت نمی‌خواهدت، برو آقــا! آن روز، ظاهراً مراکه سـرم توی یک پرونده بود، ندیده بود. نشســت و گفت: جناب آقای دادیار، شـرمنده‌ام که سوء تفاهم شـده ولی باور بفرمائید که تعللی در کار نبوده. اصولاً تصور تعلل از جانب من فدائی شاهنشـاه، در امری مربوط به شاهنشــاه گناه است. گفتم ولی من گفته بودم که پیشخدمت مورد مصرف پونز را به شما بگوید. از جا جست و با هیجان گفت: به روح پدرم، به مرگ یگانه فرزندم اگر به من گفته باشد. با این که دلم به حالش سوخت، وا ندادم. گفتم به هر حال باید تحقیق کنیم اگر قصور از پیشخدمت است که او مسؤول است. در غیر این صورت... خلاصه، بعد از این که مدتی در هول و ولا باقی گذاشتمش، تا وقتی از چابک عذرخواهی چربی نکرد، رونوشت‌های خیالی را پاره نکردم.

چرخ خیاطی خانم ضیاءالسلطنه

حکم خدمت من در شـعبه‌ی ۱۲ دادگاه جنحه‌ی تهران صادر شده بود. یکــی از اولین پرونده‌هایی که در آن دادگاه باید از ادعانامه دفاع می‌کردم، بــه حوادث ۲۸ مرداد مربوط بود. طبق مندرجات پرونده که قبل از شــروع محاکمه مرور کردم و عنوانش ســرقت از خانه‌ی دکتر محمد مصدق بود، مرد جوانی در خیابان شاپور، با یک چرخ خیاطی زنانه دســتگیر شده، در بازجویی کلانتری اظهار کرده بود که حین عبور از خیابان کاخ برای تماشای خانه‌ی بی‌در و پیکری، که روز پیش مورد

غارت مردم قرارگرفته، وارد شده، در یک گوشه زیر تیر و تخته و خاک و خاشاک چشمش به یک چرخ خیاطی دستی افتاده، فکر کرده آن را برای مادرش که برایش پیراهن و زیرشلواری می‌دوخته ببرد. نزدیک منزلش پاسبان محل که با او خرده حساب قدیمی داشته او را گرفته و برایش پرونده‌ی غارت و سرقت درست کرده است. ندیده دلم به حال متهم که فراش یک دبستان بود، سوخت. زیرا قاضی آدمی بسیار خشک و جدّی و مجری مو به موی قانون بود. ضمن صحبت، نظرش را راجع به متهم دانستم. گزارش پاسبان برایش وحی منزل بود. برای نرم کردن او، گفتم لابد همان چرخ خیاطی است که ضیاءالسلطنه خانم مصدق، برای دکتر غلامحسین و احمد مصدق وقتی بچه بوده‌اند، زیرشلواری می‌دوخته؛ اخمش هیچ باز نشد. گفت لابد توده‌ای هم هست. با توده بسیار بد بود. چون نتوانستم او را از جا تکان بدهم، گفتم آقا، توجه داشته باشید که با محکوم کردن این جوان، هم شما و هم من مضحکه‌ی مردم می‌شویم. فکر انعکاس خبرش در جراید را کرده‌اید؟ بی‌حوصله سری تکان داد، گفت جراید با حکومت نظامی فعلی جرأت نمی‌کنند انتقاد کنند. گفتم اما جرأت تحسین و تبریک که دارند. صبر کنید نشانتان بدهم. قلم برداشتم و خبری نوشتم و برایش خواندم:

«غارت‌گران در پنجه‌ی قدرتمند قانون۔ پیرو اخطار رئیس دولت جدید و دستور مؤکد آقای جمال اخوی وزیر دادگستری مبنی بر پیگرد قانونی بی‌گذشت، کسانی که با استفاده از آشفتگی ایام اخیر، به غارت و سرقت و تخریب منازل مردم و دفاتر جراید مبادرت کرده‌اند، و اهتمام

شبانه‌روزی مأموران انتظامی، به گزارش خبرنگار قضائی ما، دیروز دادگاه جنحه‌ی تهران به ریاست آقای ابراهیم صفائی و دادستانی آقای ایرج پزشک‌زاد، برای محاکمه‌ی یکی از متهمان غارت و سرقت منازل مردم تشکیل شد. پس از اعلام اتهام و بیانات مؤثر دادستان و استماع شهود و گزارش مأموران انتظامی و دفاعیات وکیل تسخیری متهم و شنیدن آخرین دفاع متهم، دادگاه، وقوع بزه انتسابی غارت و سرقت یک چرخ خیاطی زنانه از منزل دکتر محمد مصدق فرزند هدایت‌الله، شغل نخست‌وزیر سابق، از ناحیه‌ی متهم غلامحسین جوزاری فرزند براتعلی، شغل فراش دبستان را محرز دانسته و متهم را به سه سال زندان تأدیبی محکوم می‌نماید و مقرر می‌دارد که چرخ خیاطی زنانه مسروقه به صاحبش دکتر محمد مصدق فرزند هدایت‌الله مسترد گردد.»

این های و هوی من، مختصری از خشکی و یبوست قانونی قاضی کاست. در نتیجه، ادعانامه‌ی مساعد من به وکیل تسخیری جوان و دلسوز کمک کرد که به خوبی از متهم دفاع کند. علاوه بر این، خود متهم آخرین دفاع شیرینی کرد. گفت جناب آقای رئیس دادگاه برای من پرونده‌سازی کردند. اما فرض بفرمائید من دزد غارتگر، اما این دزد غارتگر می‌خواهد بداند که این آقای دکتر نخست‌وزیر که می‌گفتند آن‌قدر ملک و آب و دارد که حقوق دولتی هم نمی‌گیرد، توی خانه‌ی به آن بزرگی‌اش فقط یک چرخ خیاطی داشت؟

قاضی، متهم را به همان مدت حبس گذشته محکوم کرد که از زندان خلاص شد. خیلی دلم می‌خواست می‌توانستم چرخ خیاطی

خانم ضیاءالسلطنه را از دکتر محمد مصدق فرزند هدایت‌الله، برای غلامحسین جوزاری فرزند براتعلی بگیرم که بــرای مادرش ببرد. اما متأسفانه به زندان لشکر دوم زرهی راهی نداشتم.

پاریس نوروز ۹۱

صندوق لعنت

(سناریو براساس حکایت مولانا)

مولانا در مثنوی حکایتی دارد تقریباً به این مضمون: جوحی، ترفندی برای سرکیسه کردن مردان هوس باز دارد. زن زیبایش را پی شکاری می‌فرستد:

چون سلاحت هست رو صیدی بگیر

تا بدوشانیم از صید تو شیر

زن، به بهانه‌ی شکایت از شوهر، نزد قاضی شرع می‌رود، قاضی به دام دلبری او می‌افتد. به عنوان رسیدگی سر فرصت به دعوا، او را دعوت به خانه می‌کند. زن می‌گوید که خانه‌ی ما خلوت‌تر است، شوهرم به سفر رفته. قاضی می‌پذیرد و شب به خانه‌ی او می‌رود. ولی

غفلتاً جوحی در می‌زند. قاضی نگران خود را در صندوقی که در اطاق بوده پنهان می‌کند. جوحی وارد می‌شود و می‌گوید مردم صندوق به این بزرگی راکه در خانه‌ی ما می‌بینند خیال می‌کنند پر از پول و جواهر است. من، فردا این را می‌برم سر چارسوق بازار آتش می‌زنم.

تا بداند مؤمن و گبر و جهود

که در این صندوق جز لعنت نبود

صبح صندوق را به حمّال می‌سپرد که به بازار ببرد. در راه، قاضی از درون صندوق حمّال را صدا می‌زند. حمّال ابتدا متحیّر می‌ماند که صدا ازکجاست. تا عاقبت می‌فهمد از صندوق و از قاضی است که از او می‌خواهد به نایبش پیغام ببرد که بیاید صندوق را در بسته بخرد و به خانه‌ی او ببرد. نایب به موقع می‌رسد. چون سر قیمت چانه می‌زند، جوحی می‌گوید می‌خواهی بازکنم ببین اگر نمی‌ارزد نخر. عاقبت معامله به صد دینار ختم می‌شود.

سکانس ۱

در دادگاه

(منشی دادگاه به راهرو سر می‌کشد و آخرین مراجع منتظر را صدا می‌زند.)

منشی ـ خواهر جمیله جوحی، بفرمائید!

(زن جوان با طنّازی وارد می‌شود و به تعارف منشی، روی نیمکت می‌نشیند. نگاه منشی روی اندام پر و پیمان و سر و سینه‌ی هوس‌انگیز او

که، به رغم چادر نازک، به خوبی جلوه‌گر است، می‌گردد و بر می‌گردد. در این حال، زن سالخورده‌ای در برابر رئیس دادگاه به ندبه و ناله ادامه می‌دهد.)

پیرزن- ... الهی خدا بچه‌هایت را برایت نگه دارد، الهی من پیش مرگت بشوم، آقای آیت‌الله، فکر من پیرزن بی‌کس را بکن، این اصغر من نان‌آور من و خواهرش است. من و این بیوه‌زن مادر مرده پنج سال بی‌اصغر چه کنیم؟ ازکجا بخوریم؟

قاضی- محاکمه تمام شده و حکم صادر شده، این حرف‌ها وقت تلف کردن است، مادر.

پیرزن- آخر آقای رئیس، به این سوی چراغ، به همان ضریح مطهری که بهش دخیل بستم، این بچه بی‌گناه است. این اهل این جور شلوغی‌ها و تظاهرات‌ها نیست، تقصیر آن کارگرهای دیگر است که این را پی خودشان کشیده‌اند.

منشی- مادر، مگر نشنیدی که فرمودند حکم قطعی صادر شده، وقت حضرت آیت‌الله را نگیر!

قاضی- ببین مادر، همان‌طور که ضمن محاکمه به پسرت گفتم، نماز و روزه و عبادت تو بود که به دادش رسید، وگرنه مجازاتش اعدام بود.

پیرزن- آخر آقای رئیس، این، آدم که نکشته، جوان است، روی جوانی و بی‌عقلی رفته توی این شلوغی‌ها یک غلطی کرده...

قاضی- جرمش تشویش افکار عمومی است که کمتر از آدم‌کشی نیست، چه بسا یک عده‌ای را به کشتن بدهد (خطاب به منشی) برادر

علیخانی، این مادر را به خروجی راهنمائی کنید!

(منشی پیرزن را که به ناله و شکوه ادامه می‌دهد، هر طور هست به خروجی می‌رساند و پشت سر او در را می‌بندد.)

قاضیـ (پرونده‌ی روی میز را باز می‌کند) این آخرین پرونده‌ی امروز است؟

منشیـ بله، حضرت آیت‌الله، پرونده‌ی شکایت خواهر جمیله جوحی از شوهرش.

قاضیـ دعوای زن و شوهر که در صلاحیت دادگاه انقلاب نیست.

منشیـ سیاسی است، قربان. علت ضرب و شتم شاکیه از طرف شوهرش، مخالفت و اعتراض او به تماشای تلویزیون‌های خارجی ضدانقلاب بوده است.

قاضیـ (هم‌چنان سر روی پرونده) وقت این پرونده که ساعت چهار بوده، الان از پنج هم گذشته، چرا این قدر تأخیر غیرموجه؟

جمیلهـ (از جا می جهد به لحن اعتراض) این را از آن عزرائیل دم درتان بپرسید!

قاضیـ عزرائیل دم در؟

جمیلهـ بله، آقای رئیس، ازش بپرسد چرا مرا یک ساعت معطل کرده، چرا این‌قدر اذیت و آزار کرده، ازش بپرسید این‌جا دادگاه است یا اطاق شکنجه!

قاضیـ نمی‌فهمم، منظور شما...

جمیلهـ از این عَلَم یزید بپرسید چرا این‌قدر مردم آزاری می کند!

من برای شکایت از شوهر دیوانه‌ی ظالمم آمدم، اما از شوهرم ظالم‌تر دیدم. حالا من از خود دادگاه شکایت دارم، بله آقا، شکایت دارم.

قاضی‌ـ ازکی شکایت دارید، خواهر؟

جمیله‌ـ از این زنیکه، از این خرس قطبی صدکیلویی که دم در گذاشته‌اید، همین‌که صدایش می‌کنند عمّه ناصر.

قاضی‌ـ عمّه ناصر؟

منشی‌ـ منظورش اُمّ یاسر، مأمور حراست ورودی زنانه‌ی دادگاه است.

قاضی‌ـ (سر به زیر) برادر علیخانی، تا من شکوائیه را می‌خوانم، شما ببینید شاکیه از حراست دادگاه چه شکایتی دارد که اگر در حّد وقوع جرم است، تعقیب بشود، اگر در حد جرم نیست، به ریاست حراست تذکر بدهیم.

منشی‌ـ اطاعت، حضرت آیت‌الله. شما خواهر، بیائید نزدیک‌تر روی این نیمکت، بعد بفرمائید از چه ناراحت هستیدکه من یادداشت کنم.

جمیله‌ـ حالا، آن ایرادهای مزخرفش که چرا چادرت کوتاه است و چرا دو تار زلفت پیداست، هیچی می‌گوید چرا ماتیک مالیدی. هر چه جز می‌زنم که خواهر نمالیدم، این رنگ طبیعی صورت من است، حالی‌اش نمی‌شود.

(منشی آن‌چه را می‌نویسد ضمناً می‌خواند)

منشی‌ـ ... حالی‌اش نمی‌شود. بعد؟

جمیلهـ بعد یک دفعه مثل غول بیابانی سرم را گرفته با آن دستمال کثافتش می‌مالدکه مثلاً ماتیکم را پاک کند. شما را به خدا، صورت مرا نگاه‌کنید، این رنگ طبیعی نیست؟ (خیز به طرف میز رئیس) شما آقای رئیس دادگاه، جان بچه‌هاتان، این صورت من ماتیک مالیده است؟

منشیـ برگرد این‌جا خواهر، حضرت آیت‌الله به صورت نامحرم نگاه نمی‌کنند.

جمیلهـ شما که نگاه می‌کنی، بگو ببینم صورت من بیچاره ماتیکی است؟

منشیـ (می‌نویسد و می‌خواند)... بیچاره ماتیکی است.

جمیلهـ زنیکه بعد از سر و صورتم رفته سراغ پر و پایم. با آن دست‌های زبر و زمخت، از مچ پاهایم دست مالیده تا زانوهایم، همین‌طور این طرف و آن طرف.

منشیـ... و آن طرف.

جمیلهـ بعد دست‌کرده زیر بغلم که ببیند چیزی قایم نکرده باشم، اینجای بازو و اینجای بغلم.

منشیـ (با پیشانی عرق‌کرده) ... و اینجای بغلم.

جمیلهـ حالا این‌ها هیچی. زنیکه با آن دست‌های عین خرس، یک دفعه سینه مرا گرفته توی مشتش زور می‌دهد، طوری که دلم از حال رفت. جیغ زدم این سینه است خواهر، انار آب لمبو نیست که این‌طور زور می‌دهی.

منشیـ (با لب بالای لرزان) ... انار آب... آب لمبو نیست که این

طور زور می‌دهی.

جمیله- آخر، این زن‌های عقده‌ای مثل اُمّ ناصر، با دو تا مشک آویزان دم زانو جای سینه، چشم ندارند دو تا سینه‌ی جوان و شاداب ببینند

منشی- (با لب بالا و لب پائین لرزان) ...که دو تا سینه‌ی جوان و شا... شاداب ببینند.

قاضی- (به منشی) برادر علیخانی. امروز کارمان خیلی زیاد بوده شما خسته شده‌اید. بفرمائید منزل، من اگر لازم شد، دو سطر حکم را خودم می‌نویسم.

منشی- نخیر، نخیر، حضرت آیت‌الله، بنده خسته نیستم، در خدمتم.

قاضی- پس رسیدگی را شروع می‌کنیم (همچنان سر به زیر) شکوائیه شاکیه را خواندم. اما ببینم، مشتکا کجاست؟

جمیله- مجتبا؟ ما مجتبا نداریم.

منشی- منظور شوهرتان است که از او شکایت کرده‌اید، مشتکا، مشتکا عنه منظور است.

جمیله- نیست اینجا. گور مرگش، رفته ده، تا چند روز دیگر بر نمی‌گردد.

قاضی- این‌طور که می‌بینم از شوهرتان به علت بدرفتاری و اعمال خشونت و کتک‌های مکرری که به شما زده شاکی هستید.

جمیله- کتک؟ یک چیزی می‌گویم یک چیزی می‌شنوید آقای رئیس. باید ببینید، تا نبینید باور نمی‌کنید که این مرد ظالم بی‌رحم دیوانه

با من بیچاره چه کرده، با کمربند تمام بدنم را سیاه و کبود کرده، جای آباد به تنم باقی نگذاشته، از گردنم گرفته تا شانه‌هایم، بازوهایم، زیر کمرم، پشتم، سینه‌ام، خلاصه سر تا پایم را له و لورده کرده که مثلاً چرا برنامه‌ی تلویزیون را عوض کردم.

منشی- (زیر لب) جانی بالفطره.

قاضی- بله خواهر، متوجه مشکل شما شدم.

جمیله- نخیر، متوجه نشدید. محال است متوجه بشوید. چون خیال می‌کنید همین‌طوری دو تا شلاق از روی لباس می‌زند و می‌رود پی کارش. نه وقتی کمربند می‌کشد، یک دفعه یقه‌ی پیراهنم را می‌گیرد تا دامن جر می‌دهد، که شلاق بخورد به تن لخت من بیچاره. فکرش را بکنید شلاق روی تن لخت، مجسم کنید، شلاق روی پاهام، روی تنم، روی سینه‌ام، با پوست لطیف‌شان...

منشی- (با چانه‌ی لرزان) قیقا... قیقا...

قاضی- (به منشی) چی گفتید؟

منشی- عر... عرضی نکردم.

قاضی- (آمرانه) برادر منشی، همان‌طور که گفتم امروز زیاد خسته شده‌اید. از ضیق نفس‌تان پیداست که احتیاج به استراحت دارید. تشریف ببرید منزل استراحت کنید. تا فردا خدا نگهدار.

(منشی با حرکات عصبی روی میز خود را جمع می‌کند. یادداشت‌های خود را روی میز رئیس می‌گذارد و بعد از یک لیس نگاه به سر و سینه‌ی جمیله، بیرون می‌رود.)

قاضی- (هم‌چنان سر به زیر) خواهر جمیله. من محتویات پرونده و شکوائیه شما را با دقت خواندم. اظهارات شما و اوضاع و احوال و قرائن و امارات، حکایت از آن داردکه مرافعه‌ی شما با شوهرتان از قضا با یک مســألـه‌ی حساس سیاسی متداخل و متقارن شده است. این کار مقابله و معارضه‌ی ایشان با شما، در حدّ ایراد ضرب و جرح و تهدید به قتل به خاطر آن‌که شما نسبت به استخبار و استطلاع مصرانه‌ی ایشان از منابع تلویزیون‌های ضد انقلاب خارجی معترض بوده‌اید، به احتمال قوی در سلسله مراتب تلاش‌های اخیر صیهونیسم بین‌المللی در جهت اخلال و اضرار نظام ولایت ریشه دارد و تصدیق می‌فرمائیدکه در این تراکم و تزاحم امور، رسیدگی دقیق و صدیق به مسأله برای حصول علم بر واقعیت و صدور حکم لازم کما هو حقه، مقدور و میســور نیست و محتاج وقتی موسّع و محیطی مرفّه و محدّد است. بناءً علیهذا...

سکانس ۲

در اطاق پذیرائی

قاضی- آپارتمان دنجی دارید. اما مطمئن هســتی که این شــوهر دیوانه‌ات نمی‌زند به سرش که زودتر برگردد؟

جمیله- نه، خیال‌تان راحت باشد، آقای آیت‌الله.

قاضی- انگار زود آمدم، چون دیدم کمی غافل گیر شدی.

جمیله- نه، فقط چون فرموده بودید ســاعت هشت و نیم سرافراز می‌فرمائید، من هنوز حاضر نبودم، ســر و رویم را خوب درست نکرده

بودم.

قاضی‌ـ کارمان زودتر از معمول تمام شد راه افتادم. به هر حال، حسن خداداده را حاجت مشاطه نیست.

جمیله‌ـ امروز که انشاءالله زیاد حکم حبس و اعدام نداده باشید که خسته‌تان کرده باشند؟

قاضی‌ـ نه، اعدامی نداشتیم. فقط یک ده ساله و یک هفت ساله زندان داشتیم.

جمیله‌ـ بفرمائید چی خدمت‌تان بیاورم؟

قاضی‌ـ مرسی، هیچی، عزیزم.

جمیله‌ـ هیچی که نمی‌شود. یک چیزی بفرمائید، آقای آیت‌الله.

قاضی‌ـ خودت را بیاور که از هر چیزی لذیذتر است. فرمود: به ازین چه ارمغانی که تو خویشتن بیائی...

جمیله‌ـ خودم که در خدمت‌تانم. اما یک گلو تازه کنی، چیزی...

قاضی‌ـ فعلاً چیزی لازم نیست تا بعد.

جمیله‌ـ یک بلادی مری خوشمزه دارم، بیاورم خدمت‌تان؟

قاضی‌ـ بله؟ من مشروب الکلی بخورم؟ استغفرالله!

جمیله‌ـ الکل ندارد، آب گوجه‌فرنگی است.

قاضی‌ـ ای جمیله‌ی شیطانه‌ی فتّانه، بلادی مری دو ثلث آب گوجه‌فرنگی است و یک ثلث ودکا.

جمیله‌ـ باور کنید ودکا ندارد.

قاضی‌ـ بلادی مری که بگویند ودکا ندارد. مثل این است که

بگویند آبدوغ خیار است که خیار و پیازچه وکشمش ندارد. ولی انگار می‌خواهی مرا به معصیت بکشانی، ای دختر شیطان!

جمیله ـ نه والله. تازه، اگر هم معصیت داشته باشد، شماکه بالاخره خانه‌ی زن شوهردار تنها آمده‌اید، دیگر معصیت آن...

قاضی ـ در مورد اخیر صحبت از معصیت بکلی بی‌معنی است. به قول معروف وضع شیء در غیر ما وضع له است. چرا؟ چون شما دیروز در محضـــر دادگاه صریحاً و مکّـــرر در مکّرر به دیوانگی این فردی که عنوان شوهرت را غصب کرده، اعتراف کردی. بناءً علیهذا، از آن موقع به بعد دیگر شرعاً منکوحه و مزدوجه محسوب نمی‌شوی.

جمیله ـ هنوزکه طلاق نگرفته‌ام.

قاضی ـ ضرورتی نداشته. چون شرعاً، اگر زن بعد از عقد بفهمدکه شوهر او دیوانه است می‌تواند عقد را بهم بزند و از هم جدا می‌شوند. بدون طلاق.

جمیله ـ بدون طلاق؟ پس مهریه‌ی من چه می‌شود؟

قاضی ـ بیا بنشین پهلوی من که قرائن و امارات جنونش را در بدن نازنین تو ببینم و بعد بگویم که چطور پس گردنش می‌زنم که مهریه‌ات را تمام وکمال بدهد. ده، بیا جمیله جان، حرف بشنو!

جمیله ـ (با نگاه دزدکی به ساعت) چشم، می‌آیم. صبرکنید. مگر خیلی عجله دارید برگردید منزل؟

قاضی ـ اگر عجله دارم عجله‌ی دیدن روی ماهت بی‌رادع و مانع است، ای دختر فتّان! عجله دارم بیائی ورِ دل من بنشینی گرفتاری‌هایت

را برایم حکایت کنی، جمیله جان عزیز من.

جمیلهـ آن‌که با شوق می‌آیم. اما دلم می‌خواهد وقتی بیایم که شما را یک‌کمی بیشـــتر شناخته باشم. هر چه بیشتر شما را بشناسم به شما نزدیک‌تر می‌شوم. می‌خواهم این یخ رابطه‌مان آب شود. دلم می‌خواهد وقتی شما می‌گوئید جمیله جان، بتوانم جواب احساس شما را بدهم. اما چه‌کنم؟ نمی‌توانم بگویم آیت‌الله جان.

قاضیـ خوب، اسمم را بگو، عزیزم.

جمیلهـ اسم‌تان را، یعنی اسم کوچک‌تان را، هنوز نمی‌دانم.

قاضیـ چرا نمی‌پرسی؟ اسمم سیّد محمد مهدی است.

جمیلهـ به! این‌که از آیت‌الله هم سخت‌تر است. تا بیایم بگویم سید محمد مهدی جان، احساسم می‌خشکد، نمی‌شود سیّدش را بیندازم؟

قاضیـ آن نه، ابدا! آن انداختنی نیســـت. آن افتخار انتســـاب به شجره‌ی طیبه است. ولی چه اصراری به اسم داری؟ من ترا می‌بینم، تو مرا می‌بینی، کافی است. بیا اینجا جمیله جان.

جمیلهـ ببینید! حالا من اگر در جواب شما مثلاً بگویم الان می‌آیم سید محمد مهدی جان، به دل‌تان می‌چسبد؟

قاضیـ تو، چه بگوئی چه نگوئی، هر چه بگوئی به دلم می‌چسبد، ولی خواهش می‌کنم این اسم و تشریفات را ول‌کن، بیا بنشین! این قدر ناز نکن، دختر، اگر چه ناز تو دل تازه دارد ـ ولیکن ناز هم اندازه دارد، جمیله جان.

جمیلهـ (نگاه دزدکی به ساعت) آخر من نباید بفهمم به شما چی

باید بگویم، چی صداتان بزنم؟

قاضی- گفتم که هر چه دلت می‌خواهد بگو. بین‌الاحباب تسقط الآداب. به هر اسمی که می‌خواهی، به قول شاعر مرا مپرس چه نامی به هر لقب که تو خوانی. هر جور دلت می‌خواهد صدا کن!

جمیله- هر جور دلم می‌خواهد؟ من شاید دلم بخواهد... یعنی دلم هم می‌خواهد، شما را صدا کنم منوچ.

قاضی- عیبی ندارد. آن هم قبول، عزیزم.

جمیله- مرسی منوچ ... اما راستش رویم نمی‌شود با عمامه، این جوری با شما صحبت کنم. نمی‌شود آن عمامه را از سرتان بردارید؟

قاضی- بیا این هم عمامه که رویت بشود.

جمیله- مرسی منوچ جون. هنوز سخت است، باید عادت کنم. اما حالا که با هم بی‌رودروایسی شدیم، یک بلادی‌مری برای خودم و تو بیاورم؟

قاضی- حالا معصیتش به جای خود، برای کلسترول من سم مهلک است. دکترم مطلقاً ممنوع کرده است. تو خودت نوش جان کن. ولی اصرار به من نکن! به قول شاعر، من خود ای ساقی از این شوق که دارم مستم. جای این حرف‌ها بیا جای ضرب کمربند شوهر سابق دیوانه‌ات را نشانم بده، ای شیطان وسوسه‌گر!

جمیله- (نگاه دزدکی به ساعت) نمی‌فهمم چرا این قدر عجله می‌کنید شما؟ می‌ترسید دیر بروید خانه، دعواتان کنند، آقای آیت‌الله؟

قاضی- من دوباره شدم شما و آیت‌الله؟

جمیله‌ـ هنوز رویم نمی‌شود با شما آن طوری صحبت کنم.
قاضی‌ـ ولی این را بدان که کسی جرأت نمی‌کند از من سؤال کند چه رسد دعوایم کند! این ملایمت و نرمش اینجای مرا نگاه نکن، در خانه با یک نهیب من، زبان‌شان از ترس بند می‌آید.
جمیله‌ـ دیروز توی دادگاه یک کمی هیبت و ابهت‌تان را با آن پیرزن که برای پسرش گریه‌زاری می‌کرد، دیدم. نتیجه‌اش را هم مرتب توی روزنامه‌ها با عکس آدم‌ها بالای دار می‌بینم.
قاضی‌ـ برای تأمین رفاه جامعه این اعدام‌ها لازم است. این‌ها اراذل و اوباشی هستند که مزاحم زندگی مردم و آسایش زن‌ها و دخترهای معصوم مردم هستند و یا به تحریک خارجی‌ها چوب لای چرخ مملکت می‌گذارند.
جمیله‌ـ نمی‌شود جای اعدام حبس‌شان کنید؟
قاضی‌ـ دلت برای این اراذل و اوباشی که حتماً صد بار توی خیابان مزاحم خود تو شده‌اند می‌سوزد؟
جمیله‌ـ (نگاه نگران به ساعت) خوب، یک وقتی یک غلطی کرده‌اند ممکن است بعد پشیمان بشوند.
قاضی‌ـ یعنی می‌گویی ده پانزده سال خرج زندان این‌ها را از بیت‌المال مسلمین بدهیم شاید یک روزی پشیمان بشوند؟ فرمود اقتلوالموذی قبل ان یوذی، یعنی آزار رسان را بکش پیش از آن که آزار برساند.
جمیله‌ـ نمی‌دانم والله، ولی خوب، این‌ها جوانند، شما خودتان

وقتی جوان بودید... حالا که حرف جوانی شد یادم آمد. دیشب با مامانم راجع به شما صحبت کردم، شما را شناخت. می گفت جوانی صدای قشنگی داشتید، می گفت آن سال‌ها همیشه آخر روضه روی زن‌ها غش می کردید و ...

قاضی ـ مامانت مهمل گفته، من روضه نمی‌خواندم. گاهی در مجلس محترمین وعظ و خطابه داشتم، اصلاً چه جای این حرف‌هاست. بیا من دلائل وقوع جرم ضرب و جرح شوهر سابقت را احرازکنم. بیا قربان ناز و اطوارت.

جمیله ـ (نگاه نگران به ساعت) این قدر عجله نکن! تا صبح وقت داریم منوچ جون. می‌خواهم بیشتر بشناسمت. بگو ببینم تا حالا چند تا حکم اعدام داده‌ای؟

قاضی ـ خاطرم نیست. باید بیست و چند مورد بوده باشد.

جمیله ـ وقتی حکم اعدام می‌دهی خودت هم می‌روی تماشا؟

قاضی ـ نه، من از تماشای اعدام خوشم نمی‌آید. اجرای حکم، با مأمورین است. من، فقط در دادگاهی که قبلاً بودم، در چهار مورد اجرای حکم حاضر بوده‌ام، آن‌هم به خاطر این بوده که به حکم صریح قانون جزا، قاضی که حکم سنگسار را صادر کرده، مکلف است که حاضر باشد و سنگ اول را خودش بزند... اما، ببینم، یک‌باره، بگو مرا برای مصاحبه مطبوعاتی به خانه‌ات دعوت کرده‌ای، جمیله خانم!

جمیله ـ گفتم که دلم می‌خواهد ترا بیشتر بشناسم. من تا یکی را نشناسم نمی‌توانم باهاش احساساتی بشوم. توی دادگاه که این قدر سرت

را پائین می‌انداختی که رنگ چشم‌هایت را هم ندیدم.
قاضیـ در عوض من از تو چیزی ندیده نگذاشتم، ای فتنه‌ی عزیزم.
جمیلهـ کی مرا نگاه کردی که چیزی دیدی؟
قاضیـ موقعی که باید! برای چشم خبره زل زدن لازم نیست. آن، مال این جالیزکارهای ناشی است که باید خربزه را قاچ بزنند تا ببینند شیرین است یا نه، عزیزم.
جمیلهـ پــس بگو! آن موقعی کــه تــوی دادگاه، خواهر خواهر می‌کردی، تا رویم را بر می‌گرداندم، کت و کمر و پشت خواهر را دید می‌زدی!
قاضیـ بله، همان قد و بالای رعنــا بی‌طاقتم کرده بود که حالا بی‌طاقت‌تر هم شده‌ام.
جمیلهـ (نگاه بسیار نگران به ساعت) اگر راست می‌گوئی بلوزم چه رنگی بود؟
قاضیـ رنگ ســرمه‌ای‌اش مهم نیســت. حتی دیدم دگمه‌ی دوم بلــوزت افتاده بود که گمانم یادگار آن وقتی بود که می‌گفتی آن خواهر حراست‌چی‌ـ به قول تو عمه ناصرـ دست انداخته بود سینه‌ات را مثل انار آب لمبوگرفته بود... الهی من بگردم این انار آب لمبو را! جمیله جان، دیگر طاقت ندارم...
جمیلهـ (فریاد) آی! ول کن! ول کن منوچ! آی! دردم آوردی، ول کن سینه را، آیت‌الله! گفتم ول کن، می‌زنم پس کله‌ات‌ها!
(سیلی، کشمکش، زد و خورد، افتادن صندلی و چراغ و غیره، ولی

ناگهان سکوت مرگ، به دنبال دق‌الباب)

جمیله‌ـ وای خدا مرگم بده! شوهرم!

قاضی‌ـ چی؟ شوهرت؟ آن که گفتی نیست. من چه کنم؟

جمیله‌ـ توی این صندوق قایم شو، شاید یک جوری دست به سرش کردم!

سکانس ۳
در خیابان

(دیالــوگ این صحنــه را مرتباً صدای ترافیک ســنگین خیابانی می‌پوشاند)

جوحی‌ـ خیلی ممنون، مش کرمعلی که کمک کردید این صندوق را آوردیم پائین.

کرمعلی‌ـ اما حسابی سنگین است. توش چیه که ...

جوحی‌ـ هیچی، خالی است، اما از چوب گردوی روسی است که از آهن هم محکم‌تر است. این وقت روز تاکسی‌بارگیر نمی‌آید، اگر شما محبت کنی این را با چرخ دستی‌ات برسانی به چارسوق بزرگ بازار، همان کرایه‌ی تاکسی‌بار را تقدیمات می‌کنم.

کرمعلــی‌ـ به روی چشــم، ماکوچیک شمائیم. پس کمک بفرما بگذاریمش روی چرخ.

جوحی‌ـ تا شما برســی، من جلوتر می‌روم، سر چارسو جایش را آماده کنم. اما مواظب باش چوبش زخمی نشود، مش کرمعلی.

کرمعلی‌ـ نه، از آن بابت خاطرتان جمع باشــد. کرمعلی کارش را بلد است.

(کرمعلی صندوق را روی گاری دســتی با طناب استوار می‌کند و به راه می‌افتد. بعد از مدتی که سر و صدای ماشین‌ها لحظه‌ای فروکش می‌کند، صدائی می‌شنود که انگار او را می‌خواند: مش کرمعلی! سر بر می‌گرداند.

کـرد آن حمّــال راســت و چــپ نظر

کز چه ســو در می‌رســد بانگ و خبر؟

چون کســی را نمی‌بیند به راه ادامه می‌دهد. کمی بعد باز به علت تخفیف صدای ترافیک دوباره صدا می‌شنود: کرمعلی! باز پشت سر را نگاه می‌کند و کسی وگوینده‌ای به چشم نمی‌رسد. در فواصلی به علت کم شدن هیاهوی خیابان، صدا را می‌شنود و صاحب صدائی نمی‌بیند. به فکر فرو می‌رود)

کرمعلی‌ـ (ناگهان با خود) ای دل غافل! خودش است! این صدای غیبی مال آقاســت. صدای مبارک خود آقاست. آمده جواب کاغذم را بدهد. ای به قربان قدمش! این کور شده غلامحسین که می‌گفت چاه دروغ اســت بیاید ببیند که آقا مرا به اســم صدا می‌زند! اما چه عقلی کردم آن پول کاغذ سفارشــی را به آن آقای حجت‌الاسلام متولی چاه جمکران دادم. راســت می‌گفت که روزی هزار تا از این کاغذها برای امام می‌رســد. باید خرجش را داد که سفارشی بشود، پیش‌تر از همه به عرضش برسانند.

صدای غیبی ـ مش کرمعلی!

کرمعلی ـ (با شوق) بله، آقا، قربان صدایت، بفرما.

(صدای موتورها و بوق‌های فراوان)

کرمعلی ـ این ماشین‌های نامسلمان هم نمی‌گذارند ببینم آقا چی می‌فرماید. اما قربان خاک پایت بروم، اگر من توی این سر و صدای ماشین‌ها صدای تو را نمی‌شنوم، توکه صدای مرا می‌شنوی، عرضم را می‌کنم. آقا، دنیا فدای قدمت، چرا تشریف نمی‌آوری؟ چرا معطلی؟ امروز می‌دانم آمده‌ای به داد من برسی، آن‌که توی کاغذ نوشتم تازه نصف بیچارگی‌هایم هم نبود. صبح تا شب جان می‌کنم. باز، به جقّه‌ی مبارکت قسم زندگی‌ام لنگه، به خاک پایت قسم که پول همان کرایه ماشین تا در چاه و پول کاغذ سفارشی را هم نداشتم، از غلامحسین قرض کردم، بهش هم نگفتم واسه چی می‌خواهم. چون این پسر که شش کلاس مدرسه رفته، همان دفعه اول که آمده بودم زیارت چاه، چقدر مسخره‌ام کرد. اصلاً می‌گوید چاه دروغ است.

(لحظه‌ای تخفیف سر و صدای خیابان)

صدای غیبی ـ کرمعلی، کرمعلی!

(بلافاصله شدت سر و صدای خیابان)

کرمعلی ـ ای به قربان صدای مبارکت! این کامیون‌های لعنتی که نمی‌گذارند ببینم چه فرمایش می‌کنی. یک کمی ماشین‌ها راه بدهند می‌پیچم توی آن خیابان خلوت ببینم چی می‌فرمائی. ای آقا، قربان قدمت، زودتر راه بیفت. همه چشم انتظاریم. دیگر ظلم بیشتر از این؟ اما

حالاکه دلت به حال ما سوخته، آقائی و بزرگواری کن، واسه‌ی ما یک تاکسی‌بار جورکن که این‌قدر مثل امروز خر حمالی نکنیم.
صدای غیبی- مش کرمعلی، مش کرمعلی!
کرمعلی- ای کرمعلی به قربانت هر امری داری بفرما تا نوکریت را بکنم
(صدای موتور و بوق ماشین‌ها)
کرمعلی- می‌بینی، آقا جان که نمی‌گذارند صدایت به گوش چاکرت برسد. صبرکن، آن خیابان سی‌متری که جلوست ساکت‌تر است، آنجا امرت را به نوکرت بفرما. اما حالاکه بزرگی می فرمائی، یک چیزی راکه تا حالا به کسی نگفته‌ام، به عرضت می‌رسانم. این زهرا دختر خلیل آقا سماورساز، را بابایش رضایت نمی‌دهد بگیرم. می‌گوید به آدم لات بی‌پول دختر نمی‌دهم. با تاکسی‌بار دیگر اوسا خلیل نمی‌تواند به ما انگ لاتی بزند. زودتر یک جوری آقائی کن. خیلی خاطر دختره را می‌خواهم.
صدای غیبی- کرمعلی، کرمعلی!
کرمعلی- تا خیابان ساکت است امرت را بفرما.
(صدای بوق ممتد گوش خراش)
کرمعلی- قربان بزرگی‌ات! توکه پادشاه عالمی، توکه می‌توانی امیرلشکر سفیانی را با تمام قشونش تار و مارکنی، یک ملائکه بفرست این پیکانی راکه مرض بوق گرفته خفه کند!
(ناگهان صدای سوت پاسبان راهنمائی و رانندگی)

پاسبانـ (به راننده یک ماشین) آقا بزن کنار، توقف کن! گواهینامه‌ی رانندگی!

کرمعلیـ (رو به آسمان) نه! کرمعلی فدایت. این بنز را عرض نکردم، آن پیکانی را که هی بوق می‌زد گفتم. (با خود) گرچه امام که با اسب این طرف و آن طرف تشریف می‌برد پیکان و بنز را چه می‌شناسد؟ باید می‌گفتم آن ماشین نارنجی اوراقی! اما، قربانت برم، داشتم عرض می‌کردم، یک تاکسی‌بار وضع ما را روبراه می‌کند. دست اول هم نشد یک دست دومی تمیزکافی است. عوضش تا دنیا دنیاست نوکریت را می‌کنم، اسبت را قشو می‌کنم... می‌توانم تاکسی‌بار غلامحسین را بخرم. البته از مال غلامحسین ارزان‌تر هم گیر می‌آید... حالا، این سی‌متری خلوت‌تر است، یک کناری می‌زنم. بله، این‌جا بد نیست. حالا امرت را به نوکرت بفرما!

(ناگهان سر و صدای تظاهرات عظیمی بلند می‌شود. جمعیت بی‌شماری در صفوف منظم وارد خیابان سی‌متری می‌شوند. شعارشان مفهوم نیست. رهبر تظاهرات روی چهارپایه‌ای می‌رود و نطق پرهیجانی می‌کند)

کرمعلیـ یا مرتضی علی، رفتیم تا ظهر! دیگرکی می‌تواند از توی این جمعیت رد بشود؟... ای آقا، قربان صدای نازنینت، حالا دیگر هیچ‌کس هیچی نمی‌شنود. با این تظاهرات هم خدا می‌داند تا کی معطلیم. آهان! فهمیدم تظاهرات مال چیه. کارگرهای آن کارخانه‌ی چیزند، همان کارخانه آجر سمنتی که آن ور خط‌آهن است. آره، این

بیچاره‌ها دو ماه و سه ماه است که حقوق‌شان عقب افتاده. گشنه مانده‌اند. بدبخت‌ها تقصیری ندارند. ما هم تقصیری نداریم. بارکردیم ببریم بازار واسه‌ی مشتری. اما آقا! قربان بزرگی وکرامتت برم. توکه می‌توانی و قدرتش را داری فوری یک معجزه‌ای بکن کارشان راه بیفتد. خبرش بهشان برسد، برگردد خانه‌شان، خیابان را واسه‌ی موکب. مبارکت خلوت کنند. هم آن‌ها به حق و حقوق‌شان برسند، هم این نوکرت از خجالت خاک پای عزیزت دربیاید. که ببینم، ما را صدا زدی چه فرمایشی با نوکرت داری!

(ناگهان: درق ـ درق ـ تیراندازی و حمله‌ی مأموران انتظامی، با لباس و بی‌لباس، پیاده و موتورسوار به تظاهرات. کرمعلی پشت درختی پنهان می‌شود.)

کرمعلی ـ (به طرف گاری برمی‌گردد) عجب خیابان برقی خلوت شد! اما... آقا، قربان مصلحتت برم، این جوری عرض نکرده بودم. گفتم لابد یکی می‌آید براشان خبر می‌آورد که حقوق‌تان پرداخت شد، این‌ها هم گشنگی کشیده می‌دوند بروند یک نان وگوشتی بخرند ببرند خانه‌شان. این جوری خلوت شدنش را فکر نکرده بودم. لابد مصلحتش بود. به ما نیامده توی این کارها فضولی بکنیم.

صدای غیبی ـ کرمعلی ـ انگار خلوت شده، می‌شنوی صدایم را؟

کرمعلی ـ ای به قربان صدایت که حالا می‌شنوم.

صدای غیبی ـ بیا جلوتر!

کرمعلی ـ شما کجا تشریف داری که من بیایم جلو؟

صدای غیبی ـ اگرکسی دور و بر نیست، بیا دم صندوقی که بار کرده‌ای، گوشت را بیار دم سوراخ کلید!

کرمعلی ـ چشم آقا جان. نکند می‌خواهی دعوامان کنی که هنوز هیچی نشده ازت تاکسی‌بار خواستیم. اگر مال غلامحسین گران است ارزان‌ترش را می‌خرم. هر جور شما دستور بفرمائی. این هم گوشم دم سوراخ کلید.

صدای غیبی ـ من مال غلامحسین را برایت می‌خرم به شرط این که دهنت را ببندی فقط گوش کنی. شنیدی چی گفتم، کرمعلی؟

کرمعلی ـ ای کرمعلی به قربان صدایت که می‌شنوم. نمی‌شود آقائی کنی یک دقیقه سر مبارکت را از صندوق در بیاری من آن روی ماه تابان را ببینم؟

صدای غیبی ـ (عصبی) گفتم حرف نزن، فقط گوش کن!

کرمعلی ـ چشم اما صبرکن آقا جان، این زوزه‌ی آمبولانس‌ها بیخ گوشمان تمام بشود. (با خود) اگر تعریف کنم که آقامان به ما قول تاکسی‌بار داده مگرکسی باور می‌کند؟ تازه، مگه کسی باور می‌کندکه آقا، با آن عزّت بارگاه سیدی و سلطانی، از توی صندوق با ما حرف زده باشد؟ (سر دم سوراخ کلید) قربانت برم، لبوئی رد شد. اما می‌شود بفرمائی که تو، اعلیحضرت اقدس آسمان و زمین، چطور توی صندوق رفته‌ای؟

صدای غیبی ـ مش کرمعلی خوب گوشت را بازکن! من، آن که تو خیال کرده‌ای نیستم!

کرمعلی‌ـ چی؟ نیستی؟ پس کی هستی؟

صدای غیبی‌ـ من آیت‌الله گوهردشتی رئیس دادگاهم، فهمیدی؟

کرمعلی‌ـ (متحیر) آیت الله رئیس دادگاه توی صندوق؟ این آقا جوحی که گفت صندوق خالی است!

صدای غیبی‌ـ نمی‌داند که من این تو هستم. هیچ‌کس نمی‌داند، و هیچ‌کس هم نباید بداند.

کرمعلی‌ـ حالا شما چرا تو صندوق رفته‌اید، آقای آیت‌الله؟

صدای غیبی‌ـ برای کشف یک توطئه صیهونیستی ضدانقلاب لازم بوده، چون...

کرمعلی‌ـ صبر بفرمائید، آقای آیت‌الله، دارد آدم می‌آید. (با خود) آقای آیت‌الله رئیس دادگاه توی صندوق؟! اما اولش هم یک خرده فکر کردیم که چطور صدای امام که شنفته بودیم به قشنگی صدای بلبل است، این قدر کلفت و دورگه شده؟ بعد گفتیم بلکی با این آمد و رفت سر چاه و توی چاه چائیده‌اند.

صدای غیبی‌ـ چی شد، کرمعلی؟ رفت؟

کرمعلی‌ـ بله، بفرمائید، آقای آیت‌الله.

صدای غیبی‌ـ تاکسی‌بار غلامحسین را خریده بگیر! فقط پولش را من از طرف امام می‌دهم، به شرط این‌که تا صندوق را زمین گذاشتی برقی خودت را برسانی به دادگاه، به نایب من حجت‌الاسلام قزل‌حصاری، بگوئی که آیت‌الله گوهردشتی گفت فوری بیا صندوق را به هر قیمتی که هست بخر و ببر خانه‌ی ما، ولی همین‌طور در بسته که

جاسوس‌های خارجی نفهمند من آن تو پنهان شده‌ام.

نایب آمد، گفت صندوقت به چند

گفت نهصد بیشتر زر می‌دهند

ماجرا بسیار شد در من یزید

داد صد دینار و آن از وی خرید

سکانس پایانی

(کرمعلی پشت رل یک تاکسی‌بار نو، در راه مراجعت از سفر چاه جمکران، با خود حرف می‌زند)

نه، این لازم بود سه تا زوار را بی‌کرایه رساندم سرچاه، نذر تاکسی‌بار را داشتم. یعنی خودم هم کاغذ داشتم بیندازم. این آقا متولی چاه حرف درست می‌زندکه با هرکاغذ سفارشی بیشتر از یک حاجت نمی‌شود خواست. آن یکی مال تاکسی‌بار بود. اما، چه کنم که باز اوسا خلیل رضایت نمی‌دهد بفرستم خواستگاری زهرا. البته این آیت‌الله رئیس دادگاه که خدمتش را کردیم، می‌گوید واسه‌ی خاطر ما می‌زند پس گردنش که رضایت بدهد. ولی باباش را بیندازم زندان آن وقت من چطور تو چشم زهرا نگاه کنم؟ گفتم نه، بگذار بی‌دردسر از همان راه چاه جور بشود. پول یک سفارشی فدای سر زهرا!

پاریس نوروز ۸۸

اکبر شیر
در میان بچه پُرروها

من، با اسم و عنوان و خصوصیات بچه‌پررو، وقتی آشنا شدم که تازه خدمتم را در دادگستری به عنوان قاضی جزائی شروع کرده بودم. برای جوانان فارسی زبان دور افتاده از ایران، توضیح می‌دهم که «بچه‌پررو» را نباید با بچه‌ی پررو، یعنی بچه‌ای با صفت پررویی، اشتباه کرد. این لفظ، مفهوم مشخص مستقلی دارد و با بچه به معنای طفل، خویشاوندی نزدیکی ندارد. مهم‌ترین تفاوتش، این است که بچه نیست، آدم بزرگ است.

باری، یک روز تعطیل، قاضی کشیک دادسرای تهران بودم. از کلانتری ناحیه‌ی دروازه قزوین یک پرونده‌ی نزاع منجر به ضرب و

جرح، همراه تعدادی متهم و شاکی و شاهد به دادسرا آوردند. یک کافه رستوران ناحیه را جمعی اوباش به هم ریخته بودند و در زد و خورد متعاقب آن، دو نفر مجروح شده بودند.

صاحب کافه به‌عنوان شاکی اصلی، با سر شکسته‌ی باندپیچی شده، مدعی بود که چون در پرداخت باج به باج‌گیر محل، معروف به اکبرشیر، کوتاهی کرده، ایادی‌اش آمده بودندکافه را شلوغ کنند. شلوغی از حد تجاوز کرده وکار به زد و خورد کشیده است. به عنوان دلیل دخالت اکبر شیر، می‌گفت که قبلاً به او پیغام داده که یک روز کافه را به هم می‌ریزد. ازآن‌جاکه در توضیحات مفصّلش به تکرار، از نقش «بچه‌پررو» در شروع و بالاگرفتن دعوا یاد می‌کرد، من، ناشیانه سؤالی کردم که بعد خجالت نادانی‌ام راکشیدم. پرسیدم:

ــ مگر درکافه رستورانتان که می‌گوئید برنامه‌های تفریحی، یا به قول خودتان ساز ضربی، دارید، بچه هم راه می‌دهید؟

ــ نخیر آقا، عرض کردم بچه‌پررو، که ربطی به بچه ندارد. هرکدام از این باج‌گیرها چند تا نوچه‌ی بزن‌بهادر و یک بچه‌پرور در اختیار دارند. وقتی می‌خواهندکافه‌ای را به هم بریزند، اول نوچه‌ها می‌آیند به عنوان مشتری می‌نشینند. بعد بچه‌پررو می‌آید. یک کارهائی می‌کند که بین آن‌ها و سایر مشتری‌ها دعوا راه بیندازد. آخرسر، جاهل باج‌گیر، مثلاً اتفاقی، وارد می‌شود و صلح‌شان می‌دهد. دیشب هم همین شد. نوچه‌های اکبرشیر آمدند؛ بعد بچه‌پررویش آمد سر یک میز تنها نشست. ودکا وکباب دنبلان سفارش داد. بعد به یک بهانه‌ای، به دو سه تا از

مشتری‌ها بد و بیراه گفت، تا این‌که از یکی از آن‌ها یک توسری خورد و با هم گلاویز شـــدند. آن وقت نوچه‌های اکبرشیر صداشان درآمدکه فلان فلان شده‌ها، چرا یک جوان مظلوم تنها را می‌زنید؟ تا من آمدم خودم را برســانم به میان‌شــان، زد و خورد و پرتاب بطری و پشقاب شروع شد. بعد اکبرشیر وارد شد و میانه را گرفت. همه‌ی این‌ها واسه‌ی این‌که ما بفهمیم اگر باج ماهانه‌اش دیر بشود چه جوری کافه را به هم می‌ریــزد یا به قول خودش، کافه را کوفه می‌کند. توی این زد و خورد، غیر از من که ســرم را شکسته‌اند، دو نفر زخمی شده‌اند. به اثاث کافه کلّی ضرر خورده، امّا، آقای رئیس، آن چیزی که بیشــتر از همه ضررها برایم کون‌سوزه داشته، این بود که این بچه‌پررو، که دعوا را راه انداخته بود، حساب میزش هیچی، توی شلوغی پول هم از صندوق ما بلندکرده بود، هیچی، توی کلانتری به من می‌گفت گارسون‌های کافه وقتی آمدند جدامان کنند ساعت مرا دزدیدند. تو باید خسارتش را بدهی.

ـ این آقا با شخص شما هم حساب‌خرده‌ای داشت؟

ـ نخیر آقا، این ذات بچه‌پرروست. جیب شما را می‌زند، دستش را توی جیبتان می‌گیرید. ناله می‌کندکه ببخشید، زن و بچه‌ام گرسنه بودند. تا دلتان می‌سوزد و ولش می‌کنید، هوار می‌کندکه این آقا جیب مرا زده، شــرم و حیاکه سرش نمی‌شود. واســه‌ی یک دستمال قیصریه را آتش می‌زند. کسی حرف راست از دهنش نمی‌شنود...

توضیحاتش درباره‌ی هنرهای بچه‌پررو تمامی نداشت. گفتم بیرون باشد. بچه‌پررو را خواستم. جوانی بیست و دو سه ساله بود. خودش را

این طور معرفی کرد:

شناسنامه‌ام غلامحسین، اسمم امیرهوشنگ.

سؤال و جواب تقریباً به این صورت انجام شد:

ـ آقای غلامحسین امیرهوشنگ، به موجب گزارش مأمورین، شما باعث و محرک این نزاع منجر به ضرب و جرح شده‌اید.

ـ چی؟! ما باعث دعوا شدیم؟ ای بی‌شرف‌های دروغگو! خدا شاهد است که ما موقع شروع دعوا اصلاً توی کافه نبودیم. آبجی‌مان برایش مهمان رسیده بود ما را فرستاد برایش کباب بخریم. وقتی دیدیم توی کافه دعواست، اصلاً تو نرفتیم.

ـ چند نفر شهادت داده‌اندکه شما به یکی از مشتری‌های کافه فحاشی کرده‌اید و با او گلاویز شده‌اید.

ـ دروغ گفته‌اند، آقا. به این قبله‌ی محمدی، به حضرت عباس، دروغ گفته‌اند. ما موقع دعوا اصلاً آنجا نبودیم که به کسی فحش بدهیم.

ـ صاحب کافه می‌گویدکه شما نیم ساعت قبل از شروع زد و خورد آمده‌اید، میز گرفته‌اید، ودکا وکباب سفارش داده‌اید.

ـ ای بی‌شرف دروغگو! از همین جا دروغش معلوم می‌شودکه ما هیچ‌وقت لب به ودکا نمی‌زنیم. ما ورزشکاریم، آقا!

ـ ولی بنا به گزارش پلیس، وقتی مأمورین رسیده‌اند، شما در حال مستی با پاسبان گلاویز شده‌اید.

ـ صاحب کافه پول بهشان داده واسه‌ی ما پرونده ساخته‌اند، به این

سوی چراغ، به صاحب‌الزمان، پرونده‌سازی است.

ـ این آقا با شـــما چه خصومتی دارد که پول بدهد براتان پرونده بسازند؟

ـ برای این که خیال کرده ما با اکبرشیر رفیقیم. او ما را فرستاده کافه را به‌هم بزنیم. ما، اکبر شیر را گاهی که توی کوچه رد می‌شده دیده‌ایم. اما به امیرالمؤمنین، به قمر بنی‌هاشـــم، اگـــر تا حالا باهاش یک چای خورده باشم.

ـ پول برداشـــتن از صندوق کافـــه را چه می‌گوئید؟ صاحب کافه می‌گوید توی شـــلوغی، یک دقیقـــه در صندوق باز مانـــده، یکی از گارسون‌ها دیده که شما چند تا اسکناس از صندوق برداشته‌اید. که بعد پلیس در بازرسی بدنی در جیب شما پیدا کرده.

ـ این را هم دروغ می‌گوید. به ناموس زهرا، اگر ما به صندوقش دســـت زده باشـــیم. این پولی که توی جیب ما بود، آبجی‌مان داده بود برایش ازکافه غذا بخریم.

ـ درکلانتری هم همین را گفته‌اید. اما از خواهرتان که پرسیده‌اند گفته یک ماه است که شما را ندیده.

ـ این سید ممد قابســـاز، رفیق آبجی‌مان برای خصومت با ما، به آبجی‌مان گفته دروغ بگویدکه ما راگیر بیندازد.

ـ آقای امیرهوشنگ، بگوئید ببینم، بالاخره دیشب شما به این کافه رستوران رفته‌اید یا این‌ها همه خواب دیده‌اند؟

ـ رفتیـــم؛ اما بـــه امام غریب توی دعوا نرفتیم. فقط یک گوشـــه

وایستادیم. کباب آبجی‌مان حاضر بشود بگیریم برویم.
- ولی در کلانتری لااقل سر میز نشستن و غذا خوردن توی این کافه را قبول کرده‌اید!
- بی‌ناموس‌ها دروغ می‌گویند، واسه‌ی ما حرف می‌سازند. به سیدالشهدا، دروغ می‌گویند.
- ولی خودتان زیر حرفتان امضاء کرده‌اید!
- بی‌شرف‌ها جای ما امضاء کرده‌اند. این امضای ما نیست.
صاحب کافه حق داشت. هیچ تیری به زره فولادی بچه‌پررو کارگر نبود. اکبرشیر را خواستم وارد شد. مردی قوی‌هیکل با سر تراشیده و سبیل پرپشت، تیپ کامل کلاه مخملی‌های آن دوران، که ادعای باج‌گیری و فرستادن امیرهوشنگ برای به هم زدن کافه را تکذیب کرد و گفت که اگر کسی دعوا راه انداخته خودش باید جوابش را بدهد.
امیرهوشنگ با خونسردی گفت:
- این آقا با صاحب کافه ساخته که دعوا را گردن من بیندازد. من از این آقا هم شکایت دارم.
اکبرشیر، بطوری که نمی‌خواست من بشنوم- ولی شنیدم- زیر لب گفت: ای پررو!
انگار این عکس‌العمل اکبرشیر به امیرهوشنگ برخورد. چون در حالی که تا چند لحظه پیش به مقدسات عالم قسم می‌خورد که اکبرشیر را دو سه بار تصادفاً حین عبور دیده، ناگهان تغییر موضع داد، برآشفته شروع به انتقاد از خلاف‌کاری‌های او کرد:

ـ اگر راستش را بخواهید، آقای رئیس، همه‌ی این کثافت‌کاری‌ها زیر سر این جناب اکبرشیر است. توی محله هیچ‌کس از دست این آقا و نوچه‌هایش خواب راحت ندارد. با زورگویی و چاقوکشی روزگار همه را سیاه کرده. چند دفعه خواسته مرا هم بکشد. توی دار و دسته‌اش نرفته‌ام. تهدیدم کرده پول وعده داده، هرکاری کرده گفته‌ام نمی‌آیم. من ازگرسنگی بمیرم نان باج‌گیری و بی‌ناموسی نمی‌خورم...

در این لحظه، ناگهان اکبرشیر با آن هیکل عظیم، مثل ترقه از جا پرید و قبل از این‌که پاسبان مراقبش بتواند دخالتی بکند، آن‌چنان سیلی صداداری به‌گوش جوانک زدکه دور خودش چرخید. در مقابل عتاب و خطاب شدید من، به خاطر این تجاوز در محضر دادسرا، تمام عصیان و دل‌سوزه‌اش را در یک عبارت‌کوتاه فریاد زد:

ـ آخه آقا، بچه‌پررو به این پرروئی؟!

* * * *

در این ایام‌کمتر خبری از خبرهای مملکت است‌که فریاد خشم‌آلود اکبرشیر را به یاد من نیاورد. آن روزگاران، ساده‌دلانه فکر می‌کردیم که وقتی دکان چاقوکشی و باج‌گیری‌که محصول وضع اجتماعی و اقتصادی مملکت بود، بسته بشود، بالطبع پدیده‌ی بچه‌پررو هم‌که از تبعات آن بود از میان می‌رود. همان‌طورکه با پیشرفت بهداشت، بیماری آبله و زخم سالک از بین رفته بود. اما طولی نکشیدکه فهمیدیم

کور خوانده بودیم. چون دیدیم بچه‌پرروها، مثل بعضی انگل‌ها که در شرایط نامناسب در لاک خود فرو می‌روند و بعد از مدتی رخوت و سکون، با یافتن محیط مناسب دوباره فعال می‌شوند، به شدت و حدّت بیشتری بروزکردند و مثل ماهی‌های پرورشی که از اسلاف آب آزاد خود درشت‌تر و پروارتر می‌شوند، بچه‌پرروهای از لاک درآمده با ابعاد تازه‌ی حیرت‌انگیزی دست به‌کار شدند.

این که می‌گویم بیشتر خبرهای ایران فریاد اکبرشیر را به یادم می‌آورد، هیچ مبالغه نیست. همین چند روز پیش، برای احوال‌پرسی از یکی از دوستان بیمار، به تهران زنگی زدم. دخترش گوشی را برداشت. صدای شکسته‌ی غم‌زده‌ای داشت. علت را پرسیدم. چون لحظه‌ای ساکت ماند، نگران شدم. — خدای نکرده براتان اتفاقی افتاده؟ گفت: نه، الحمدالله حال پدر بهتر است.

پس چی؟ چی شده، عزیزم؟ بعد از چند لحظه سکوت، به حرف آمد. اما کلامش را هق‌هق گریه می‌برید. گفت:

ببخشید، حالم خوب نیست. از بی‌حیائی تلویزیون این‌ها. شنیدید که آن روز راهپیمایی خرداد چطور با چماق و زنجیر و گلوله مردم را زدند و گرفتند و زندانی کردند که اگر حکومت پل‌پوت هم بود با یک راهپیمایی آرام بیشتر از این نمی‌کرد. حالا تلویزیون این‌ها از آن فیلمی که یکی از بچه‌ها با تلفن همراه، از جان دادن ندا آقا سلطان برداشته و دنیایی را گریانده، کپی گرفته‌اند و با وقاحتی فوق تصور، با تفسیر تازه‌ای نشان می‌دهند که مثلاً بگویند عوامل خراب‌کاری در این حوادث دست

داشته‌اند. هرکس این کثافت‌کاری تازه را، که بی‌احترامی و بی‌عصمتی تازه‌ای نسبت به خاطره‌ی آن دختر بی‌گناه است ـ دیده، با اشک خونین تف و لعنت تازه‌ای نثار بی‌حیائی مدیر تلویزیون کرده است.

زن جوان را تا آنجا که توانستم دلداری دادم. فردای حوادث روز عاشورا، دوستی از تهران زنگ زد. آن قدر برآشفته بود که جواب مرا که حالش را پرسیدم، درست نداد و در حالی که خشم و خروشش گاه کلماتش را نامفهوم می‌کرد، گفت مثل معمول زدند و گرفتند و کشتند. اما در حالی که خود تلویزیون دولت خبر از کشته شدن هشت نفر می‌داد، فقط چند ساعت بعد، سردار سرلشکر فرمانده نیروی انتظامی بی‌هیچ خجالتی می‌گوید دروغ است چون مأموران حتی یک گلوله شلیک نکرده‌اند، یک سردار آمده می‌گوید این شایعه که مأموران برای پراکندن اجتماع مردم، با ماشین به آن‌ها زده‌اند دروغ است. ماشین خود تظاهرکنندگان بوده که افرادی را زیر گرفته و مجروح کرده است. حالا که دولت به خبرنگاران خارجی اجازه نمی‌دهد به تظاهرات مردم نزدیک بشوند، آیا دنیا می‌داند که در مملکت ما چه می‌گذرد؟ به این دوست آشفته خاطرم این دلداری را دادم که به جای خبرنگاران خارجی، صدها گزارش از جوان‌ها به وسائل ارتباط جمعی دنیا می‌رسد و خوشبختانه دنیای امروز به خلاف گذشته به وقایع ایران بی‌اعتنا نیست.

چقدر دلم می‌خواست، چقدر آرزو داشتم که، بعد از چهل پنجاه سال، به تصادفی، اکبرشیر را می‌دیدم و در جواب فریاد عصیان آن روزش، من هم، از سر عصیان فریاد می‌زدم: ای تنگ‌نظر ندید بدید!

توکه خیال می‌کردی قربانی پرروئی بزرگ‌ترین بچه‌پرروی روزگار شده‌ای، بیا قربانی‌های چپ و راست بچه‌پُرروهای پرورشی جدید را نشانت بدهم، تا تو، که امیرهوشنگ بی‌نوا را آن‌طور سیلی زدی، بگوئی که این مدیر تلویزیون و این سردار سرلشکر مستحق چند سیلی هستند! اما، حقیقت این که فوراً از این تعارف ذهنی به اکبرشیر، سخت پشیمان شدم. گفتم این چه کار سبکی است که مرد بی‌چاره را به تماشای بچه‌پرروهای شاگردانه‌بگیر ته صف، مثل مدیر تلویزیون و سردارها، ببرم؟ بهتر است با او، به جلوئی‌ها، و آن دختر فرانسوی، یکی از قربانی‌های خارجی تظاهرات خرداد، سری بزنیم، بیا، اکبرآقا!

قضیه‌ی کلوتیلد ریس را حتماً از این‌طرف و آن‌طرف شنیده‌ای! این دختر در دانشگاه اصفهان درس می‌داده، آن روزی که مردم علیه شیرین‌کاری‌های دولت درکار انتخابات دست به تظاهرات زده بودند، مثل خیلی از خارجی‌ها به تماشا رفته و با تلفن همراه از صحنه‌های تظاهرات عکس گرفته است. او را گرفته‌اند و به اتهام جاسوسی زندانی کرده‌اند. لابد در تلویزیون دیده‌ای که او را در میان جمعیت متهمان تظاهرات، به محاکمه کشیدند و حتماً توجه کردی که دخترک با روسری مقرراتی، به زبان فارسی که با علاقه‌ی شخصی یادگرفته، با خضوع و خشوع ازکاری که کرده و فکر نمی‌کرده جرم باشد، عذرخواست و از دادگاه عدل اسلامی طلب عفوکرد.

این را هم حتماً خبر داری که آقای محمود احمدی‌نژاد، رئیس جمهوری، در مصاحبه‌ای تلویزیونی، آزادی کلوتید ریس، زندانی در

ایران به اتهام جاسوسی، را به آزادی علی وکیلی‌راد زندانی در فرانسه مشروط کرده و چون آقای نیکلا سارکوزی، رئیس جمهوری فرانسه گفته که حاضر به چنین معاوضه‌ای نیست، روابط دو کشور تیره شده است.

گذشته از عکس‌العمل خشم‌آلود محافل دانشگاهی و مطبوعاتی فرانسوی، آقای احمدی‌نژاد در داخل کشور هم، به‌خاطر پیشنهاد این معاوضه، از طرف بعضی اصلاح‌طلبان آخوند و کلاخوند (آخوند کلاهی) مورد ایراد و استیضاح قرارگرفته است. گفته‌اند اولاً وقتی رئیس جمهوری به خود اجازه می‌دهد که یک متهم به جاسوسی را که هنوز در مرحله‌ی دادرسی است، در مقابل گرفتن امتیازی از یک کشور خارجی آزاد کند که برود، در واقع برای دستگاه دادگستری اسلامی و آیت‌الله لاریجانی رئیس قوه‌ی قضائیه، فاتحه‌ی بی‌الحمد می‌خواند. آقای احمدی‌نژاد در جواب، مصالح عالیه‌ی کشور را پیش کشیده و اصل معاملات تهاتری مرسوم بین کشورها را عنوان کرده است. با این جواب، معترضین، به‌خصوص کلاخوندهای دانشگاهی قانع نشده و یادآوری کرده‌اند که در معاملات تهاتری، مبادله‌ی اجناس مصرفی مثل قند و شکر با لبنیات یا تره‌بار با حبوبات مطرح است و پیشنهاد معاوضه‌ی دو انسان، عین دو کالای مصرفی، که دیپلماسی معروف القاعده‌ی بن‌لادن است، از طرف رئیس یک کشور عضو سازمان ملل متحد و متعهد به کنوانسیون‌های حفظ حقوق بشر، در افکار عمومی جهان، هیچ انعکاس خوبی ندارد. ثانیاً در معاملات تهاتری، ارزش معادل دو کالای مورد معاوضه باید در نظرگرفته شود، یعنی تعادل بین عوض و

معوّض باید رعایت شـود. در حالی که این طرف، این دختر فرانسوی متهم به عکس‌برداری از تظاهرات و جاسوسـی است. آن طرف، علی وکیلی‌راد اسـت که به اتهام قتل شاپور بختیار و منشی‌اش به زندان ابد محکوم شده است.

این اعتراضات مورد توجه پرزیدنت قرار نگرفته و بر مبادله اصرار می‌ورزد. در حالی که همه می‌دانندکه آقای احمدی‌نژاد یک فرد عادی نیسـت. دکتر در رشته‌ی ترافیک اسـت. از نوع دکترهای افتخاری یا خریدنی هم نیست. درس خوانده و رساله‌اش با عنوان «نقش اتوبوس دو طبقه در بهبود ترافیک شـهری» به چاپ رسـیده است. مشاوران حقوقی رئیس‌جمهوری ناچار، برای ایشـان اسـتدلال کرده‌اندکه مبادله‌ی یـک متهـم با یک محکوم به زندان ابد، در حکم معاوضه‌ی یـک اتوبوس دو طبقه‌ی دنده اتوماتیک نو با تهویه‌ی مطبوع، با یک تاکسـی‌بار قراضه‌ی تصادفی اسـت. آقای دکتر احمدی‌نژاد با این که بالاخره تفاوت را فهمیده، معهذا در پیشـنهاد خود پافشاری می‌کند. برای درک علت این سـماجت، اگر موافق باشی، سری هم به زندانی فرانسه برنیم. موافقی، اکبر آقا؟ پس راه بیفت!

* * * *

علی وکیلی‌راد و محمد آزادی، روز ۶ اوت ۱۹۹۱، بعد از کشتن شاپور بختیار و منشی‌اش سروش کتیبه، با فریدون بویراحمدی ـ که در پاریس مخفی شـد ـ خداحافظی کردند و خود را به سویس رساندند. آنجا

طبق قرار، از هم جدا شدند که هرکدام خود را به رابطش برساند. علی وکیلی‌راد رابط خود را گم کرد و روز بعد به وسیله‌ی پلیس ژنو دستگیر شد و متعاقباً به فرانسه تحویل گردید.

محاکمه‌ی عاملان حاضر و غایب قتل بختیار و منشی‌اش، روز ۲ نوامبر ۱۹۹۴ در دادگاه جنائی پاریس شروع شد. کاردهای مطبخ، آلات قتل و کت‌های خون‌آلود قاتلان، که هنگام فرار در بیشه‌ی بولنی انداخته بودند، روی میز وسط سالن دادگاه قرار داشت. از متهمان حاضر و غایب مبرّزترین و گران‌ترین وکلای دادگستری فرانسه دفاع می‌کردند. سه تن وکیل، دفاع علی وکیلی‌راد را بر عهده داشتند. دادستان دادگاه، آقای ژاک موتن، ادعانامه را با این عبارت آغاز کرد: «این جنایت حاصل توطئه‌ی عظیمی است که در قلب جمهوری اسلامی ایران طرح‌ریزی شده است.» لبّ کلام او درباره‌ی علی وکیلی‌راد و هم‌دستش محمد آزادی، این بود که برنامه‌ی سفر این دو نفر از چند ماه قبل از واقعه تنظیم شده بود. ابتدا در ماه مه با گذرنامه به اسامی کمال حسینی و ناصر نوریان، از سفارت فرانسه در تهران تقاضای روادید ورود کردند که در تاریخ ۲ ژوئیه صادر شد. بعد، سفرشان به تأخیر افتاد. دو ماه بعد با گذرنامه‌های جدیدی به اسامی علی وکیلی‌راد و محمد آزادی تقاضای روادید کردند که روز ۲۶ ژوئیه صادر شد. روز ۳۰ ژوئیه با استقبال فریدون بویراحمدی به پاریس وارد شدند. روز ۶ اوت، سه نفری در ساعت ۱۷ به خانه‌ی بختیار وارد شدند و ساعت ۱۸ آنجا را ترک گفتند. علی وکیلی‌راد و محمد آزادی با گذرنامه‌های ترکیه، به

ترتیب به اسامی کوثر موسی وکیاعلی حیدر خود را به سویس رساندند. آن‌جا علی وکیلی‌راد نتوانست خود را به رابطش برساند و دستگیر شد. مدافعاتش واقعاً تماشایی است. می گوید از هواخواهان بختیار بودم. وقتی روز ۶ اوت سه نفری به خانه‌ی او رفتیم خیال می کردم آن دو نفر هم از علاقمندان او هستند. ولی وقتی آن‌جا کار به کشتن و سر بریدن رسید، دیگر چه می‌توانستم بکنم؟

آقای علی وکیلی‌راد می‌خواهد ما بپذیریم که دولت جمهوری اسلامی برای دو هواخواه شاپور بختیار عازم سفر پاریس، در دو نوبت گذرنامه به اسامی مختلف صادر کرده و برای این که این هواخواهان اگر بخواهند بعد از دیدار با بختیار به قصد استراحت و رفع خستگی به سویس بروند، گذرنامه‌های ترک با اسامی ترک برای‌شان فراهم کرده است. و به هر حال می‌خواهد ما باور کنیم که کماندوهای مأمور ترور بختیار، یک دوستدار او را همراه خود آورده بودند!

علی وکیلی‌راد، با همه این‌ها، تا آخر مثل سدّ سکندر بر جا ماند و حرف خود را تکرارکرد. فرانسوی‌ها در این محاکمه، به برکت وجود این متهم، با عظمت و غلظت «رو» از نوع اختصاصی بچه‌پررو‌های پرورشی جمهوری اسلامی، که حتی جسمانیت قابل لمسی دارد، آشنا شدند. علی وکیلی به اتکاء این رو، نه تنها از دادگاه توقع تبرئه داشت که احتمالاً منتظر بود بازماندگان بختیار و سروش کتیبه به پاداش این که در مراسم سر بریدن دخالت مؤثری نکرده، برایش کادوئی به عنوان اوغورای سفر مراجعت، به فرودگاه ببرند.

حالا، آقای اکبرآقا، بگو ببینم، وقتی امیرهوشنگ مستحق یک سیلی بود، این نظرکرده‌ی پرزیدنت چند تا سیلی لازم دارد؟

روزی هفتاد سیلی با دست خیس! اما رئیس‌جمهور این تحفه را می‌خواهد چه کند؟ مگر تهران قحطی بچه‌پرروست؟

نه، اکبرآقا؛ حالا غیرت و تعصب هم‌مسلکی به جای خود، این آقا بیاید، کار صد تا لباس شخصی و بسیجی را برایش می‌کند. به این جور بچه‌پرروهای باتجربه‌ی کارکشته احتیاج دارد. امروزکه از جنبش سبز این قدر ترسیده‌اند، مردم عادی را بی‌دریغ می‌زنند و می‌گیرند و می‌کشند. اما نمی‌دانند با میرحسین موسوی و مهدی کروبی، که بر کشیده‌ی آیت‌الله خمینی بوده‌اند چه کنند. این‌ها را نمی‌توانند علناً طناب بیندازند. اگرگروگان‌گیری پرزیدنت به نتیجه برسد و او را به تهران برگردانند، مشکل حل می‌شود. یک شبی، سبز پوشیده، به خانه‌ی میرحسین موسوی می‌رود. یک موقعی یواشکی در خانه را به روی دو مأمور وزارت اطلاعات باز می‌کند. متفقاً سر میرحسین موسوی را می‌برند. صبح زود بعدکه خبر منتشر می‌شود، رفسنجانی به شیوه‌ی همیشگی‌اش در مصاحبه‌ای می‌گویدکه موضوع اختلافات داخلی نهضت سبز بوده است. و همان شب علی وکیلی‌راد در تلویزیون ظاهر می‌شود. بعد از ابراز ندامت از فعالیت در جنبش سبز و استغفار، می‌گویدکه در خانه‌ی میرحسین موسوی بوده، یک وقتی دیده که مهدی کروبی به اتفاق دو نفر وارد شدند و ناگهان به میرحسین حمله برده و بی‌رحمانه سر سیّد اولاد پیغمبر را بریدند. روز بعد دادستان تهران، خبر

اجرای قصاص شرعی مهدی کروبی به وسیله‌ی خانواده‌ی میرحسین موسوی را منتشر می‌کند و متعاقب آن، اعلامیه‌ی تسلیت مقام معظم رهبری، مبنی بر ابراز تألمات قلبی از فقدان دو خدمت‌گزار صدیق حکومت اسلامی و تسلیت به خانواده‌های آن‌ها منتشر می‌شود.

نمی‌خواهم بیشتر از این وقتت را بگیرم اکبرآقا، ولی برای این‌که بدانی بعد از انقلاب در همه‌ی شئون چه‌قدر پیشرفت داشته‌ایم و چه‌قدر رشدکرده‌ایم، به عنوان نمونه می‌خواهم یک بچه پُرروی سالخورده نشانت بدهم. حتماً متوجه شده‌ای که بعد از تظاهرات اخیر مردم، حکومتی‌ها، از آخوند وکلاخوند، سخت به وحشت افتاده‌اند و از ترس فردای تاریک‌شان، از هر طرف فریاد اُقتلوا، اُقتلوا سرداده‌اند. از جمله، آیت‌الله احمد جنتی، دبیر شورای نگهبان است، که صدایش را شنیدم، در خطبه‌ی نماز جماعت گفت که مردم چون از دولت، رحمت و اغماض دیده‌اند پررو شده‌اند و برای این‌که در این هیاهو، مبادا از سایرین در باب اُقتلوا، عقب بماند، خطاب به رئیس قوه‌ی قضائیه جیغ کشید: «آقا، برای این‌ها قضات انقلابی پنجاه و هفتی تعیین کن!».

می‌دانی که قضات انقلابی پنجاه و هفتی دقیقاً یعنی خلخالی و گیلانی و ری‌شهری، که با محاکمات یک‌ساعته بدون وکیل مدافع حکم اعدام می‌دادند و حکم‌شان فوراً روی بام مدرسه‌ی رفاه یا در زندان اوین اجرا می‌شد. احکامی که رسوائی تاریخی رژیم بی‌قانون تازه بود. اما این آقا که به کار انداختن دوباره‌ی آن‌ها را توصیه می‌کند، از شورای نگهبان بابت محافظت قانون حقوق می‌گیرد. مثل محافظ

حقوق‌بگیر بانک است که به دزدها صلا می‌دهد که بیایند بانک را بزنند؛ «هر چه بگندد نمکش می‌زنند/ وای به وقتی که بگندد نمک». این گندیدگی به جای خود. بعد از اعدام دو محکوم حوادث انتخابات، برای این که فخر کند که «قضات پنجاه و هفتی» به توصیه‌ی او منصوب شده‌اند و کارشان را خوب انجام داده‌اند، اعدام آن دو نوجوان را علناً به مقام معظم رهبری تبریک گفت.

آدم‌کشان روزگار یکی دو تا نبوده‌اند، اما فکر نمی‌کنم تبریک مرگ دو نوجوان، آن هم از زبان یک مدعی روحانیت، در تاریخ سابقه داشته باشد. شما، این چنین رقص شتری یک پیرمرد هشتاد و چند ساله را جز به عود عارضه‌ی بچه‌پرروگری، به چه چیزی نسبت می‌دهی؟ و برای این سوپر بچه‌پررو چه تنبیهی در نظر می‌گیری؟ به این مؤمن چند سیلی باید زد؟

والله، برای این آقای دیگر سیلی گمان نکنم کارساز باشد. پیداست زیاد سیلی خورده پوستش کلفت شده.

پس چی، اکبرآقا؟ هیچ مجازاتی برایش در نظر نمی‌گیری؟

چرا، اما اجازه بفرمائید آن را روراست عرض نکنم.

خیلی‌خوب، ولی وقتی برمی‌گردی قبل از مجازات بچه‌پرروی پیر خواهش می‌کنم برای مقام معظم رهبری که فرمان قتال و فریادهای اُقتلوا اُقتلوا، از بیت معظم او شرف صدور یافته، این پیغام را ببر! پیغام من نیست، پیغام تاریخ است. به حضورش عرض کن: در سال ۱۸۱۴، کار ناپلئون بناپارت، بعد از سال‌ها جنگ و خون‌ریزی بی‌حساب، به

مذلت کشیده بود. ولی باز در فکر این بود که شاید بتواند به ضرب و زور، نارضائی و سرکشی مردم به جان آمده را سرکوب کند. تالیران دیپلمات معروف که مدت‌ها، تا چند سال پیش از آن، وزیر خارجه‌اش بود، به نصیحت نامه‌ای به او نوشت که با این عبارت تمام می‌شد:

«اعلیحضرتا، آدم با سرنیزه هرکاری می‌تواند بکند جز این که رویش بنشیند.»

پاریس نوروز ۱۳۸۹

دو یار زیرک و ...

این عکس دلبرانه‌ی دو مقام معظم خامنه‌ای و رفسنجانی به مناسبتی در جراید چاپ شد. دیالوگ دلبرانه‌ی خندان آن‌ها را من حدس زده‌ام.

* * * *

رفسنجانی_ تشریف فرمایی مقام معظم‌رهبری، به مناسبت پایان اجلاس هشتم مجلس خبرگان رهبری، برای نمایندگان این مجلس مایه‌ی کمال مباهات است. همان‌طور که به عرض مقام معظم رهبری رسید، در نتیجه‌ی اختلال ارتباط پیش آمده بین دفتر مقام معظم رهبری و دبیرخانه‌ی مجلس، ساعت شروع مراسم با نیم ساعت اختلاف به عرض مقام معظم رهبری رسیده است. در نتیجه، آقایان نمایندگان، به تصور شروع مراسم در ساعت یازده، با استفاده از فرصت، به تشییع جنازه‌ی همکار فقیدمان رفته‌اند. چنان‌چه مقام معظم‌رهبری مایل باشند، می‌توانند تا بازگشت آقایان و شروع مراسم، در سالن پذیرایی مجلس استراحت بفرمایند.

خامنه‌ای_ نخیر، همین جا خوب است.

رفسنجانی_ هر طور میل مبارک است.

خامنه‌ای_ آقایان دسته‌جمعی به تشییع رفته‌اند؟

رفسنجانی_ بله، از این‌جا، که برای مراسم آمده بودند، با هم رفتند. بنده برای ترتیبات تشریف‌فرمائی مقام معظم‌رهبری نرفتم. حالا، که مقام معظم‌رهبری استراحت نمی‌فرمایند، اگر اجازه بفرمایند، بنده با اغتنام فرصت یکی دو مطلب مربوط به امور جاری را به عرض مقام معظم رهبری برسانم.

خامنه‌ای_ مانعی ندارد. بفرمائید!

رفسنجانی_ پس، بنده با اجازه‌ی مقام معظم‌رهبری، پریز این میکروفن را که مخصوص مراسم گذاشته‌اند می‌کشم. چون امور جاری

است و به خبرگان ربطی ندارد.

(رفسنجانی پریز را می‌کشد.)

خامنه‌ای- اصلاً برای این مراسم میکروفن لازم نبود.

رفسنجانی- به‌خصوص که صدای تو ماشاءالله بوق وکرناست.

خامنه‌ای- کجا هست این تشییع جنازه؟

رفسنجانی- امام‌زاده عبدالله.

خامنه‌ای- چی شد مُرد این آیت‌الله خرگردن؟ این که خیلی سالم و سرحال به نظر می‌رسید. سکته کرد؟

رفسنجانی- نه، بیچاره مفت و مسلم نیم ساعته رفت. با هم شام مهمان بودیم. اصغر، مثل معمول به اندازه‌ی سه نفر غذا خورد. بعد سفره راکه جمع کردند، چون دو سه نفر دیر رسیدند، براشان دوباره سفره چیدند و غذا آوردند. اصغر، با این که دسرش را هم، همه‌جور، از میوه و شله‌زرد و زولبیا بامیه فراوان خورده بود، تا چشمش به ته دیگ افتاد باز هوس کرد. یک تکه‌ی بزرگ ته‌دیگ توی گلویش گیرکرد. نفسش را برید، تا دکتر آوردند تمام کرده بود.

خامنه‌ای- رحمت الله علیه.

رفسنجانی- خواهش می‌کنم اعلامیه‌ی تسلیت را، علی جان، قبل از انتشار به من نشان بدهی که یک نکته را بهش اضافه کنیم.

خامنه‌ای- چه اعلامیه‌ای؟ من اعلامیه نمی‌دهم. تو خودت به عنوان رئیس مجلس خبرگان تسلیت بگو!

رفسنجانی- آخه چرا، علی جان؟ چرا اعلامیه نمی‌دهی؟

خامنه‌ای- چرا ندارد. گفتم نـه! من برای فوت آیت‌الله خرگردن اعلامیه نمی‌دهم.

رفسنجانی- هیچ نمی‌فهمم! تو برای فوت متولی مسجد فخرالدوله و پیش‌نماز مسجد ارگ اعلامیه‌ی تسلیت می‌دهی، برای یک عضو خبرگان رهبری، که تازه، خودت برای مجلس خبرگان توصیه‌اش را کرده‌ای، نمی‌دهی؟! من پیش این‌ها کوچک می‌شوم.

خامنه‌ای- اگر توصیه‌ای کرده‌ام بی‌خود کرده‌ام. امیدوار بودم که این دفعه دیگر صلاحیتش تأیید نشود که برگردد به کار روضه‌خوانی‌اش! تو هم بی‌جهت اصرار نکن! من اعلامیه بده نیستم. تمام شد و رفت. خبره مرده، رئیس خبره‌ها مرثیه‌اش را می‌خواند!

رفسنجانی- آخه، مقام معظم! قربان مقامت! این بدبخت اصغر- که حالا واسه‌ی تو شـده آیت‌الله خرگردن- رفیق‌مان بود، هم‌درس و هم‌حجره‌ی دوران درس‌مان بود.

خامنه‌ای- تا غروب هم دلیل بیاوری، جوابم همان است و لاغیر.

رفسنجانی- از همه‌ی این‌ها گذشته، با خود تو یک جور خویشی داشت.

خامنه‌ای- بله، پسرخاله‌ی دسته‌دیزی‌ام بود.

رفسنجانی- از پسرخاله‌ی دسـته دیزی نزدیک‌تر. حالا، عرض می‌کنم چه‌طور! آن سفرکذائی اراک که یادت نرفته انشاءالله؟ سفر سه تائی زمان طلبگی‌مان؟ البته بیشتر از پنجاه سال رویش گذشته، اما فکر کنی، یادت می‌آید.

خامنه‌ای- نه، چیزی خاطرم نیست.

رفسنجانی- حالا یادت می‌آید. حاجی مهدی آقا که یادته؟ این هم حتماً یادته که برای ختم و سرسلامتی فوت عمویش که همیشه به ما کمک کرده بود، من و تو و اصغر از قم رفتیم اراک؟

خامنه‌ای- ول کن، اکبر! با هزار جور گرفتاری‌مان لازم نیست «قصه‌ی» پنجاه شصت سال پیش را تعریف کنی.

رفسنجانی- اتفاقاً لازم است. به‌خصوص که ظاهراً برای جلوگیری از آلزایمر یادآوری خاطرات دور خیلی مفید است. آره، علی جان. سه نفری با اتوبوس راه افتادیم. اتوبوس قراضه‌ی تق و لقی بود که سرعت مورچه‌سواری داشت. من، تا راه افتادیم خوابم برد. تو و اصغر نشستید به مشاعره، یک وقتی از سر و صداتان بیدار شدم. توی مشاعره، تو اصغر را بسته بودی به میم. اصغر هم چون همه میم‌هایش را مصرف کرده بود، خوانده بود: ماشین مشتی ممدلی، نه بوق داره نه صندلی- سربالائی نمی‌کشه، مگر به زور یا علی. که تو می‌گفتی این شعر نیست. تصنیف مطرب‌هاست. اما اصغر می‌گفت از نظر وزن و قافیه و قواعد عروض هیچ ایرادی ندارد. می‌بینی که چه‌طور تمام جزئیات این سفر یادم مانده. یکی دو فرسخ از قم دور شده بودیم که ماشین خراب شد. راننده گفت باید شاگردش برگردد قم یدکی بیاورد. ما چون عجله داشتیم به ختم برسیم، جلوی چند تا ماشین دست بلند کردیم. تا عاقبت یک کامیون مصالح ساختمانی سوارمان کرد. وقتی اراک، از کامیون مصالح پیاده شدیم. تو یک چیزی گفتی که بعد از این همه سال، کلمه به کلمه یادم

مانده. دست به آسمان گفتی: خدایا، چی از بارگاه جلال و کبریائیت کم می‌شد اگر ما هم یک ماشین شخصی داشتیم که جای شکرگزاری لای گونی گچ و آهک، تو ماشین شخصی شُکرت را می‌کردیم؟

خامنه‌ای ــ مثل این‌که زده به کله‌ات، اکبر، که این همه مهمل سر هم می‌کنی!

رفسنجانی ــ خاطرات گذشته است که بد نیست گاهی مرورشان کنیم. به‌خصوص که حالا می‌بینیم استغاثه‌ی آن روزت بی‌جواب نمانده و بارگاه جلال و کبریا ترتیبی داده که تو وقتی برای دیدن قوم خویش‌ها مشهد می‌روی، توی جت بوئینگ ۷۳۷ شکرش را می‌کنی!

خامنه‌ای ــ تو طفلکی که سوار الاغ می‌روی بهرمان، دیدن کس و کارت!

رفسنجانی ــ چرا بهت برخورد؟ من منظوری نداشتم.

خامنه‌ای ــ منظوری نداشتی؟ تو عطسه و سرفه هم بی‌منظور نمی‌کنی!

رفسنجانی ــ خیلی کج‌خیالی. بگذریم. اراک بعد از ختم و مراسم، دم آخر به پیشنهاد اصغر، یک دیدنی هم از حاجی محسن آقا فرشچی کردیم. پیرمرد خیلی خوشحال شد. تعارف کرد. شب پیشش بمانیم که گفتیم مهمان حاجی مهدی‌آقا هستیم. موقع خداحافظی، آقائی کرد، نفری صد تومن گذاشت کف دست‌مان، به اسم خرجی راه...

خامنه‌ای ــ نخیر، مرض پرچانگی معمولی‌ات نیست. باید دکتر خبر کنیم!

رفسنجانی‌ـ نه، صبر کن! تمام شد. جوان بودیم و عزب بودیم، یکی صد تومن هم پول مفت توی جیب، هوس صیغه کردیم. برگشتمان را عقب انداختیم. از حاجی مهدی آقا خداحافظی کردیم. اما رفتیم مسافرخانه. صیغه راحت فراهم شد. مسافرخانه‌چی دو تا انقطاعی که می‌شناخت صدا زد. یکی‌شان که بهتر بود، یک زن گرد و قلمبه بود به اسم اختر، نصیب تو شد. آن یکی را هم من برداشتم. خوب یادمه که سی تومن مهرش کردم. اصغر از آن اختر خانم خوشش آمده بود. مدت توکه تمام شد خواست همان را صیغه کند. چون ملاحظه‌ی بهداشتی کرده بودیم، طهر شرعی دیگر مطرح نبود، اما ضعیفه گفت دیر شده مادرم تنهاست، باید بروم. اصغر باهاش قرار فردا را گذاشت. روز بعد، من و تو برگشتیم قم. اما اصغر، که گلویش پیش اختر گیر کرده بود، ماند. برگشتنی توی اتوبوس، یادت باشد، خیلی گفتیم و خندیدیم. تو یک شعری را هی می‌خواندی، که از آن موقع یادم مانده. می‌گفتی: مرا اختر خفته بیدار گشت ـ به مغز اندر اندیشه بسیار گشت. چند روز بعد خبر شدیم که اصغر همان دو روزه اختر را عقد کرده فرستاد دستجرد پیش پدر و مادرش. حتی یادمه که تو یک جلد کلام‌الله مذهّب بهش کادوی ازدواج دادی. دنباله‌ی قصه این شد که بعدها وقتی کار اصغر بالا گرفت، همین اختر خانم، با دست‌پخت عالی‌اش آن قدر به خورد شوهر شکمو داد، که از آن اصغری، که از زور لاغری بهش می‌گفتیم چوق الف لای قرآن، آن هیکل تنومند صد و چندکیلوئی ـ به قول تو آیت‌الله خرگردن ـ را ساخت.

خامنه‌ای_ تمام شد قصه‌ات؟ می‌خواهم ببینم سرمان را با این مهملات صد تا یک پول خوردی که چی بشود؟

رفسنجانی_ نتیجه این که همین سابقه یک نوع رابطه‌ی خویشاوندی ایجاد می‌کند که واجب الرّعایه است. یعنی الان خانم اخترالشریعه که عزادار است، توقع دارد که شوهر سابقش فوت شوهر آخرش را رسماً تسلیت بگوید. همین طور پسرش حجت‌الاسلام و المسلمین خرگردن‌زاده، از عمو رهبر توقّع دلجوئی دارد.

خامنه‌ای_ خداوند عالم یک استعداد خارق‌العاده به تو داده، اکبرجان، برای چرندگوئی! ولی هر مهملی دلت می‌خواهد بگو. من برای فوت آیت‌الله خرگردن اعلامیه‌ی تسلیت صادر نمی‌کنم.

رفسنجانی_ آخه آقا! علی جان! این که حرف نشد. باید به من لااقل بگوئی که آیت‌الله خرگردن چه جرمی کرده که مستحق این مجازات است؟ علتش را باید من...

خامنه‌ای_ حالا که این قدر اصرار داری علتش را بدانی، پس بدان که آین آخری‌ها که روزنامه‌ها نوشتند دادگاه جزائی بین‌المللی برای رئیس جمهور سابق سودان به اتهام کشتار دسته جمعی، ادعانامه و حکم جلب بین‌المللی صادر کرده، جناب آیت‌الله خرگردن در یک مجلسی فرموده بود خداکند این موضوع تعقیب رؤسای جمهور سابقه نشود چون ممکن است به اتهام کشتار سال ۶۷ زندان اوین، یقه‌ی فلانی- یعنی من را- بگیرند. برای این که لابد دستم به خون زندانیان آلوده است!

رفسنجانی- علی جان، چه‌طور باور می‌کنی که اصغر پشت سر تو یک همچو چیزی گفته باشد. لابد یکی از این آتش‌بیارها یک خرده‌حسابی با اصغر داشته که این‌جوری تسویه کرده.

خامنه‌ای- ابداً چنین چیزی نیست. من اطلاع صددرصد صحیح و قابل اعتماد دارم.

رفسنجانی- تو چه می‌دانی که آن آجودان حضور دربار معظّمت که به تو گزارش داده، حرف آن بیچاره را تحریف نکرده باشد؟ او روی دل‌سوزی یک چیزی گفته باشدکه ...

خامنه‌ای- این‌که خرگردن نمک‌نشناس پای مرا در قضیه سال ۶۷ زندان اوین پیش کشیده، دل‌سوزی است؟

رفسنجانی- نه، ولی، بالاخره وقتی صحبت قضیه‌ی سال ۶۷ زندان اوین پیش بیاید، چه خرگردن چه آهوگردن، خواه ناخواه پای تو هم که رئیس جمهوری وقت بوده‌ای پیش کشیده می‌شود. باید برای رفع و رجوع موضوع، فکر اساسی بکنیم. رئیس جمهورکه نمی‌توانی بگوئی نبودم. اگر هم بگوئی بودم اما سال ۶۷ در زندان اوین کسی کشته نشده که موضوع را منافقین علم کرده‌اند و منتظری مرحوم هم سرگذر جار زده. باید دلیل بیاوری و ثابت کنی که دروغ گفته‌اند. تازه، می‌ماند؛ ندبه و زاری کس وکار بچه‌های اعدام شده، که مثلا بگوئیم گریه‌ی دروغی بوده، منافقین یا توده‌ای‌ها یادشان داده بودند. به هر حال نمی‌شود که سرت را زیر بیندازی و به روی خودت نیاوری.

خامنه‌ای- ببینم! تو طوری حرف می‌زنی و ارائه طریق می‌کنی

که اگر چیزی پیش بیاید، انگار فقط پای من به میان کشیده می‌شود. اما پای رئیس گردن کلفت مجلس و فرمانده‌ی کل قوای وقت به میان کشیده نمی‌شود؟

رفسنجانی- نــه جانم. برای رئیس مجلس سودان و فرمانده‌ی قوای سودان هم کسی حکم جلب صادر نکرده، که البته معقول هم نمی‌توانسته باشد. چون رئیس مجلس و فرمانده‌ی قواکه درباره‌ی وقایع داخل زندان مسؤولیتی ندارد. وانگهی آن موقع یعنی در مرداد ۱۳۶۷ من اینجا نبودم.

خامنه‌ای- بله، می‌دانم، یادم هست که تو فرمانده‌ی جان برکف کل قوا، آن موقع طاهر ذوالیمینین‌وار، سوار بر اسب کهرت با شمشیر آخته، از کربلا به طرف قدس می‌تاختی!

رفسنجانی- البته آتش‌بس اعلام شــده بــود ولی من در جنوب مشــغول رسیدگی به عوارض و عواقب جنگ بودم. از ماجرای زندان اوین دورادور یک چیزهایی شنیدم.

خامنه‌ای- یعنی تو، مشیر و مشار شبانه‌روزی وکلید عقل امام، تو که می‌گوئی جام زهر را به دست خودت، به خورد امام دادی، از ماجرا فقط دورادور یک چیزهائی شنیده‌ای؟ لابد وقتی هم شنیده‌ای طوری حالت بد شده که نبات داغ حلقت ریخته‌اند!

رفسنجانی- نه، عصبانی نشــو! بی‌خود و بی‌جهت هم این قدر ناراحت آن پرونده‌ی کشتار سال ۶۷ نباش! به هر حال اتفاقی است که اگر بوده، افتاده وگذشته، اگر احیاناً دادگاهی تشکیل بشود، راجع به این

قضیه چه می‌گویند و چه دلیلی دارند؟ اولاً شـــاهد اصلی دست بالا، آیت‌الله منتظری، که مرحوم شده و نیست. شاهد دست پائین هم، اسدالله لاجوردی مسؤول زندان اوین، به رحمت خدا رفته و از این بابت خیالت راحت است. ثانیاً من مثل سدّ سکندر پشت سرت وایستاده‌ام. حاضرم در دادگاه شهادت بدهم که در مرداد ۱۳۶۷ که گفته شده در زندان اوین تعدادی زندانی راکشته‌اند، تو به علت عارضه‌ی قدیمی دستت بستری بوده‌ای و از وقایع آن روز بی‌خبر مانده‌ای و ...

خامنه‌ای – چرا مزخرف می‌گوئی، اکبر؟ طوری حرف می‌زنی که انگار واقعاً اعدامی بوده و دســـتور آن اعدام‌ها را من داده‌ام و حالا تو می‌خواهی روی سوابق رفاقت موضوع را ماستمالی کنی!

رفسنجانیـ نه، جان علی! من می‌دانم تو آدمی نیستی که سر خود بیائی صد و چهل پنجاه تا جوان را جلوی گلوله بگذاری. من رقّت قلب تو را بهتر از همه می‌شناســـم. من می‌دانم، همه می‌دانندکه اگر احیاناً بوده دســـتور امام بوده. یعنی وقتی بعد از جام زهر، منافقین با توپ و تانک امانتی صدام به قصرشیرین حمله کردند، لابد امام عصبانی شده گفته زندانی‌هاشان را هم بگذارند دم توپ. کسی هم جرأت نکرده نه و نو و چون و چرا بکند. چه بسا که این بادنجان دورقاب‌چین‌ها به‌به و چه‌چه هم کرده‌اند. موضوع از آن‌جا شلوغ شده که خبر به گوش منتظری رسیده. یادت هســـت چه‌قدر به امام عرض می‌کردم این منتظری آدم دهن‌لقی است، بهش اعتماد نکنید. گوش نکردند. تا بالاخره شناختنش و ردش کردند. او هم گوش خواباند تا زهرش را به تو ریخت!

خامنه‌ای– به من؟

رفسنجانیـ آره، همین موضوع زندان اوین را او علم کرد. البته من هم از زهرش بی‌نصیب نبوده‌ام.

خامنه‌ایـ آخی! طفلکی تو! چرا به تو، مصلح دین و دنیاـ که با یزید بسطامی‌وار، غرقه‌ی آتش محبت و نصفت، امام را به عطوفت و شفقت توصیه کرده‌ای، به تو چرا؟

رفسنجانیـ باز خلقت تنگ شد نگذاشتی حرفم را تمام کنم.

خامنه‌ایـ خیلی‌خوب، باقی حرفت را بزن! اما اگر بیشتر از پنج دقیقه طول بکشد می‌فهمم مالیخولیایت عود کرده، صدا می‌زنم دکتر و آمبولانس خبرکنند تا عصرکه بیایم بیمارستان دیدنت!

رفسنجانیـ قربان محبتت، اما دکتر و آمبولانس لازم نیست، می‌خواهم بگویم که تو، ایران و خودت را پای سودان و رئیس جمهور مفلوکش نگذار. تو الان سلطان قدرقدرت یک مملکت ۷۰ میلیونی هستی که آن بالای بالا نشسته‌ای، دست هیچ دادستانی به ... یعنی به قوزک پایت هم نمی‌رسد. اما به هر حال این مخالفین و منافقین قضیه‌ی زندان اوین را ول نمی‌کنند. چه بساکه بتوانند باکمک آمریکا و صیهونیسم، یک دادگاهی هم راه بیندازند. البته ما می‌توانیم بگوئیم فتوای امام بوده که زبان‌شان کند بشود. ولی از این طرف خودی‌ها قال می‌کنندکه چرا پای امام را وسط کشیدید. من، برای این‌که قال قضیه به‌کلی کنده بشود، یک پیشنهاد معقول دارم‌که اگر حوصله کنی، عرض می‌کنم. فقط روی علاقه‌ای که به حفظ اعتبار و شوکت تو دارم.

خامنه‌ای- آن را که می‌دانم! لازم به ابرام نیست. ولی حالا که ماشین چانه‌ات دور برداشته، بگو. اما همان پنج دقیقه نه یک ثانیه بیشتر.

رفسنجانی- قول! راه‌حل ابتکاری هم نیست. همان شیوه‌ای را عمل می‌کنیم که دم و دستگاه سیّد خاتمی سر قضیه‌ی قتل‌های معروف به زنجیره‌ای عمل کردند. خاطرت باشد، بعد از آن همه سر و صدا در تمام دنیا، یک روزی سیّد اعلام کرد که دستور رسیدگی جدی به کار عاملین قتل‌ها صادر کرده، که با این حرفش کلی پیش مردم اعتبار کسب کرد. اما نتیجه چه شد؟ اعلامیه و اظهاریه و اطلاعیه پشت سر هم، که چنین بوده و چنین شده و محفل داشته‌اند و کار محفلی بوده؛ آخر سر، کاسه کوزه را سر یک نفر، یعنی مرحوم امامی شکستند، که کسی نفهمید فروهر و عیالش و آن همه نویسنده و شاعر و روزنامه‌نگار را چه‌طور امامی، دور از چشم ما، دست تنها یا به کمک سه‌چهار تا هم‌محفلی بنگی‌اش کشته، ولی حکم قضیه صادر شده بود. امامی را هم که زندانی کرده بودند، به جای قند و گلاب جایزه‌ی خدمت، یک کاسه واجبی برایش بردند و سر و صدای ماجرای به آن عظمت و وسعت را با همین یک خوراک واجبی بهم آوردند.

خامنه‌ای- این نقشه‌ی ماکیاولی...

رفسنجانی- نه‌خیر، ماکیاول کاره‌ای نیست. نقشه‌ی وزیر اطلاعات و امنیت سیّد بود. خوب، چرا که ما نتوانیم این نقشه را پیاده کنیم؟ همین فردا به شیخ لاریجانی می گوئی اعلامیه بدهد که بنا به دستور

مقام معظم رهبری برای روشن شدن شایعات مربوط به کشتار تعدادی زندانی اوین در سال ۶۷، اقدام قانونی به عمل آمده و پس از تحقیقات مقامات قضائی، تعدادی از مسؤولین این واقعه بازداشت شده‌اند.

خامنه‌ای- به چه جرمی؟ چه کرده‌اند؟ این مسؤولین کی باشند؟

رفسنجانی- چند تا از آن اعدام‌چی‌های قدیمی و قلتشن بازنشسته یا اخراجی اوین را می‌گیریم. ولی تو دلشان را قرص می‌کنیم که زیاد نترسند، چون تحقیقات بعدی نشان می‌دهد که فقط مجری دستورات مافوق‌شان بوده‌اند که دستور امام را جعل کرده بوده.

خامنه‌ای- مافوق‌شان کی بوده؟

رفسنجانی- مثلاً شیخ صادق خلخالی یا ... فرضاً اسدالله لاجوردی یا...

خامنه‌ای- این که بیشتر قال راه می‌اندازد که گناه گردن مرده‌ها بیندازیم. کسی حرف‌مان را باور نمی‌کند.

رفسنجانی- می‌شود یک زنده هم که توی این ردیف کار می‌کرده بگیریم بدهیم دستشان. مثلاً فرض کن، این قاضی سعید مرتضوی که قیافه‌اش هم به این کار می‌خورد.

خامنه‌ای- این که سال ۶۷ کاره‌ای نبوده، بعد قاضی شده.

رفسنجانی- نه، قاضی نبوده، اما زندان اوین کار می‌کرده، بوفه‌ی زندان را داشته. بعد که دیپلم گرفته به کمک شیخ محمد یزدی قاضی شده.

خامنه‌ای- مگر این آدم مار خورده‌ی افعی‌شده زیر دست یزدی،

ساکت می‌ماند؟ قال می‌کند!

رفسنجانی- بیشتر از مرحوم امامی صاحب محفل که نمی‌تواند قال کند. او هم افعی شده زیر دست فلاحیان بود. ته مانده‌ی کاسه‌ی واجبی هم هنوز هست. ده! مثل این‌که آقایان خبرگان رسیدند. بفرمائید از این طرف، مقام معظم رهبری این طرف تشریف دارند! (آهسته) مشکل دادگاهت را حل کردم، علی جان، عوضش سبکم نکن پیش این‌ها، اعلامیه‌ی خرگردن را بنویس!

پاریس آبان ۸۹

عموجانان من

عاقبت یک روزی حوصله‌ی پدرم ـ بعد از شش سال خدمت در این شهر و آن شهر ـ سر رفت. برگشتیم. از خدمت دولت کناره گرفت و در تهران مطب بازکرد. در نتیجه، اولین آشنایی من با قبیله‌ی پر جمعیتم، که از سه سالگی دیگر ندیده بودم و نمی‌شناختم، در سن حدود نه سالگی اتفاق افتاد. دائی‌ها و خاله‌هایم در خانه‌هایی واقع در باغ موروثی، معروف به باغ امیرالامراء زندگی می‌کردند. ما هم در خانه‌ای در همان باغ مستقر شدیم. دائی‌ها و خاله‌ها آدم‌های محترم و معقولی بودند، همگی درس‌خوانده؛ مردها در خدمت دولت و خانم‌ها به خانه‌داری مشغول بودند. اما، خارج از این دایره‌ی کوچک بستگان نزدیک، یک دایره‌ی بزرگ‌تری متشکل از بستگان درجه‌ی بعدی، عمدتاً عموها و عمه‌های مادرم بود که تقریباً تمام محله را با فرزندان متعدد و نوه‌ها

اشغال کرده بودند. علت این تجمع و تمرکز خانواده، از قرار معلوم این بود که باغ اصلی امیرالامرا باغ بسیار بزرگ‌تر شخص امیرالامرای اول بوده که بعد از او، فرزندانش قسمت عمده‌ی آن را تکه‌تکه کرده و خانه ساخته بودند. باغی که ما در آن زندگی می‌کردیم و حدود شاید سه‌هزار متر وسعت داشت، سهم یکی از فرزندان امیرالامرا، یعنی پدر مادرم بوده، که به عنوان بزرگ‌ترین قطعه‌ی بازمانده، لقب باغ امیرالامرا را از باغ اصلی ارث برده بود. توزیع لقب و ارث بردن لقب، سکه‌ی رایج زمان بود. در این باب اولین چیز عجیبی که دیدم و برایم تازگی داشت، این بود که هر چه در اطرافم بود السلطنه، الممالک، الدوله بود. تمام عموجان‌ها و عمه‌جان‌ها و فرزندان آن‌ها با این لقب‌ها مشخص می‌شدند. تعداد عموها و عمه‌ها چهارده نفر، یعنی نُه عمو و پنج عمه بود و حکایت این اجتماع القاب این بود که امیرالامرا، که از رجال دربار ناصرالدین شاه و بعد مظفرالدین شاه بوده، برای فرزندان، از یک فوج زن‌های حرمسرایش و بعداً نوه‌هایش، به محض تولد، از شاه فرمان لقب می‌گرفته است. از تعدادکل فرزندان او بی‌خبرم. ولی همین که آن موقع یعنی حدود ۱۳۱۵ شمسی، من با چهارده نفرشان معاصر افتاده بودم، قرینه‌ای است. این لقب‌ها هم طوری در گوشت و استخوان عموجان‌ها و عمه‌جان‌ها و فرزندان آن‌ها جا افتاده بود که بعد از آن هم که با قانون شناسنامه، صاحب نام و نام‌خانوادگی شده بودند، چه در برخورد با دیگران و چه در معاشرت خانوادگی یکدیگر را فلان‌السلطنه و فلان‌الدوله خطاب می‌کردند.

علـت این‌کـه در این شـرح حـال، بـه خصوص بـه عموجان و عمه‌جان‌های مادرم پرداخته‌ام این است که این چهارده السلطنه و الممالک همگی متولدین پیش از مشروطیت، از یازده مادر مختلف بودند و با یادکرد آن‌ها، سری هم به تاریخ اجتماعی قرن پیش از خودم می‌زنم.

ایـن را بایـد بگویم‌کـه وقتی مـن به خانواده رسـیدم در قلعه‌ی برافراشـته‌ی القاب، چند رخنه ایجاد شده بود. یکی این‌که عموجان ناظم‌الملک، چون ارتشـی بـود، بعد ازکودتـای ۹۹، به حکم قانون رضاشـاه، به عموجان سرهنگ خشـک خالی تنزل پیداکرده بود. از طرفی، عمه‌جان فخرالدوله، از طرف برادران و خواهران عملاً از لقبش محروم شـده بود و از او به اسم ربابه خانم نام می‌بردند. علت هم این بود که این خانم که دیگر شوهر نداشت، به کار پرورش و فروش قناری دسـت زده بود و از نظر قبیله، کارکردن بدون احتیاج مادی عیب بود. خواهرها و زن‌برادرها، بر سبیل تمسخر می‌گفتندکه ربابه خانم خودش روی تخـم قناری می‌خوابد. ولی واقعیت‌که من از زبان خود عمه‌جان شنیدم، این بود که گاهی تخم قناری را دو هفته زیر بغل خود می‌خواباند تا جوجه دربیاید. ضمناً عموجان سیف‌السـلطنه چون به بچه‌ها اجازه داده بود به او و عموجان علی اصغرخان خطاب‌کنند، برادرها و خواهرها، برای تنبیه او فقط اصغر صدایش می‌زدند.

عموها و عمه‌ها از نظر آداب و رسـوم و تشریفات مشخص بودند. یک عادت مشـخص آن‌ها این بودکه خواهر و برادر و زن و شوهر به

هم تو نمی‌گفتند و در مقام صحبت از یکدیگر و سایر بستگان نهایت احترام را رعایت می‌کردند. با معنای بعضی از اصطلاحات آن‌ها مدتی طول کشید تا آشنا شدم. برای مثال، اگر می‌پرسیدی: آیا عموجان سالار محتشم تشریف دارند؟ اگر نبود، جواب می‌شنیدی: نخیر، سوار شدند و این، در حالی بود که من هیچ‌وقت جلوی منزلش درشکه، کالسکه یا ماشین ندیده بودم و کمی بعد عموجان را سر خیابان در انتظار اتوبوس می‌دیدم.

اولین دیدار من از جمع، از بزرگ‌ترشان، عموجان امیرالامرا بود که آن موقع شاید هشتاد سال داشت. این عموجان، به عنوان پسر ارشد امیرالامرا، لقب او را به ارث برده بود. مادرم خود را مکلف می‌دید که هرچه زودتر مرا به دست‌بوس او ببرد. بعد از تعلیمات مفصل درباره‌ی نحوه‌ی تعظیم و تکریم و دست‌بوسی به راه افتادیم. عموجان نه در سالن بلکه در اتاق خصوصی‌اش از ما پذیرائی کرد. پیرمرد محترم موقری بود با موی سر و روی سفید، بسیار آرام با کلمات شمرده صحبت می‌کرد. روی تشکچه‌ی مخملی نشسته بود. جلوی پای او سفره و بساط منقل و وافور بسیار ظریف و تمیزی گسترده بود. بوی تریاک بر فضای اتاق حاکم بود. بعدها دانستم که علاوه بر او، عموجان احتشام‌الدوله و عموجان سیف‌السلطنه هم اهل منقل بودند.

چیزی که به‌خصوص توجه مرا از بدو ورود جلب کرد، یک ظرف بلور پر از نان شیرینی، کنار سفره بود که طبق تعلیمات نباید به آن توجه می‌کردم. برای انصراف خاطر، نگاهم را به قاب عکس بالای سر

عموجان دوختم. عکس تمام قد مرد تنومندی با سرداری ترمه‌ی اعیانی بود. عموجان که متوجه توجه من به عکس شد توضیح داد که عکس مرحوم امیرالامرای بزرگ است. و وعده داد که یک روزی برای من شرح زندگی «مرحوم امیر» را حکایت کند. ولی من، بیشتر و فوری‌تر از شرح حال مرحوم امیر، در انتظار بودم عموجان به فکر تعارف شیرینی بیفتد. ولی خبری نشد و دوباره به صحبت با مادرم ادامه داد.

این انتظار و اشتیاق من برای شیرینی چیز غریبی نبود. ما، یعنی، بچه‌های آن روزگار، عقده‌ی شیرینی داشتیم، چون شیرینی، که همیشه همه در خانه درست می‌کردند، مال هر جا و هرکس نبود. مخصوص مهمان بود و در غیاب مهمان در قفسه‌ای با قفل و بست محبوس می‌شد و ما، فرزندان برومند خوش‌اشتها و محروم آن سال‌ها، مدام در فکر و جستجوی راهی برای دست‌برد زدن به این مخفی‌گاه شیرینی‌جات مهمان بودیم.

آن موقع مملکت بسیار فقیری داشتیم. به اصطلاح سازمان ملل کنونی، جزء ممالک «سوپر فقیر» بودیم. طبقه‌ی متوسط وجود نداشت. غیر از یک اقلیت بسیار بسیار معدود ملاک و تاجر، سایر مردم، ازکارگر وکارمند و هنرمند و حتی صاحبان مشاغل آزاد، به زحمت شکم خود را سیر می‌کردند. آن‌ها که آن سال‌ها بوده‌اند، به یقین غوغای عدس‌پلوی نذری را به یاد دارندکه اگر ازکلانتری پاسبان نمی‌آوردند، ممکن بود یکی دو نفر زن و بچه زیر دست و پا بروند. برای توضیح این واقعیت باید یادآوری کنم که بودجه‌ی سالانه‌ی ممالک محروسه‌ی ایران در

سـال ۱۳۰۰ شمسی، به موجب آمار رسمی و منتشر شده‌ی دولتی، فقط نوزده میلیون تومان بود. و بعد از تلاش تقریباً بیست ساله‌ی دولت‌های رضاشاه و ازدیاد درآمد نفت، بودجه‌ی کشور شاهنشاهی ایران در سال ۱۳۲۰، از سیصد و شصت میلیون تومان تجاوز نکرد.

هم‌چنان در انتظار تعارف شیرینی بودم که شنیدم مادرم اجازه‌ی مرخصی خواست و صدای آرام عموجان را که گفت چه عجله‌ای است، در حالی که او هنوز از «پسر نازنین» پذیرائی نکرده است. این را گفت و در ظرف بلور شیرینی را با حرکات بسیار آرام بلند کرد. شیرینی داخل ظرف را بهتر دیدم. همان‌طور که حدس زده بودم «نون بادومی» بود که بسیار دوست داشتم. عموجان ضمن بلندکردن ظرف به قصد تعارف به من، با کلمات شمرده گفت:

ایرج پزشک‌زاد و خواهرش همایون‌دخت در کنار دایی‌جان مؤیدالممالک و همسرش شمس‌الملوک، زیر آلاچیق نسترن

این نان شیرینی... بادامی را... خانم عفت‌السلطنه... مرحمت کرده‌اند.

در این موقع ناگهان مادرم به طرز عجیبی خود را روی دست عموجان انداخت و تقریباً به زور ظرف شیرینی را از من دور کرد و ضمن این حرکت گفت:

قربان دست‌تان عموجان، نان بادامی برای گلو درد این بچه بد است.

من حیرت زده، با چشم گرد و دهن باز در انتظار سردرآوردن از این حرکت و حرف نادرست و در واقع خصمانه، به او خیره شدم. ولی نگاه تند و آمرانه‌اش، که حکم به تمکین می‌داد، زبان دلم را بست و سرم را به زیر انداختم. مادرم در جواب عموجان که نان بادامی را برای گلودرد آن‌قدرها بد نمی‌دانست، حکایتی از دو شب نخوابیدن من از گلو درد سر هم کرد و با خداحافظی عجولانه‌ای از عموجان، مرا به طرف خانه به راه انداخت. در راه، من سرخورده و عصبانی در انتظار توضیح مادرم ساکت بودم. او هم مدتی ساکت ماند. انگار دنبال بهانه‌ی معقولی برای توجیه دروغی که گفته بود می‌گشت، که چون پیدا نکرد، ناچار بعد از مقدمه‌ای درباره‌ی عقل و شعور و رازداری من، واقعیت را گفت:

به شیرینی دست‌پخت عمه‌جان عفت‌السلطنه اعتماد نکرده است! چون عمه‌جان که اهل جادو جنبل و خاکه‌ها و معجون‌های دوستی و دشمنی است و تازگی با خانم عزیرالسلطنه زن عموجان بگومگوئی داشته، ترسیده که مبادا یک چیزی قاطی مایه‌ی شیرینی کرده باشد!

این اولین اطلاعی بود که از یکی از اعضای مهم خانواده به من رسید. و به مناسبت این صفت مشخّصه، توجه مخصوصم به این

عمه‌جان جلب شد. خانم عفت‌السلطنه زنی بود آن موقع، حدود چهل و هفت هشت ساله، بدون بچه، با شوهرش، شازده عبدالحمید میرزا و دختر دایه‌اش زرّین‌تاج، که خدمتش را می‌کرد، تقریباً دیوار به دیوار باغ ما منزل داشت. در میان بقیه‌ی افراد قبیله محبوبیتی نداشت که خیال می‌کنم علت، به‌خصوص حسادت دیگران بود چون خانه‌ی بزرگ و زندگی خیلی خوبی داشت. این خانم به علت اعتقاد کاملی که به سحر و جادو داشت، روابط مستمری با دعانویس‌ها و جن‌گیرهای مقیم سیدملک خانون، به‌خصوص با آسیدکمال دعانویس و فال‌گیر برقرار کرده بود. البته بهانه‌ی رفت و آمد به پاتوق این افراد و پذیرایی آن‌ها در خانه را به حساب انفاق و دستگیری افراد مستمند می‌گذاشت. زنی اخمو و بسیار از خود راضی بود. مردم را به چشم حقارت نگاه می‌کرد. اصطلاح «وا! چه داخل آدم» از زبانش نمی‌افتاد. کاسب؟ چه داخل آدم! معمار؟ چه داخل آدم! معلم؟ چه داخل آدم! خلاصه، بشریت به چشم او داخل آدم نبود. خیلی بیش از خواهر و برادرها از جاه و جلال پدرش یاد می‌کرد. این مدرسه سرطویله‌ی مرحوم امیر بوده! این عمارت را جای کالسکه خانه‌ی مرحوم امیر ساخته‌اند. این آقائی که رد شد نوه‌ی سورچی مرحوم امیر بود. با این خلقیات، گمان می‌کنم که تنها کسی که عمه‌جان را دوست داشت، همین زرین‌تاج، دختر دایه و خدمتکارش بود. این زن از آن‌جا که فوق‌العاده ساده و بی‌آلایش بود، به وسیله‌ی افشای اسرار داخلی خانه‌ی عمه‌جان بدل شده بود. یعنی زن برادرها اتفاقات خانه‌ی اربابش را از زیر زبان او می‌کشیدند.

من، مدت ده سال به عنوان همسایه‌ی نزدیک، شاهد فعالیت‌های مستمر عمه‌جان در باب جادو کردن دیگران یا خنثی کردن جادوی آن‌ها بودم. یکی از استفاده‌های مداوم عمه‌جان از سحر و جادو و مواد و معاجین مسحورکننده، در جهت حفظ شوهرش شازده عبدالحمید میرزا بود. عمه جان به کل بشریت سوءظن داشت که می‌خواهند شوهر را از چنگ او درآورند. شازده آدم محترم معقولی بود ولی از آن‌جا که زیر سایه‌ی عمه‌جان می‌خورد و می‌خوابید و از کار کردن که دوست نداشت معاف بود، عوارض اخلاقی زنش را تحمل می‌کرد. عمه‌جان طوری نگران از دست رفتن او بود که هر وقت پای موجود مؤنثی، از دختر بچه هفت هشت ساله تا زن پنجاه شصت ساله به خانه‌اش می‌رسید، به محض رفتن او، تا پشت در خانه با آب‌پاش قلیاب سرکه‌ی باطل‌السحر می‌پاشید. همین‌طور وقتی شیء مشکوکی در خانه یا در کوچه جلوی در خانه به نظرش می‌رسید، عملیات جادو زدائی را شروع می‌کرد. ما وقتی خیلی بچه بودیم برای خنده یک چیزی مثلاً یک تکه چوب نخ بسته در حوض و یا جلوی در خانه‌اش می‌انداختیم و در گوشه‌ای به انتظار آب‌حوض‌کشی و آب باطل‌السحرپاشی به‌وسیله خود عمه‌جان یا شازده‌ی بیچاره می‌نشستیم. از مواردی که باعث دعوا و جنگ و جدال مکرر زن و شوهر می‌شد، خوراندن پنهانی اکسیر و معجون مهر و محبت طبق نسخه‌ی آسیدکمال، به شازده بود. موردی که موجب قهر و دعوای خیلی جدی شد و صحبت از طلاق به میان آمد و به وساطت برادرها به آشتی انجامید، قضیه صابون مرده‌شور خانه بود. واقعیت را زن برادرها

بعد، از زیر زبان زرین‌تاج کشیدند. خانم عفت‌السلطنه برای پای‌بندکردن شازده به خانه و منزجرکردن او از زنان دیگر، به توصیه‌ی آسیدکمال دعانویس، یک تکه صابون مرده شور خانه را که خود سید در اختیارش گذاشته بود، در آستر کت شوهرش دوخته بود. بعد از مدتی یک روز که شازده با دوستانش در خانه‌ی یکی از آن‌ها قرار بازی رامی داشت، مدتی زیر باران ماند. آن‌جا که رسید دیدند که از پشت کتش کف صابون می‌ریزد. گوشه‌ی آستر را شکافته و به صابون رسیده بودند.

اما واقعه‌ای که به دعوای جدی و فرار چندماهه از خانه انجامید، وقتی بود که عمه‌جان خواب دیده بود که شازده زن جوان گرفته و برای تعبیر خواب به آسیدکمال و سایر بزرگان صنعت تعبیر و جادوگری مراجعه کرده بود. در نهایت، آسیدکمال در آینه‌ی سکندرش دیده بود که مورد نظر آقا، زنی سفید چهره و موسیاه است و نمی‌دانیم عمه‌جان چه زن سفید چهره و موسیاهی در اطراف شازده سراغ کرده بود که یک شب بعد از آن که عبدالحمیدمیرزا به خواب رفت با کارد تیز آشپزخانه به قصد اخته‌کردن او حمله برد. ولی خوشبختانه شازده در لحظه‌ی قطع ریشه‌ی فساد، از جا پرید و با لباس خواب از پنجره بیرون جست و در تاریکی شب دوان تا محله‌ی دوشان تپه به منزل یکی از بستگانش پناه برد و مدت سه ماه کار خانواده تلاش برای اولاً پیداکردن محل اختفای او و ثانیاً برگرداندنش به خانه بود و نمی‌دانم با چه سحر و جادوئی شوهر را به کانون سعادت خانوادگی برگرداندند. جزئیات پنهان این ماجرا را هم خانم‌ها از زیر زبان زرین‌تاج کشیدند. سال‌ها بعد

من این قضیه کارد آشپزخانه در رخت‌خواب را به یکی از قهرمانان رمان دائی‌جان ناپلئون، یعنی خانم عزیزالسلطنه نسبت دادم. همان‌طور که از خیلی از اسامی و خلقیات بستگانم در قصه‌هایم مدل گرفته‌ام.

اما به‌خصوص در سال‌های بعد از شهریور بیست بود که به مناسبت پیشامدهای بی‌سابقه در مملکت، من بیشتر به زیر و بم خلقیات بستگان، به‌خصوص عمه‌جان عفت‌السلطنه و عموجان سیف‌السلطنه، که خواهر و برادر تنی بودند، پی بردم. البته در آن سال‌ها مادرم دیگر بیش از ده عمو و عمه نداشت. چون عموجانان امیرالامرا و رکن‌الدوله و عمه‌جانان آفاق‌السلطنه و فخرالدوله دیگر نبودند.

مهم‌ترین این پیشامدها قیام فرقه‌ی دمکرات در آذربایجان- و البته از نظر قبیله‌ی ما مهم‌تر از آن، گرفتاری عموجان سیف‌السلطنه با فرقه و پرخطرتر از آن، مبارزاتش با ارتش سرخ بود.

پیشامد در دوکلمه، این بود که در سال ۱۳۲۴ که هنوز ارتش سرخ از ایران خارج نشده بود، در آذربایجان افراد فرقه‌ی دموکرات با قیام مسلحانه، ادارات دولتی را اشغال کردند تا در نهایت، حکومت دموکرات آذربایجان را به‌وجود آوردند. در آغاز در حالی که گفتگوهای سیاسی ادامه داشت، ارتباط شهرهای آذربایجان با تهران و دولت مرکزی قطع شده بود. از قضای اتفاق، در این ایام عموجان سیف‌السلطنه که تازگی از زنش جدا شده بود، رئیس اداره‌ی آمار و ثبت احوال زنجان بود. عمه جان عفت‌السلطنه برای برادرش سخت نگران و پریشان خاطر بود. از او هیچ خبری نداشت حتی ارتباط تلفنی و تلگرافی بین زنجان و تهران قطع

شده بود. فقط این خبر منتشر شدکه فدائیان مأمور غلام‌یحیی رفته‌اند فرماندار و دادستان و همه‌ی رؤسای ادارات دولتی را بازداشت کرده‌اند. کمی بعد، یک نامه‌ی عموجان به وسیله‌ی مسافر به دست عمه‌جان رسیدکه از بی‌خبری بدتر بود. چون عموجان نوشته بود یک فدائی دستور رفیق ژنرال غلام یحیی را مبنی بر لزوم تنظیم تمام مکاتبات و اسناد به زبان ترکی به رؤسای ادارات ابلاغ کرده، و عموجان به فدائی مأمور ابلاغ حکم، چیزی گفته که خوشش نیامده است.

عمه‌جان آخر نامه را برای همه با آه و ناله می‌خواند. جائی که نوشته بود: این‌هاکه رفتند، همکارم صادق‌زاده گفت: باید سرت را می‌انداختی زیر می‌گفتی چشم، چون این بلشویک‌ها شوخی سرشان نمی‌شود به‌خصوص با یکی که اسمش سیف‌السلطنه است. یک وقت دیدی سر از زندان سیبریه درآوردی با شصت درجه زیر صفر! فکر تبعید به سیبریه با شصت درجه زیر صفر طوری تن عمه‌جان را لرزانده بودکه برای چاره‌جویی از یک طرف جادوگران و از طرف دیگر بستگان را مرتباً به خانه دعوت می‌کرد. اطمینان داشت که برادرش اسیر روس‌هاست و او را به سیبریه با شصت درجه زیر صفر فرستاده‌اند یا به زودی می‌فرستند و اظهار اطلاع هولناکی از زندگی در سرداب‌های مخوف سیبریه می‌کرد. با توجه به این‌که آن موقع ازکتاب «مجمع‌الجزایرگولاگ» سولژ نیتسین خبری نبود، حدس می‌زنم که منبع اطلاعاتش آسیدکمال دعانویس بود. اما آنچه بیش از هر چیز در این جلسات توجهم را جلب کرده بود این بود که عمه‌جان مکرر می‌گفت: روس‌ها دارند انتقام مرحوم امیر

را از اصغر می‌گیرند. یا اصغر دارد تاوان مخالفت امیر با روس‌ها را پس می‌دهد. ظاهراً این مخالفت پُرتاوان مرحوم امیر با روس‌ها، در نظر حاضران موضوعی تازه نبود چون با قیافه‌ی قبول و رضاگوش می‌کردند. تنها برای من مفهوم نبود و در تردید بودم از چه کسی بپرسم.

یک روز عمه‌جان عفت‌السلطنه خانواده را برای خبری راجع به علی‌اصغرخان به چای دعوت کرد. عموجان صاعدالممالک که خبر را کسب کرده بود در آن جلسه گفت به زحماتی موفق به دیدن وزیرکشور شده و از او خواسته که برای نجات سیف‌السلطنه اقدامی بکند. وزیر در جواب گفته بود که برادر خودش هم که فرماندار زنجان است اسیر دست فرقه است و دولت مشغول مذاکره با فرقه برای آزادی رؤسای ادارات است. اگر خبری بشود البته اطلاع خواهد داد. ولی عمه جان معتقد بود که برادرش اسیر ارتش سرخ است و باید با روس‌ها مذاکره بشود و باز تکرارکرد روس‌ها دارند انتقام مخالفت مرحوم امیر را از اصغر می‌گیرند.

من، از عبدالحمید میرزا که با بی‌حوصلگی نمایانی به صحبت زنش گوش می‌کرد آهسته پرسیدم:

حضرت والا، شما می‌دانید قضیه مخالفت مرحوم امیر با روس‌ها چه بوده است؟

لبخندی زد و آهسته جواب داد:

نمی‌دانم. شاید روس‌ها خانم عفت‌السلطنه را برای نیکلای دوم خواستگاری کرده بودند و مرحوم امیر مخالفت کرده است.

سه روز بعد باز عمه‌جان فرستاد خانواده را به منزلش دعوت کرد. آنجا باز صاعدالممالک گفت که وزیرکشور دنبال صحبت قبلی، تلفنی به او اطلاع داده که رؤسای ادارات هنوز زندانی فرقه‌ی دمکرات هستند ولی سیف‌السلطنه با آنها نیست. همکارش گفته که از چند روز پیش یکباره غیبش زده است. عمه‌جان که از اول جلسه قیافه‌ی ماتم به خودش گرفته بود، ناگهان زد زیرگریه و هق‌هق‌کنان گفت: نگفتم اسیر روسهاست!

بعد به عموجان سرهنگ پریدکه تو سرهنگی. چرا یک سر نمی‌روی زنجان با روس‌ها صحبت کنی؛ حالی‌شان کنی که این جوان اگر پسر امیرالامراست خودش کاری نکرده، نباید چوب کار پدرش را بخورد.

سرهنگ عصبانی از جا پا شد:

خانم عفت‌السلطنه، چرا حرف سبک می‌زنید؟ مگر مرا به زنجان راه می‌دهند؟ وانگهی اگر روس‌ها با مرحوم امیر اختلاف داشته‌اند آن روس‌ها سرشان رفته زیر ساطور، استخوان‌شان هم پوسیده... حالا اگر هم تقاضایی داشته باشیم باید به استالین رجوع کنیم!

اخم عمه‌جان بیشتر توهم رفت: ـ وا! استالین؟ چه داخل آدم!

من، با همه کوششم نتوانستم از راز اختلاف مرحوم امیر با روس‌ها سر دربیاورم. ظاهراً منبع خبر عموجان رکن‌الدوله بوده که او هم این راز را با خودش به گور برده بود.

* * * *

بعد از مدتی، یک روز با مژده‌ی بازگشت عموجان سیف‌السلطنه، به خانه‌ی عمه‌جان دعوت شدیم. مدتی منتظر ماندیم تا عموجان از پای منقل به سالن آمد و خیلی سر حال به شرح ماوقع پرداخت:

یک روز یک سرفدائی دمکرات آمد و ابلاغ کرد که طبق دستور رفیق ژنرال غلام یحیی، بعد از این کلیه‌ی مکاتبات و اسناد باید به زبان ترکی باشد. من در جواب گفتم پس به رفیق ژنرال بفرمایید به من که اصلاً ترکی بیل‌میرم، اجازه‌ی مرخصی بدهند. انگار بهش برخورد. چون با خشونت جواب داد: نخیر، رفیق ژنرال می‌فرستدت یک کلاس مخصوصی که ترکی یادت بدهند. وقتی رفت، رفیقم که آن‌جا بود گفت: سیف‌السلطنه، گند زدی! باید می‌گفتی چَشم. خدا بهت رحم کند! چون زندان سیبریه روی شاخت است. سیبریه با شصت درجه زیر صفرکه می‌گویند، بی‌ادبی است، زهراب توی نفس آدم یخ می‌بندد! خیلی ترسیدم. گفتم این‌ها که حرف حالی‌شان نمی‌شود. می‌روم پیش فرمانده قشون روس که دستور بدهد مرا برگردانند تهران. پرسیدم، گفتند فرمانده روسی سرهنگ ولی‌اف است ولی رفته تبریز تا سه روز دیگر برنمی‌گردد. چون شنیدم دارند همه اداره‌جاتی‌ها را می‌گیرند، تصمیم گرفتم یک جائی قایم بشوم تا سرهنگ برگردد...

سردار حشمت، شوهر عمه‌جان قمرالدوله پرسید:

شما سرهنگ ولی‌اف را می‌شناختید؟

نه. ولی او مرا وقتی می‌گفتم پسرامیرالامرا هستم، می‌شناخت.

ازکجا می‌دانستید که سرهنگ مرحوم امیر را می‌شناخته؟

نمی‌دانستم ولی تردیدی نداشتم. چون این‌ها همه‌شان مرحوم امیر را می‌شناختند. لااقل از شهرت می‌شناختند. اخوی رکن‌الدوله می‌گفتند مرحوم امیر آن موقع که تبریز بودند، جمعه‌ها که می‌نشستند و اعیان به دیدن‌شان می‌رفتند، این استالین هم، که آن موقع در تبریز درشکه‌چی بود، مکرر خدمت‌شان آمده بود.

عبدالحمید میرزا که کنار من نشسته بود، زیر لب گفت:

لابد یک وقت‌هایی لنین را هم با خودش می‌آورده خدمت مرحوم امیر!

عموجان ادامه داد:

برای مشورت سری به صارم رفیق ایلیاتی‌ام که زنجان خیلی دوست و آشنا داشت، زدم. تا مطرح کردم، گفت چرا در زنجان؟ من دارم می‌روم قیدار، بیا برویم چند روز مهمان من باش تا آب‌ها از آسیاب بیفتند. درد سرتان ندهم، شبانه راه افتادیم. ملک و خانه‌اش در تقی‌آباد قیدار جایی بود که دست فلک بهش نمی‌رسید. خودش و زن و بچه‌اش چه پذیرایی کردند! از آن موقع تا حالا گفتیم و خوردیم و خوابیدیم.

عموجان احتشام‌الدوله آهسته پرسید:

آن دواتان را چه می‌کردید؟

عموجان علی‌اصغرخان هم آهسته جواب داد:

جای شما خالی، نمی‌دانید چه دوائی داشتیم! مال ماهان به گردش نمی‌رسید

که معلوم شد همان موقعی که خانم عفت‌السلطنه برای برادر در شصت درجه زیر صفر ندبه و ناله می‌کرد، اوکنار حرارتی بیش از شصت درجه بالای صفر بوده است. چند روز بعد از این جلسه‌ی شادمانی بازگشت به سلامت، حین عبور، چشمم به عکس عموجان علی‌اصغرخان در یک روزنامه افتاد. خریدم. از روزنامه‌های موسمی آن دوران بود که هر وقت پول و پله‌ای به دست مدیرش می‌رسید، منتشر می‌شد. زیر عکس‌ها از عموجان به عنوان یکی از پاسداران معبد مقدس زبان فردوسی، نام برده و در مقاله‌ای نوشته بود با تمام فشار فرقه‌ی جدائی‌طلب دمکرات و ارتش سرخ، سیف‌السلطنه در زنجان، با خطرکردن بسیار، از فرمان تنظیم اسناد و مکاتبات به زبان غیرفارسی سرپیچی کرده و مقاومت و مبارزه در راه حفظ زبان فارسی را بی‌محابا ادامه داده است. و آنگاه که راه مبارزه در زنجان را بسته دیده، در خارج از حیطه‌ی قدرت بیگانه‌پرستان پی گرفته است. این شخصیت میهن‌پرست، روح مقاومت و مبارزه را از پدرگرانقدرش، بزرگ‌مرد تاریخ معاصر ایران، امیرالامرای اول به ارث برده است. مرحوم امیرالامرای قاجار قوانلو، از درباریان منوّرالفکری بود که در انقلاب مشروطیت به حمایت از مشروطه و مبارزه با استبداد کمر بستند و از هیچ کمکی به آزادی‌خواهان و سران نهضت مشروطه دریغ نکردند. مقاله با این تکریم شایسته ختم می‌شد: از ایران جز آزاده هرگز نخاست.

من در تألیفات و اسناد فراوان وگوناگون مشروطیت از مبارزه‌ی مرحوم امیرالامرا به طرفداری از مشروطیت اثری ندیدم. تنها جایی که

دیدم از او یاد شـــده بود در خاطرات صدرالاشراف بود. توضیح آن که سال ۱۳۲۴ که صدرالاشراف نخست‌وزیر شد، دوران آزادی مطبوعات بود. مخالفانش در روزنامه‌ها به عنوان «مســـتنطق باغشاه» او را مورد حمله قرار دادند. به این شرح که وقتی محمدعلی شاه مجلس را به توپ بســـت و جمعی از مشروطه‌خواهان را در زندان باغشاه زندانی کرد، او به عنوان مســـتنطق، مأمور بازپرسی از آن‌ها شده و برای خوش خدمتی شاه، به زندانیان سخت می‌گرفته و شدت عمل بسیار به خرج می‌داده است. چند سال بعد، صدرالاشراف در خاطراتش، این اتهام را رد کرد و نوشت که من به خلاف این ادعا، کمال محبت را نسبت به زندانیان باغشــاه می‌کردم. ولی امیرالامرا، از دربار می‌آمد و به زجر و عذاب و تبعید آن‌ها اصرار می‌کرد.

مـــن، بعد از خوانـــدن این دفاعیه، البته پاپی نشـــدم که بدانم این امیرالامرا همان مرحوم امیر ما بوده یا دیگری، چون اگر امیر ما بود، به عِرق حمیّت خانوادگی‌ام برمی‌خورد.

نوروز ۱۳۹۰

ناز طبیبان

(درام بهداشتی در چهار پرده با الهام از مولانا)

گفت پیری مر طبیبی را که من
در زَحیرم از دِماغ خویشتن
گفت: از پیریست آن ضعف دماغ
گفت: بر چشمم ز ظلمت هست داغ
گفت: از پیریست ای شیخ قدیم
گفت: پشتم درد می‌آید عظیم
گفت: از پیریست ای شیخ نزار
گفت: هر چه می‌خورم نبود گوار
گفت: ضعف معده هم از پیری است
گفت: وقت دَم مرا دَم گیری است

گفـت: آری، انقطـاع دم بـود
چون رسـد پیری دو صد علت شـود
گفـت: ای احمـق بریـن بـر دوختـی
از طبیبـی تـو همـین آموختـی
ای مُدّمـغ عقلـت ایـن دانـش نـداد
کـه خـدا هـر درد را درمـان نهـاد
تـو خـر احمـق ز انـدک مایگـی
بـر زمـین مانـدی ز کوتـه پایگـی
پـس طبیبـش گفـت ای عمـر تـو شـصت
این غضب وین خشم هم از پیری است

«مولانا»

(دیرزمانی بعد)

پرده اول

در مطب دکتر

بیمارـ ... چه‌قدر از ثروت مملکت خرج تحصیل این آقایان می‌شود که بروند طبیب بشوند بیایند درد مردم را دوا کنند، آن وقت تمام هنرشان این اسـت که هر درد و مرضی را که می گویی، بی‌معطلی می گویند از پیری است. به مرد که مدّمغ نفهم می گویم پشتم درد می کند می گوید از پیری است، می گویم چشمم درد می کند می گوید از پیری است، سوزش

معده دارم، از پیری است. نفسم تنگی می‌کند، از پیری است. آن‌قدر گفت که ازکوره در رفتم. گفتم، مردکه احمق مدّمغ نادان، جای این که دردهای مردم را درمان کنی، فقط بلدی بگویی از پیری است؟ برای همین است که دور و بر مطبت مگس پر نمی‌زند.

دکترـ به همین عبارت می‌گفت، حاجی آقا؟ می‌گفت از پیری است؟

حاجیـ البته به‌طور سربسته می‌گفت.

دکترـ خوب، چی‌شد؟ این‌ها را که شنید چی گفت؟

حاجیـ هیچی، چی می‌خواستید بگوید؟ این‌ها مگر از رو می‌روند؟ هِرّی خندید و گفت این داد و فریاد و عصبانی شدن هم از پیری است. که دیگر طاقت نیاوردم، پاشدم بی‌خداحافظی در را کوبیدم به هم و آمدم بیرون.

دکترـ شنیدنی است! کی بوده این طبیب که این طور بی‌ملاحظه به شما وصله‌ی پیری چسبانده؟

حاجیـ اسمش را اجازه بفرمائید نگویم. خویش یکی از دوستان ماست. یعنی سراغ شما را گرفتم گفتند یک سالی است که مطب را تعطیل کرده‌اید رفته‌اید خارج.

دکترـ بله، آمریکا بودم.

حاجیـ همین است دیگر! شما تشریف می‌برید آمریکا، ما را با همه‌ی درد و مرضمان می‌گذارید زیر دست این جور آدم‌های مدّمغ!

دکترـ حاجی آقا، تا آن‌جا که یادم هست شما سابقاً برای سرکشی

به شعبه‌ی هامبورگ شـــرکت‌تان، مرتب آلمان می‌رفتید. آن‌جا به فکر نیفتادید برای لااقل پشت دردتان دکتر ببینید؟

حاجی۔ حالا هم می‌روم، البته کمتر. چون شـــعبه‌ی هامبورگ را پسر دومم اداره می‌کند. ولی آن‌جا هم که هستم هر درد و مرضی پیش بیاید تحمل می‌کنم تا برگردم. من دکتری می‌خواهم که وقتی می‌گویم پاهایم گِزگِز می‌کند، یا مور مورم می‌شود، بفهمد.

دکتر۔ البته آن‌جا مشکل زبان هست. ولی برگردیم به‌کسالت و دکتر رفتن اینجاتان. برایم خیلی قابل تعجب است که به شما این طور نسبت پیری داده‌اند. این روزها، هم‌ســالان شما بالای کوه اسکی می‌کنند و شب‌ها توی دیسکوها می‌رقصند.

حاجی۔ این را به این همکار مدّمغتان بگویید.

دکتر۔ گیرم که من مثل شـــما، این همکارم۔ به قول شـــما همکار مدّمغ۔ را سرزنش نمی‌کنم. این آدم از ظاهر شما قضاوت کرده، ولی من تردید ندارم که شکســتگی ظاهری شما هیچ ربطی به سن و سال ندارد و به طور قطع و یقین نتیجه‌ی یک شوک روحی است، یک شوک بزرگ روحی! مسلماً یک اتفاقی، یک حادثه‌ای، یک ضربت روانی، به جسم شما آسیب رسانده. به حافظه‌تان رجوع کنید! خوب فکرکنید! این اواخر یک شوک روحی فوق‌العاده نداشته‌اید؟

حاجی۔ چرا، والله. فکرکردن هم ندارد. پارسال آن تنزل و سقوط یک باره‌ی دلار در مقابل پوند و مارک، خیلی عذابم داد. مدتی خواب به چشمم نمی‌آمد. از غصه، غذا ازگلویم پائین نمی‌رفت.

دکتر- عرض نکردم!؟ بیشتر از این چه می‌خواستید سرتان بیاید؟ تمام رونق و جلای ظاهرتان را توی این مصیبت گذاشته‌اید و به فکر جبرانش هم نیفتاده‌اید. شاید از زور گرفتاری کار متوجهش هم نشده‌اید تا یک مدّمغی پیدا بشود که متوجه‌تان کند. حاجی آقا، چه‌طور غفلت کرده‌اید؟ چه‌طور کسی به شما نگفته که این چین و چروک و این گونه‌های آویخته و این پلک‌های بادکرده‌ی افتاده به اندازه‌ی پانزده سال روی سنّتان انداخته، یا این سر مو ریخته که ...

حاجی- موی سرم که از خیلی پیش ریخته بود.

دکتر- بله، ولی مسلماً طاسی به این شکل نبوده، پوست سرتان این طور چروکیده و پر لک و پیس نبوده. این هم بی‌تردید مال همان سقوط دلار است. ببینم! حالا، خودتان متوجه نشده‌اید، هیچ‌کس هم نبوده که این وضع غیرعادی را، این مصیبت را، به شما تذکر بدهد؟ مثلاً سرکار خانم؟

حاجی- ای آقا! خانم که سال تا سال تو روی من نگاه نمی‌کند.

دکتر- یا یک دوستی، همکاری؟

حاجی- نه والله. هرکس سرش به کار خودش بند است.

دکتر- همین است که تا حالا به فکر جبران این ضایعه نیفتاده‌اید!

حاجی- چه جبرانی؟ مگر این جور ضایعات را می‌شود جبران کرد؟

دکتر- انگار خیلی از دنیا عقب هستید، حاجی آقا! جراحی ترمیمی یکی از بزرگترین قدم‌هایی است که بشر برای جبران خرابکاری‌های

طبیعت برداشته. من، تمام نقائص ظاهری شما را، به عنوان یک متخصص جراحی ترمیمی، قابل جبران می‌دانم.

حاجی‌ـ مگر شما در جراحی هم تخصص دارید؟

دکترـ فوق تخصص دارم. آن دیپلم‌هایی که در اطاق انتظار ملاحظه فرموده‌اید مربوط به تخصص من در جراحی ترمیمی است از بزرگترین دانشگاه‌های آمریکا. این را هم باید عرض کنم که من، بعد از مراجعت از آمریکا دیگر جز برای این رشته مریض نمی‌پذیرم. شما را روی سابقه‌ی قبلی و روابط دوستانه وقت دادم.

حاجی‌ـ خوب، شما چین و چروک را لابد یک جوری اطو می‌کنید. ولی بفرمائید سرطاس را چه‌طور مودار می‌کنید؟ قلمه می‌زنید؟

دکترـ البته متدکاشتن، به قول شما قلمه زدن، هست. ولی طولانی و پر زحمت است. متد اختصاصی من‌ـ که خیلی‌ها هم از من تقلید کرده‌اندـ خیلی ساده است و ظرف مدت کوتاهی انجام می‌شود. من پوست دو طرف سر، یعنی شقیقه‌ها را که مویش نمی‌ریزد، بالا می‌کشم و بالای سر به هم وصل می‌کنم. تمام سر مثل شقیقه‌ها مودار می‌شود.

حاجی‌ـ من اگر هم یک روزی به ترمیم چین و چروک صورت رضایت بدهم، محال است به بالاکشیدن شقیقه‌ها راضی بشوم. چون...

دکترـ اشتباه می‌کنید. اشتباه بزرگی می‌کنید. امروزه سر و زلف آراسته در موفقیت کارکسانی که با مردم سر و کار دارند، مثل هنرپیشه‌ها و مدیران اقتصادی، طوری ثابت شده که بیشترین مشتری کلینیک‌های ترمیم موی سر، بعد از هنرپیشه‌های سینما، بیزنس‌من‌ها هستند، که

می‌خواهند با ظاهر مرتب و تودل برو به مشتری‌های بیشتر و درآمد بیشتر برسند و ضمناً با نقشی که موی سر آراسته در جلب توجه و قلب زنها دارد، از لذت‌های زندگی عقب نمانند. تحقیقات روان‌شناسی ثابت کرده که سر و زلف جذاب بهترین وسیله‌ی نفوذ در دل زنهاست. بفرمائید! توی این مجله این عکس را ملاحظه بفرمائید. این آقا را می‌شناسید؟

حاجی- نه، ولی جوان برازنده‌ی خوش بر و رویی است.

دکتر- هنرپیشه‌ی سینماست. نمی‌دانم فیلم‌هایش را دیده‌اید یا نه، اسمش آلن‌دلون است. این جا زیر عکس نوشته که درباره‌ی علت محبوبیتش بین خانم‌ها همه‌پرسی کرده‌اند. ۶۲ درصد به سر و زلفش رأی داده‌اند. اگر کار فوری نداشته باشید، چند تا اسلایدی که از جراحی ترمیمی من در باب کشت موی سر تهیه شده به شما نشان بدهم که گویاتر از هر توصیفی است.

حاجی- نخیر، کار فوری ندارم. در خدمتم.

پرده دوم
در مطب همان دکتر (دو ماه بعد)

دکتر- بفرمائید، آقا.

حاجی- سلام عرض می‌کنم.

دکتر- جنابعالی؟

حاجی_ بنده؟!... بنده تهرانی، یعنی شما...؟

دکتر_ شما آقازاده‌ی حاجی آقا تهرانی هستید؟

حاجی_ شوخی می‌فرمائید دکتر؟ یعنی شما مرا نشناخته‌اید؟

دکتر_ (خندان) البته که شوخی می‌کنم. بفرمائید بنشینید. ولی حاجی آقا، باور بفرمائیدکه اگر عمل را خودم انجام نداده بودم، محال بود شما را با قیافه‌ی جدید بشناسم. صمیمانه تبریک عرض می‌کنم. تغییر قیافه‌ی شما در جهت وارونه‌ی حکم طبیعت، یعنی جوان شدن، به حدی است که ناچارم بدون شکسته نفسی این شاهکار را به خودم هم تبریک بگویم.

حاجی_ بله، البته نسبت به سابق صورت یک قدری تغییرکرده.

دکتر_ ای حاجی آقا! پا روی انصاف نگذارید. صحبت از یک قدری، بی‌انصافی است. قیافه‌تان به اندازه‌ی دست کم پانزده سال جوان‌تر شده. توی این آینه نگاه کنید! یک دانه از چین‌های پیشانی و گونه‌ها باقی نمانده. آدم حظ می‌کند تو صورتتان نگاه کند.

حاجی_ واقعاً می‌فرمائید؟

دکتر_ من نباید ازکار خودم تعریف کنم. به نظر مردم گوش بدهید. ببینید دیگران چه می‌گویند. حتماً عکس‌العمل نزدیکان‌تان را شنیده‌اید. عکس‌العمل حاجی خانم چه بود؟ وقتی چهره‌ی تازه‌ی شما را دید چه گفت؟

حاجی_ او را ول کنید! او حرفش...

دکتر_ نه. علاقه دارم نظر خانم را بدانم. اولین دفعه که شما را با

صورت تازه دید چه گفت؟

حاجی- گفت شکل حرمله‌ی توی تعزیه شده‌ای.

دکتر- مطمئن بودم. تردیدی ندارم که خانم از این که شما صورت جوان و تو دل بروئی داشته باشید از جهتی ناراحت و ناراضی است. هزار جور فکر و خیال می کند. مدام این طرف و آن طرف می‌شنود که فلان آقا، بعد از این که به شهرت و ثروت رسیده، به اصطلاح وقتی شکمش پیه آورده، زنش را طلاق داده و زن تازه گرفته، طبیعی است که نگران می‌شود.

حاجی- نه، جناب دکتر. خانم هیچ‌وقت مرا جای آن جور آدم‌های بی‌شرف نمی گذارد، شما هم لطفاً نگذارید.

دکتر- از آن نوع بی‌شرفی نترسد، از «خانم کوچیک» و «دختر همسایه» می‌ترسد. حالا خانم به کنار، دیگران چه گفتند؟ بستگان؟

حاجی- هنوز کسی را ندیده‌ام، شرکت هم نرفته‌ام. فقط نوه‌هایم وقتی دیدند خندیدند. خیلی خندیدند.

دکتر- بچه‌ها به هر چیز تازه که می‌بینند می‌خندند. شما هم می‌خواستید بخندید.

حاجی- من نمی‌توانستم. چون بعد از جراحی وضع لب‌هایم یک طوری شده که دیگر نمی‌توانم بخندم.

دکتر- چه‌طور نمی‌توانید بخندید؟ همین‌جا، وارد که شدید وقتی من تظاهر به نشناختن شما کردم، خندیدید. البته اگر منظورتان آن غش‌غش‌های خنده‌ی صدادار بچه‌گانه است، خلاف شأن شماست.

گیرم که آن هم به مرور درست می‌شود.

حاجی- اما چیزی که گمان نکنم به مرور درست بشود، وضع سر و زلف بنده است. رفع طاسی شده ولی زلفم خیلی تُنُک است. آن‌قدر تُنُک که پوست سرم از میان موها برق می‌زند.

دکتر- این مسئله‌ای نیست. سلمانی‌ها سرهای نوع سر شما را رنگ که می‌کنند یک ته رنگ مختصری هم به پوست سر می‌زنندکه زیاد از لای موها برق نزند. ملاحظه کنید، حاجی آقا، ما با همان موجودی موی دو طرف، یعنی موی شقیقه‌ها تمام سرتان را فرش کرده‌ایم. شما وقتی مثلاً هزار اصله درخت دارید، اگر توی باغچه‌ی منزل‌تان بکارید درخت‌ها کیپ هم قرار می‌گیرند. اما اگر بخواهید با همین هزار تا مثلاً میدان شهیاد را درخت‌کاری کنید، از لای درخت‌ها ماشین هم رد می‌شود.

حاجی- ولی آن آرتیستی که عکسش را به من نشان دادید، موهایش خیلی پرپشت بود.

دکتر- حاجی آقا، آن عکس را من برای نشان دادن، اهمیت زلف روی سر به شما نشان دادم. آن موی خودش است. عرض نکردم که سر شما بعد از عمل مثل سر آلن‌دلون می‌شود.

حاجی- بله، ولی برای همین زلف تُنک بنده هم این فرق وسطی که گذاشته‌اید خیلی پهن است، گمانم نوه‌هایم به همین فرق پهن می‌خندیدند. چون اول زل زدند به فرق سرم، بعد زدند زیر خنده، حتی شنیدم یکی‌شان صحبت از اتوبان کرج کرد.

دکتر__ زیاد فکرش را نکنید. پوست دو طرف سرتان بیشتر از این کش نیامد و نشد برسانیم‌شان به هم. ناچار میان‌شان یک باریکه از پوست سابقتان را سرجایش گذاشتیم. از این جهت ناراحت نباشید. خیلی‌ها فرق پهن را می‌پسندند. حتی شنیده‌ام تازگی‌ها در بعضی جاهای آلمان، جوان‌ها وسط سرشان را یک باریکه می‌تراشند که فرق پهن درست کنند.

حاجی__ بگذریم، چون فرموده بودید برای وارسی پوست خدمت برسم، آمدم.

دکتر__ این‌طور که می‌بینم خوشبختانه پوست در حال تجدید حیات است و هیچ اشکالی پیش نیامده است.

حاجی__ اشکال، این ضعف مفرط مزاج بنده است که خیال می‌کنم محتاج تقویت باشم.

دکتر__ برای تقویت‌تان نسخه‌ی ویتامین می‌نویسم.

حاجی__ ویتامین جور واجور فراوان دارم. اگر لطف کنید از این قرص‌های تقویتی که می‌گویند تازگی‌ها اختراع شده، مرقوم بفرمائید، ممنون می‌شوم.

دکتر__ قرص‌های تقویتی؟ ...که تازه اختراع شده؟ ... منظورتان ...؟ آهان! فهمیدم. ببینم! حاجی آقا، نم‌کرده‌ای دارید؟

حاجی__ استغفرالله! ابداً، ابداً ولی به هر حال تکلیف خانوادگی هست.

دکتر__ نفهمیدم، حاجی آقا، از آن قرص‌ها برای مصرف خانگی

می‌خواهید؟ یعنی برای حاجی خانم می‌خواهید؟

حاجی- بله، چه اشکالی دارد؟

دکتر- شاید قصد تجاوز به عنف دارید. چون خانم، با آن تعصب و اعتقادش وقتی قیافه‌ی جدید شما را به خولی تعزیه تشبیه کرده، دیگر...

حاجی- نه‌خیر، به حرمله‌ی تعزیه. ولی حرمله هم نسبت به خانواده‌اش تکالیفی دارد.

دکتر- چی شده؟ چه اتفاقی افتاده که شما بعد از سال‌های سال این‌طور به فکر ادای تکالیف افتاده‌اید؟

حاجی- ادای تکلیف وقت به‌خصوصی ندارد. در تمام دوران زندگی در صورت توقع زن، برای شوهر تکلیف اخلاقی ایجاد می‌شود.

دکتر- یعنی می‌فرمائید خانم در این باب اشاره‌ای کرده‌اند؟ چیزی گفته‌اند؟ برای من قابل تصور نیست که خانم محترم مقدس موقّری، مثل حاجی خانم در این باب از شما چیزی بخواهند یا چیزی بگویند.

حاجی- به صراحت که نه، ولی می‌دانید که خانم‌ها زبان مخصوص‌شان را دارند. مثل ترسیدن از صدای باد و باران و بدخواب شدن از آزار پشه‌ها در چله‌ی زمستان و امثال این‌ها.

دکتر- ولی حاجی آقا، به هر حال اگر منظورتان حاجی خانم است که من چند سال پیش دیده‌ام، هیچ قرصی آن قدر مؤثر اختراع نشده که در انجام این تکلیف نسبت به ایشان بتواند کمکی بکند.

حاجی- حالا لطف بفرمائید نسخه‌اش را بنویسید که اگر نشد ما دیگر مشغول‌الذمّه نباشیم.

دکتر- حالا که اصرار می‌فرمائید، چشم نسخه را می‌نویسم. ولی باید بدانید که این قرصی که می‌فرمائید تازگی اختراع شده، در صورتی مؤثر واقع می‌شود که یک حداقل شوق و ذوقی مانده باشد یا یک کششی و اشتیاقی ایجاد بشود. به عبارت دیگر این دارو در حکم فوتی است که به جرقه می‌کنند تا مبدل به آتش بشود. پس شرط اساسی تأثیرش این است که جرقه‌ای باشد یا ایجاد بشود، که قرص فوتش بکند.

پرده سوم
در مطب همان دکتر (یک هفته بعد)

حاجی- سلام عرض می‌کنم جناب دکتر.

دکتر- سلام، حاجی آقا، چه‌طور است حال شریف؟

حاجی- به مرحمت‌تان، فرموده بودید ماهی یک‌بار خدمت‌تان برسم. با این که هنوز یک ماه نشده، از این طرف رد می‌شدم گفتم بیایم کنترلی بفرمائید.

دکتر- شکر خدا ترمیم در نهایت موفقیت انجام شده روز به روز هم بهتر می‌شود.

حاجی- بله، همین طور است. عرض شود که ...

دکتر- دوستان و همکاران که دیدند چه گفتند؟

حاجی- چیزی نگفتند. ولی عرض شود که ... در مورد آن دوائی که مرحمت فرمودید، باید عرض کنم که ...

دکتر- اثر نکرد، بله؟

حاجی- والله، حقیقتش را بخواهید، نه.

دکتر- مطمئن بودم. خدمت‌تان عرض کردم که این قرص معجزه نمی‌کند. کارش این است که آن‌چنان را آن‌چنان‌تر می‌کند. وقتی با حاجی خانم...

حاجی- اگر از اول آن‌چنان بود که با همان آن‌چنان سر می‌کردیم و دیگر دوا نمی‌خوردیم، دکتر.

دکتر- حاجی آقای عزیز، معلوم می‌شود درست به عرض من توجه نفرمودید. عرضم را تکرار می‌کنم. وقتی یک جرقه‌ای هست، یا به هر حال بر اثر برخورد دو جسم جرقه‌ای ایجاد می‌شود، فوتش می‌کنند که مبدل به آتش بشود وگُر بگیرد. این دوا در حکم همان فوتی است که به جرقه می‌کنند.

حاجی- بله، این را حالیم شد. ولی می‌خواهم عرض کنم که این دوا، که می‌فرمائید حکم فوت را دارد، حتماً درجه‌ی ضعیف و قوی دارد. وقتی آسپرین پانصد چاره‌ی سردرد مریض را نمی‌کند، دکتر چه کار می‌کند؟ آسپرین هزار می‌دهد. این‌جا هم قبول که جرقه را باید فوت کرد و این دوا حکم فوت را دارد. اما فوت داریم تا فوت. یک وقت چای داغ است می‌ریزیم توی نعلبکی فوتش می‌کنیم خنک بشود بخوریم. اما یک فوتی هم هست که می‌خواهید منقل کباب را بگیرانید که باید از ته جگر باشد. شاید این دوا که مرحمت فرمودید و اثر نکرد، از آن فوت نعلبکی چایی است، باید نمره‌ی بعدی‌اش را که مال فوت

منقل کبابی است لطف بفرمائید.

دکترـ والله، با آن منقلی که برای کباب در نظر گرفته‌اید، به فرض این که جرقه‌ای از آسمان هم بیفتد، از فوت منقل کبابی که هیچی، از باد صرصر و طوفان نوح هم کاری ساخته نیست.

حاجیـ شما نسخه‌اش را لطف کنید، یک کاریش می‌کنیم.

دکترـ جناب حاجی آقا، درجه‌ی قوی‌تر آن دوا، به قول شما فوت منقل کبابی، برای قلب‌تان خطرناک است. من به عنوان طبیب نمی‌توانم خطرش را قبول کنم.

حاجیـ اگر خود من خطرش را قبول داشته باشم، چه‌طور؟

دکترـ متأسفم، نمی‌توانم. سعی کنید با همان قرص... چی می‌گفتید؟ فوت نعلبکی چایی برگذار کنید.

حاجیـ برگذار نمی‌شود، آقا! منقل کبابی‌اش را لازم دارم.

دکترـ منقل کبابی ممکن است به قیمت جان‌تان تمام بشود. با جان‌تان بازی نباید بکنید.

حاجیـ جان خودم است می‌خواهم باهاش بازی کنم، با منقل کبابی!

دکترـ (عصبی) می‌خواهید با جان‌تان بازی کنید، آن هم برای کباب گوشت مانده؟! این را از من نخواهید!

حاجیـ (برافروخته) اگر برای گوشت تازه باشد، چی؟

دکترـ به‌به! چی؟ چه‌طور؟ نفهمیدم حاجی آقا! شما که از انجام تکلیف اخلاقی خانوادگی صحبت می‌فرمودید، گوشت تازه به سیخ

کشـیده‌اید؟ پس به اسم حاجی خانم بیچاره از من برای عیش و نوش دوای تقویت می‌گیرید؟!

حاجی‌ـ نه، مسئله به آن صورتی که فکر می‌فرمائید نیست. باید توضیح بدهم. ما یک کارمند قدیمی داشتیم که بعد از یک عمر خدمت در شرکت ما و پیش از آن در تجارت‌خانه‌ی مرحوم پدرم، پارسال فوت شد. روی انسانیت من سرپرستی عیال بیوه‌اش و دو پسرش را بر عهده گرفته بودم. چون ناچار باید مرتباً به آن‌ها سر می‌زدم و این از نظر در و همسایه خوب نبود، از نظر محرمیّت یک صیغه‌ای خواندیم که بعد ...

دکتر‌ـ فهمیدم حاجی آقا، توضیح بیشتر لازم نیست. کاملاً فهمیدم.

حاجی‌ـ یادتان باشد که قول شرف داده‌اید که موضوع بین خودمان بماند.

دکتر‌ـ هنوز نـداده‌ام ولی می‌دهم. خیال‌تان راحـت باشد. پس فرمودید قرص اثر نکرده، معلوم می‌شود باید جرقه‌ی یک حاجی خانم ثانی را فوت می‌کردید. خیلی ببخشیـد حاجی آقا، شما دزدی هم که می‌خواهید بکنید، لنگه کفش کهنه می‌دزدید. هوس خانم کوچیک که می‌کنید، جای یکی از جوانان نوخاسـته‌ای که به قول شاعر با بوسه‌ی شــکرین آدم را جوان می‌کنند، می‌روید یک بیـوه زن جا افتاده، بدل حاجی خانم را پیدا می‌کنید که هیچ قرصی زورش نرسد که ...

حاجی‌ـ نه، دکتر، بدل حاجی خانم نیست. خوش برو و روست.

دکتر‌ـ ولی به هر حال بیوه کُرّه‌دار است که پسرهای گردن کلفتش وقت و بی‌وقت مزاحم خلوت شما هستند.

حاجی‌ـ نه، پسرهایش زیاد گردن کلفت و مزاحم نیستند.
دکترـ چه سنی دارند؟
حاجی‌ـ یکی سه ساله، دومی یک سال و نیمه.
دکترـ پس بیوه زن زیاد پیر نیست که هنوز زنده‌زا می‌کند. چه سنی دارد؟
حاجی‌ـ بیست و سه سال.
دکترـ بیست و سه؟ بیست و سه ساله؟ آن وقت شما برای بیوه زن خوش بر و روی بیست و سه ساله فوت منقل کبابی لازم دارید؟
حاجی‌ـ والله، عرض کنم به حضورتان که...
دکترـ نه، حاجی آقا، چیزی نفرمائید تا من شرح مصیبت شما را خدمت‌تان عرض کنم. راجع به فوتی که صحبتش را می‌کردید یک توضیح بیشتری بدهم. برای این‌که فوت آتش روشن کن باشد، باید جرقه‌ای در وجود شما ایجاد شده باشد. این جرقه چه‌طور ایجاد می‌شود؟ با جرقه‌ی طرف شما. جرقه در وجود طرف شما چه‌طور ایجاد می‌شود؟ با دلبری‌های شما، با کلام زیبای شما، با راز و نیاز دلنشین شما، و از همه این‌ها مهم‌تر با نگاه شما، با نگاه عاشقانه و پرتمنای شما. این همه شعر از تیر نگاه و ناوک نگاه گفته‌اند حرف مفت نیست. مبادله‌ی نگاه، گفتگوی نگاه‌ها و برخوردشان با هم است که جرقه تولید می‌کند. و این امتیازی است که شما از آن محرومید. چون نگاه شما در چشم‌هاتان زندانی است. این پلک‌های سنگین افتاده از یک طرف و دماغ شما از آن طرف، راه نگاه شما را بسته‌اند. ضایعه‌ی بزرگ

آن سقوط یک‌باره‌ی دلار، به‌خصوص بر نگاه شما وارد شده. یادتان هست چه‌قدر اصرار کردم که موافقت کنید این پلک‌ها را که جلوی نگاه‌تان را سد کرده‌اند بالا بکشیم، فرمودید لازم نیست؟ من لزومش را می‌دانستم. به همین جهت بود که اگر خاطرتان باشد گفتم حاضرم عمل بالا کشیدن پلک‌ها را نصف قیمت حساب کنم. گفتید نه، لزومی ندارد. لزومش را حالا احساس می‌کنید که در برابر بیوه‌ی خوش بر و رو و حتماً خوش‌اندام بیست و سه ساله حتی فوت ملایم، به قول خودتان فوت نعلبکی چایی، افاقه نمی‌کند و باید به فوت منقل کبابی متوسل بشوید که آن هم ...

حاجی- یعنی می‌فرمائید این دو تا پلک افتاده این‌قدر به هیکل من ضرر زده‌اند؟

دکتر- هیچ ظالمی این قدر ظلم نکرده که این‌ها به نگاه بیچاره‌ی شما کرده‌اند. حاجی آقای عزیز پول ماهانه و خرج خوراک و مسکن و لباس ایجاد شوق و علاقه و تولید جرقه نمی‌کند. می‌ماند احساس اشتیاق شما، که آن را هم نمی‌توانید به طرف برسانید. چون پیغام‌بر اصلی‌تان، یعنی نگاه‌تان، زندانی است.

حاجی- اگر واقعاً مصلحت می‌بینید، عمل پلک‌ها را هم ترتیب بدهید. زندانی را خلاص کنید. ببینیم چه می‌کنید. پس وقتش را زودتری تعیین بفرمائید.

دکتر- این تصمیم عاقلانه‌تان را تبریک می‌گویم. وقت برای روز هشتم، یعنی هشت روز دیگر تعیین می‌کنم.

حاجی‌ـ خیلی ممنون، دکتر، ضمناً می‌خواستم عرض کنم که ...
دکترـ کارهای فوری پیش آمد از عوارض مزاجی شما غافل ماندیم. می‌خواستم شما را به دکتر متخصص معرفی کنم. فرمودید چی بود بیماری‌هاتان؟ پشت درد و زخم معده و ...؟

حاجی‌ـ نفس تنگی. اما می‌خواستم عرض کنم که ...
دکترـ همه همین‌ها بود؟

حاجی‌ـ چشم درد هم بود. اما می‌خواستم عرض کنم که ...
دکترـ چند دقیقه تأمل کنید، من این نامه‌ی دکتر متخصص را تمام کنم، فرمایش‌تان را بعد بفرمائید.

حاجی‌ـ بسیار خوب، بعد عرض می‌کنم.

دکترـ بفرمائید! با این نامه‌ی من، تشریف می‌برید پیش دکتری که آدرسش را نوشته‌ام. تجزیه‌ها و عکس‌ها را می‌برید. مطمئن باشیدکه از این دردها خیال‌تان را راحت می‌کند. چون بهترین متخصصی است که در زمینه‌ی امراض شما در مملکت داریم. حالا فرمایش‌تان را بفرمائید!

حاجی‌ـ می‌خواستم عرض کنم که شما امروز با من مرافعه می‌کردید که چرا می‌خواهم جانم را برای کباب گوشت مانده به خطر بیاندازم. حالا که فهمیده‌اید برای گوشت تازه است، نسخه قرص قوی‌تر را مرقوم می‌فرمائید؟

دکترـ نه، حاجی آقا. حداکثر از همان قرص دفعه‌ی پیش می‌توانم بنویسم. همان قرص به قول شما استکان چایی.

حاجی‌ـ نعلبکی چایی! بسیار خوب، بنویسید ببینم شاید این دفعه ...

پرده چهارم
در مطب همان دکتر (دو روز بعد)

حاجی‌ـ ... بله، تا دم مطبش هم رفتم. آنجا روی پاکت را خواندم ـ که از حواس پرتی نخوانده بودم ـ دیدم ای داد بیداد! این همان دکتر مدّمغی است که هر چه گفته بودم، گفته بود از پیری است.

دکترـ چرا نرفتید تو؟ دیگر وصله‌ی پیری که نمی‌توانست به شما بچسباند!

حاجی‌ـ من از درد و مرض بمیرم محال است پیش این مدّمغ بروم.

دکترـ مشکلی نیست. تشریف داشته باشید به یک دکتر دیگر معرفی‌تان کنم.

حاجی‌ـ بسیار ممنون می‌شوم. ولی یک چیزی را می‌خواستم خدمت‌تان عرض کنم که ...

دکترـ بفرمائید. ولی امیدوارم باز مسئله استکان چایی و منقل کباب نباشد.

حاجی‌ـ چرا. اتفاقاً مسئله همان‌است. می‌خواستم عرض کنم که نسخه‌ی مرحمتی با فوت نعلبکی چایی افاقه نکرد.

دکترـ یعنی شما، همین دو روز باز امتحان کردید؟ پس، از در مطب دکتر مدّمغ یکسر رفتید به دست‌بوس بیوه زن!

حاجی‌ـ بله، بالاخره تکلیف اخلاقی دارم.

دکتر ـ حاجی آقا، عذر می‌خواهم اگر به زندگی خصوصی شما دخالت می‌کنم ولی ببینید یک وقتی سر و کار شما با حاجی خانم بود و تکالیف اخلاقی‌تان فقط مربوط به جیبتان اما حالا که سر و کارتان با خانم کوچیک خوش بر و روی بیست و سه ساله افتاده، باید یک فکر اساسی بکنید، دائماً که نمی‌توانید به دوا متوسل بشوید تازه می‌بینید که فوت استکان چایی هم ...

حاجی ـ نعلبکی چایی ...

دکتر ـ که فوت نعلبکی چایی هم افاقه نمی‌کند. فوت منقل کبابی هم برای قلب شما ضرر دارد. پس تنها چاره این است که به جای فوت دنبال خود جرقه بروید. تکرار می‌کنم. آنچه در آن خانم جرقه ایجاد می‌کند و در نتیجه‌ی جرقه‌ی او به جرقه‌ی شما بدل می‌شود، آن هیأت ظاهر شما و خصوصیات جسمانی شماست که باید به دل او بنشیند. یک تصمیم عاقلانه گرفتید که بالا کشیدن پلک‌ها برای بازکردن راه نگاه است، که برای هفته‌ی آینده قرارش را گذاشتیم. به اعتقاد من، حالا که به اطاق عمل می‌رویم اجازه بدهید نگاه شوق و تمنای شما را که از زیر بار پلک‌ها خلاص می‌کنیم، از مزاحمت دماغ متجاوز هم آزاد کنیم. جمع و جور کردن دماغ عریض و طویل شما، نه تنها پرده از روی نگاه‌تان کنار می‌زند که به صورت شما یک حالت انرژی و تحرک و قاطعیت می‌دهد که در جلب علاقه‌ی زن‌ها از هر چیز مؤثرتر است. از نظر اقتصادی هم به صرفه‌ی شماست که هر دو عمل یک موقع انجام بشود.

حاجیـ قبول دکتر جان. ولی نمی‌شـــود استثنائاً یک نسخه فوت منقل‌کبابی هم مرقوم بفرمائیدکه تا موقع عمل شاید ما را اداره کند.

دکترـ نه، حاجی جان، این چهار پنج روز را هم صبرکنیدکه بعد از عمل انشاءالله برای همیشه نعلبکی چایی و منقل‌کباب را دور بریزید.

حاجیـ اگر بعد از عمل باز دیدیم که ...؟

دکترـ مهم نیست. تشریف می‌آورید برای خواباندن گوشهاتان، که آن‌هم در باب جرقه بی‌تأثیر نیست، یک فکری می کنیم.

پاریس نوروز ۱۳۸۷

> این حکایت بیست سال پیش در جزوه‌ای با تیراژ خصوصی در کنار چند حکایت دیگر منتشر شد. آن حکایت‌ها بعداً در مجموعه‌ی رستم صولتان جا گرفتند و انتشار مکرر یافتند. در آن میان این یکی از قلم افتاده بود.

مأموریت ژنرال

یکی از روزنامه‌های فارسی زبان لندن، ترجمه‌ی مصاحبه‌ی آقای اردشیر زاهدی با آندرو ویتلی، گزارشگر بی.بی.سی.- راجع به وقایع روزهای بحرانی سال ۱۳۵۷- را درج کرده بود. این تیتر درشت آن توجه بنده را جلب کرد:

«سفر هویزر امرای ارتش را سر درگم کرد. یکی از آن‌ها پیش من آمد و گفت مرا بکشید، آن‌ها نمی‌توانستند هضم کنند که هویزر به آن‌ها بگوید به شاه خودشان وفادار نباشند»

فکر کردم حتماً غلط چاپی است. مگر می‌شود یک امیر ارتش پیش یک نفر برود و بگوید: مرا بکشید! به متن مراجعه کردم. دیدم نخیر، اشتباه چاپی نیست. سؤال و جواب این‌طور بوده است:

«ویتلی- در آخر کار، شاید مأموریت ژنرال هویزر اثر منفی داشت

و به هم پاشیدن روحیه‌ی ارتش انجامید.»

«زاهدی ـ من کاملاً با شما موافقم. بسیاری از امرا نزد من می‌آمدند. یکی از آنان از من خواست که او را با تیر بزنم. سفر ژنرال هویزر به ایران آنان را سردرگم‌ترکرده بود. آن‌ها فکر می کردندکه مأموریت او این است که به آن‌ها بگوید «به پادشـــاه خودتان وفادار نباشید» و آن‌ها قادر به هضم موضوع نبودند.»

* * * *

حیرت‌انگیز است! باورکردنی نیست! ولی دلیلی هم نداریم که در صحت قول راوی تردیدکنیم. چه نفعی می‌تواند داشته باشدکه در این باب خلاف واقع بگوید؟

این مسأله از چند روز پیش، فکر بنده را به خود مشغول داشته است.

اولاً موضوع ســـاده‌ای نیست. درست فکرش را بکنید: یک امیر ارتـــش، چون فکرکرده ژنرال آمریکایی مأموریت دارد به او بگوید «به پادشـــاه خودت وفادار نباش»، به فکر خودکشی، آن‌هم خودکشی به دست دیگری می‌افتد!

آخر، اگر پادشاه این‌قدر عزیز است که فقط پیشنهاد وفادار نبودن به او، امیر ارتش را به فداکردن حیات گرانمایه مصمم می کند، طبیعی‌ترش این است که ابتدا، پیشنهاد دهنده را بکشد، بعد به فکر خودکشی بیفتد، حالا، آن هنر را نکرده، یا نتوانسته بکند و می خواهد خودش را به تلافی این کوتاهی، نابودکند. چرا به ســـراغ دیگری، آن‌هم یک غیر نظامی، می‌رود و از او چنین درخواست نامعقولی می کند؟

از طـرف دیگر، در فکرم که ایـن امیر متقاضی تیر خوردن، به چه حسابی و به چه نحوی و چه زبانی این درخواست خود را مطرح کرده است. این هم مساله ساده‌ای نیست که آدم برود، ابتدا به ساکن، یقه‌ی یکی را بگیرد که آقا، بیا مرا بکش!

شما در منزل‌تان نشسته‌اید. در می‌زنند.ــ کیه؟ امیر ارتش.ــ چه فرمایشی دارید؟ــ لطفاً مرا با تیر بزنید!

یا شما، اگر خدای نخواسته، به هر دلیلی، یک روز پیش یک نفر بروید و بلامقدمه بگویید: آقا، خواهش می‌کنم مـرا با تیر بزنید! به احتمال قوی، خیلی هم که صبور و باگذشت باشد و پلیس و بیمارستان خبر نکندــ خیلی ببخشیدــ به‌جای یک تیر، یک پس گردنی به شما می‌زند و از خانه‌اش بیرون‌تان می‌اندازد که برایش دردسری درست نکنید

پس کار پیچیده‌ای است. مقدمه‌چینی می‌خواهد، دلیل و برهان می‌خواهد، مجیزگفتن می‌خواهد، خواهش و تمنی می‌خواهد، و حتی تحمل شنیدن بد و بیراه می‌خواهد.

نتیجه این که بنده، برای هضم این موضوع، سـعی کردم صحنه‌ی دیدار این امیر با آقای زاهدی وگفتگوی آن‌ها را تصورکنم.

این تصور بنده از آن دیدار اسـت. شما اگر بتوانید صحنه را جور دیگری مجسم کنید، نمی‌دانم، در هر حال، به‌نظر بنده، این خودکشی به دست غیر، به هیچ حسابی جور در نمی‌آید، مگر ...

صحنه‌ی اول: در منزل تیمسار

(تیمسار با تلفن مشغول صحبت است)

تیمسار ـ ... نه‌خیر آقا... البته بنده هم اطلاع دارم، ولی قطعی نیست. سعی می‌کنیم منصرف‌شان کنیم. تازه منصرف هم که نشوند، تشریف می‌برند و چند هفته بعد به سلامتی مراجعت می‌فرمایند ... نه‌خیر، مگر ۲۸ مرداد نبود که آدم‌های ضعیف خودشان را باختند، بعد هم دیدید که با چه تشریفات باشکوهی مراجعت فرمودند. تا ما هستیم و تا این قطره خون در رگ‌هامان... بله؟ ... اختیار دارید! مگر ممکن است آمریکا این دوست وفادار و این تنها جزیره ثبات در منطقه را ول کند به امید خدا؟ آن هم، با آن خرس شمالی که مترصد افتادن میوه‌ی رسیده است! ... نه‌خیر، خاطر جمع باشید. آن‌ها را ول کنید! ما که هستیم ... حالا بعد مفصل صحبتش را می‌کنیم، پای تلفن نمی‌شود... نه‌خیر، امشب نمی‌توانم. امشب از قضا، با یکی از محارم اعلیحضرت قرار دارم. البته سعی می‌کنم اگر خبر پشت پرده‌ی تازه‌ای بود، از ایشان بگیرم... نه، می‌ماند برای فردا صبح... نه، ساعت یازده و نیم تشریف بیاورید که از همان جا برویم ناهار، قرار ناهارمان که همان جای آن دفعه است؟ ... بسیار خوب ... نه، زودتر نمی‌توانم، وعده دارم... بسیار خوب، قربان شما، تا فردا ساعت یازده و نیم.

صحنه‌ی دوم: در منزل زاهدی

زاهدی- نه‌خیر، خواهش می کنم، تیمسار. ولی چون آن‌قدر تأکید کردیدکه موضوع سـرّی و حیاتی است و هیچ کس در اطراف نباشد، مستخدمین را به بهانه‌ای بیرون فرستادم. نتیجه این که کسی نیست یک فنجان چای خدمت‌تان بیاورد.

تیمسار- هیچ لزومی ندارد. بنده فقط صبح‌ها یک استکان چای کمرنگ می‌خورم که بیشتر قنداغ است تا چای، شب که اصلاً و ابداً.

زاهدی- پس، از این پسته و آجیل میل بفرمایید!

تیمسار- نه، مرسی. طبیب، به‌خاطر اسیداوریکم، پسته و انواع آجیل را برای بنده قدغن کرده.

زاهدی- هر طور راحتید. خوب، می‌فرمودید.

تیمسار- جناب آقای زاهدی، جنابعالی حتماً از مراتب ارادت و اخلاص بنده نسبت به مرحوم تیمسار اطلاع دارید.

زاهدی- بله، بله، البته.

تیمسار- یعنی بایدگفت که ارتباط بنده با مرحوم تیمسار در واقع یک رابطه مرید و مراد بود.

زاهدی- لطف دارید؛ خیلی ممنونم.

تیمسار- البته در جریان قیام ملی ۲۸ مرداد بنده متأسفانه در ایران نبودم تا امکانات ناقابل خودم را در خدمت هدف مقدس ایشان قرار

بدهم. ولی به محض مراجعت به دست‌بوس‌شان رفتم و عرض کردم سرباز در اختیار فرمانده است و آماده‌ی هرگونه فداکاری و جانفشانی. ایشان هم خیلی اظهار مرحمت و عنایت فرمودند.

زاهدیـ خیلی ممنون، ولی...

تیمسارـ به‌نظر بنده، اگر بشود در طول تاریخ سه هزار ساله این کشور، از سه نفر به عنوان قهرمانان عظمت و افتخار این سرزمین آریایی اسم برد، اول شاهنشاه آریامهر، بعدکوروش کبیر و سومی بدون شک مرحوم تیمسار بودند.

زاهدیـ خیلی متشکرم، تیمسار، ولی چون من باید آخر شب شرفیاب بشوم، ممنون می‌شوم که امرتان را بفرمایید.

تیمسارـ صد در صد در خانه تنها هستیم؟

زاهدیـ صد در صد!

تیمسارـ یک تقاضایی از حضورتان دارم که ممکن است در وهله‌ی اول به‌نظرتان عجیب بیاید. اما قبلاً باید به بنده قول بدهیدکه اگر انجام تقاضایم برایتان مقدور نبود، موضوع بین بنده و جنابعالی کاملاً محرمانه بماند.

زاهدیـ چشم، اطاعت می‌کنم. قول می‌دهم.

تیمسارـ یعنی، هم از نظر شخص بنده و هم از نظر مصالح مملکتی، در این ایام پرآشوب، ضرورت داردکه موضوع کاملاً محرمانه و به‌اصطلاح تاپ‌سیکرت بماند.

زاهدیـ البته، البته، خاطرتان جمع باشد.

تیمسار_ یعنی هیچ‌کس نباید از این ملاقات ما مطلع شود. این که عرض می‌کنم هیچ‌کس، البته و صد البته، هیچ‌کس شامل ذات مبارک ملوکانه نمی‌شود. چون هیچ سربازی نمی‌تواند رازی را از فرمانده معظم خودش پنهان کند.

زاهدی_ البته، البته.

(تیمسار ناگهان اسلحه کلت خود را از جلد بیرون می‌کشد)

زاهدی_ (نگران) این چیه؟ ... چرا... چرا... چرا شش‌لول می‌کشید؟ مگر خدای نکرده...؟

تیمسار_ نه، نگران نباشید، موضوع چیز دیگری است.

زاهدی_ موضوع چیه، تیمسار؟

تیمسار_ موضوع این است که آمده‌ام از حضورتان تقاضا کنم، به پاس ارادت بنده به مرحوم تیمسار و لطف و عنایتی که ایشان به بنده داشتند، قبول زحمت بفرمایید و بنده را با این کلت بزنید.

زاهدی_ هیچ نمی‌فهمم.

تیمسار_ مسأله‌ی بغرنجی نیست. تقاضا می‌کنم بنده را با تیر بزنید.

زاهدی_ یعنی بزنم بکشم؟

تیمسار_ بله، قربان.

زاهدی_ شوخی می‌فرمایید؟

تیمسار_ نه‌خیر، خیلی جدی عرض می‌کنم.

زاهدی_ یعنی واقعاً می‌خواهید...؟

تیمسار_ بله، واقعاً.

زاهدی- مگر خدای نکرده ... آخر یعنی چه؟ چرا؟ به چه علت؟

تیمسار- وقتی قبول کردید علتش را عرض می کنم.

زاهدی- تیمسار، من هنوز باور نمی کنم که جدی حرف می‌زنید، یا من حالم سر جا نیست یا جنابعالی ... اجازه بفرمایید بنده یک گیلاس ویسکی برای خودم بریزم شاید ... برای جنابعالی هم بریزم؟

تیمسار- نه‌خیر، متشکرم، دکتر به‌خاطرکولسترولم، مشروبات الکلی را قدغن کرده.

زاهدی- تازه، اگر شما واقعاً می‌خواهید بمیرید، چرا خودتان زحمت تیراندازی را تقبل نمی‌فرمایید؟ ما خودکشی شنیده بودیم، اما خودکشی به‌وسیله یکی دیگر را نشنیده بودیم!

تیمسار- والله، مسأله این است که بنده وقتی در ژاندارمری بودم یک گروهبان که قصد خودکشی داشت یک گلوله به مغزش شلیک کرد ولی نمرد و از مرگ نجاتش دادند. اما تا آخر عمر فلج بود و سربار خانواده‌اش. فکرکردم یکی دیگر می‌تواند اگرگلوله اول کاری نبود یک گلوله دوم هم شلیک کند.

زاهدی- دوگلوله خودکشی به مغز هم در تاریخ خودکشی‌ها سابقه ندارد.

تیمسار- سرعت تیراندازی بنده در تمام ارتش مشهور خاص و عام است. بنده اوائل خدمتم فرمانده‌ی گردان مسلسل ضدهوایی بودم.

زاهدی- اگر این‌قدر سرعت دارید، خودتان دو تا گلوله شلیک کنید! اگر سرعتش را دارید، لابد یک چیزی کم دارید. این کار یک

قدری جرأت و شهامت لازم دارد.

تیمسار- خواهش می‌کنم! در هر چیز بنده شک می‌کنید در جرأت و شهامتم شک نفرمایید! بنده در ژاندارمری که بودم، در میدان‌های جنگ با اشرار...

زاهدی- پس چرا برای خودکشی منت دیگری را می‌کشید؟ راستش را بگویید، قضیه از چه قرار است؟

تیمسار- ناچارم مشکل اساسی را بی‌پرده عرض کنم. علت این که شخصاً اقدام نمی‌کنم، اوامر مطاع مبارک ملوکانه است، که به همه‌ی ما، به‌خصوص به شخص بنده، دستور اکید فرموده‌اند یک قطره خون نباید ریخته شود و می‌دانیدکه برای سرباز، چه فرمان یزدان چه فرمان شاه.

زاهدی- منظور ایشان خون مردم بوده. خون خودتان که اختیارش دست خودتان است. وانگهی اگر همچو دستوری داده‌اند، شامل حال من هم می‌شود. تازه، شما تیرانداز بهتر از من پیدا نکرده‌اید؟ آخر چرا من؟ چرا من که خدمت وظیفه هم نرفته‌ام و به عمرم به یک تفنگ یا طپانچه دست نزده‌ام؟

تیمسار- جناب آقای زاهدی، نمی‌دانم شما به روح عقیده دارید یا نه، ولی من اعتقاد دارم و مطمئنم اگر به دست فرزند یک قهرمان ملی شاه‌پرست کشته شوم، تا ابدیت روحم با آرامش و شادی قرین خواهد بود. تیراندازی از فاصله نزدیک هم...

زاهدی- خدا پدرتان را بیامرزد، تیمسار! حساب‌های عجیبی

می‌کنید! مملکت آتش گرفته، شما فکر آسایش روح‌تان هستید!

(از بیرون خانه صدای تظاهرات شنیده می‌شود: «ما همه سرباز توایم خمینی»)

زاهدی- بفرمایید! خدا از آسمان رساند. یک نوک پا تشریف ببرید بیرون توی این جماعت، به یک چشم بهم زدن، بی‌منّت، منظورتان را انجام می‌دهند.

تیمسار- بروم که فردا بگویند یک امیر جانباز شاهنشاه به دست اراذل و اوباش، با چوب و چماق کشته شد؟!

زاهدی- والله تیمسار، یا من یک چیزیم می‌شود یا شما! به نظرم بهتر این است که شما، علیرغم اسیداوریک وکولسترول، یک گیلاس ویسکی میل بفرمایید شاید متوجه بشویدکه چه می‌فرمایید و چه تقاضایی از من می‌کنید. آخر عقل و شعور هم چیز خوبی است. من بیایم در خانه‌ی خودم یک تیمسار را بکشم؟!

تیمسار- اگر قبول بفرمایید، محل اجرا را جای دیگری قرار می‌دهیم. مثلاً پشت همین باغ شما بیابان و تپه ماهور است. در خدمت‌تان می‌رویم دویست سیصد قدم بالاتر، آن بالا، روی ماهتان را می‌بوسم و عرض خداحافظی می‌کنم. بعد از یک مختصر دعای نیایش برای سلامت و عزّت و شوکت ذات مبارک ملوکانه، جنابعالی درست این‌جا را نشانه می‌گیرید و ماشه را می‌کشید.

زاهدی- این‌جا یا جای دیگر، بالاخره آدم‌کشی است، قتل است. قاتل هم ...

تیمسار_ کسی چه می‌فهمد کار شماست؟ مطلقاً هیچ‌کس خبر ندارد که من امشب پیش شما آمده‌ام. وانگهی...

زاهدی_ این چه حرف سبکی است که می‌زنید! کسی هم نفهمد، خودم که می‌فهمم. اصلاً از جنبه‌ی مسؤولیت قانونی‌اش هم...

تیمسار_ اولاً مسؤولیت شما مطلقاً مطرح نیست. بعد از شلیک، اثر انگشتتان را از روی اسلحه پاک می‌کنید. بعد، دسته‌اش را می‌گذارید توی دست من. ثانیاً، من یک نامه، در دو نسخه نوشته‌ام که یکی منزل است یکی هم در جیبم، که تمام مسؤولیت را شخصاً به عهده گرفته‌ام. اگر اجازه بفرمایید برایتان بخوانم.

زاهدی_ نه‌خیر، هیچ لازم نیست بخوانید. من اصلاً آمادگی شنیدن این مهملات بچه‌گانه را ندارم.

تیمسار_ اگر اجازه بفرمایید بخوانم، علت را هم که استفسار می‌فرمودید، خواهید دانست.

زاهدی_ نه‌خیر اجازه نمی‌دهم.

تیمسار_ شما را به روح مرحوم تیمسار اجازه بفرمایید! خیلی کوتاه و مختصر است.

(تیمسار، ایستاده به‌حالت خبردار، نامه را می‌خواند)

«خدا شاه میهن،

در این لحظات خطیر که اعلیحضرت همایون شاهنشاه آریامهر بزرگ ارتشتاران فرمانده، قصد ترک میهن عزیز را داشته و ژنرال

آمریکایی هویزر به کشور ما مسافرت نموده و فکر می کنیم مأموریت دارد به ما، امیران جان برکف، بگوید که به پادشاه خود وفادار نباشید، این جانب یک امیرجان برکف ارتش شاهنشاهی، پاسخاً به این ژنرال اعلام که قادر به هضم این موضوع نبوده و به پادشاه خود وفادار مانده و با توجه به فرموده فردوسی:

مرا مرگ بهتر از آن زندگی

که سالار باشم کنم بندگی

در عین سلامت عقل و هشیاری، آگاهاً به زندگی خود، در حال ادای احترام نظامی در برابر تمثال مبارک ملوکانه، خاتمه و صریحاً اعلام که هیچ کس مسؤول مرگ من نبوده و شخصاً مسؤولیت آن را به عهده گرفته و در این دم آخر با صدای رسا فریاد می‌زنم:

جاوید شاه»

البته بعد از امضاء، نام و نام‌خانوادگی و اسم پدر و شماره‌ی شناسنامه و سمت را ذکرکرده‌ام.

زاهدی_ (خوشحال) پس به این ترتیب، صد در صد روشن است که باید اجرای این تصمیم را به بعد موکول کنید.

تیمسار_ چرا؟ به چه علت؟

زاهدی_ مگر قرار نیست در برابر تمثال مبارک ملوکانه خودکشی کنید یا، به خیال شما، من شما را خودکشی کنم؟ خوب، ایراد اینجاست که تمثال مهیا نیست. این‌جا، این اتاق‌های ما را همین دو سه روزه

رنگ می‌کردند، تمثال اعلیحضرت را گذاشته‌اند توی زیرزمین کلیدش هم پیش نوکر ماست که امشب مرخصش کرده‌ام. تازه، اگر هم بود فایده نداشت چون تمثال خیلی بزرگ است که با قابش چهل پنجاه کیلو وزن دارد. دو نفری هم سرش را می‌گرفتیم، زورمان نمی‌رسید تا بالای تپه ببریمش.

تیمسار__ این البته اشکال عمده‌ای است. اگر می‌دانستم از منزل یک تمثال همراه می‌آوردم. ولی این هم مهم نیست. چون تصویر اعلیحضرت در تمام سلول‌های مغز من هست، در جانم... گرچه... گرچه (در جیب‌های خود می‌گردد) گرچه، این اشکال هم برطرف شدنی است (یک اسکناس صدتومانی از جیب در می‌آورد و روی میز می‌گذارد) این هم تمثال مبارک ملوکانه. دیگر بهانه نگیرید!

زاهدی__ مقابل تمثال روی اسکناس می‌خواهید خودکشی کنید؟!

تیمسار__ چه فرقی می‌کند؟ تمثال بزرگ و کوچک ندارد. گرچه ... (اسکناس هزار ریالی را در جیبش می‌گذارد و به‌جای آن یک اسکناس ۲۰ ریالی بیرون می‌آورد.)

گرچه این اسکناس‌های کوچک تمثال‌شان انگار شکیل‌تر و روشن‌تر است.

زاهدی__ از این اشکالات عملی خودکشی که بگذریم، تازه می‌رسیم به علت تصمیم شما. این‌طور که می‌گویید، به‌خاطر آمدن ژنرال هویزر به ایران تصمیم به خودکشی گرفته‌اید.

تیمسار__ بله، برای یک امیر فدایی شاهنشاه، دیگر زندگی چه

ارزشی دارد وقتی یک ژنرال خارجی سرش را بیندازد پایین و بیاید در مملکت و ...

زاهدی_ تیمسار، لطفاً قسمت مربوط به مسافرت ژنرال هویزر را یک‌بار دیگر بخوانید!

تیمسار_ (می‌خواند) «... و ژنرال آمریکایی هویزر به کشور ما مسافرت نموده و فکر می‌کنیم مأموریت دارد به ما، امیران جان برکف، بگوید به پادشاه خود وفادار نباشید، اینجانب...»

زاهدی_ تا همین جا کافی است. شما فکر می‌کنید که مأموریت دارد به شما بگوید به پادشاه خودتان وفادار نباشید، یا واقعاً گفته است؟

تیمسار_ فکر می‌کنیم مأموریت دارد بگوید.

زاهدی_ فکر می‌کنید که حرف نشد. شاید اصلاً نگفت!

تیمسار_ آمدیم وگفت؟!

زاهدی_ اگر هم گفت وحی منزل که نیست. وفاداری هم که به فرمان کسی نیست. اگر فردا یکی بیاید به شما بگوید که مثلاً به خانم‌تان وفادار نباشید، چه می‌کنید؟

تیمسار_ می‌زنم توی دهنش. با تعصب ناموسی ما نمی‌شود شوخی کرد!

زاهدی_ خوب، این ژنرال هم اگر گفت، بزنید توی دهنش! چرا این تعصب ناموسی را نسبت به پادشاه‌تان به خرج نمی‌دهید؟

تیمسار_ آخر، در این باره اوامری صادر نفرموده‌اند.

زاهدی_ خوب، اگر فردا خمینی آمد و باز گفت: شاه نباشد

جمهوری باشد، چون اوامری صادر نفرموده‌اند، شما...

تیمسار_ اگر اعلیحضرت تشریف نداشته باشند و اوامری هم صادر نفرموده باشند. ناچاریم، تا تعیین تکلیف و صدور اوامر مطاع ملوکانه، در مناقشات سیاسی، بی‌طرفی اعلام کنیم، البته با نیت جانفشانی در راه عزت و شوکت ذات اقدس همایونی.

زاهدی_ بهرحال، این ژنرال تا امروز که چیزی نگفته است. شما تا فردا پس‌فردا هم صبر کنید. اگرگفت، آن‌وقت شما تشریف بیاورید یک فکری برای کارتان بکنیم.

تیمسار_ (کلت را غلاف می‌کند) فقط به خاطر ارادت به شخص جنابعالی و به احترام ارادت دیرینه به روان‌شاد مرحوم تیمسار، اوامرتان را اطاعت می‌کنم.

زاهدی_ (زیرلب) شکر خدا، یک اوامری صادر شد که شما اطاعت کنید!

تیمسار_ چی فرمودید؟

زاهدی_ هیچی، عرضی نکردم.

تیمسار_ پس استدعا دارم موضوع تقاضای بنده کاملاً محرمانه پیش خودتان بماند. البته همان‌طور که عرض کردم، این قید محرمانه، شامل ذات مبارک ملوکانه نیست، ما از معظم‌له چیزی پنهان نداریم.

زاهدی_ البته، البته، متوجهم.

تیمسار_ تمنی دارم عرض بندگی و دست‌بوسی بنده و خانم را به حضور مبارک والاحضرت مهناز ابلاغ بفرمایید!

زاهدی__ شما هم خدمت خانم سلام برسانید!

تیمسار__ ایشان هم خدمت‌تان عرض سلام دارد. از قضا، امشب که می‌آمدم گفت از اردشیرخان خواهش کن تا تهران تشریف دارند، یک روز سرافراز بفرمایند. از آن کوفته تبریزی‌هایی که دوست دارند برایشان درست کنم.

زاهدی__ انشاءالله، اگر فرصت بشود، با کمال میل، لطف عالی زیاد.

پاریس آذر ۷۱

یادبادی از شاعران

یادی از فروغ و نادر و تورج

یک روزی از روزهای اواخر دهه‌ی سی، شاعر بزرگ نادر نادرپور، ضمن مصاحبه‌ای با یکی از مجلات تهران چیزی به این مضمون گفت: من عاشق فروغ فرخزاد بودم. ولی یک شبی، به دنبال اتفاقی که در خانه‌ی ایرج پزشک‌زاد افتاد، نقطه‌ی پایانی بر عشق من گذاشته شد. در محیط خفه و خاموش بعد ازکودتای ۲۸ مرداد ۳۲، که جای خیلی از خبرهای سیاسی و اجتماعی در جراید خالی بود، چنین خبری راجع به این دوگل سر سبد شاعران موج نو، برای مطبوعات کودتازده‌ی نوک بریده غنیمتی بود. مجله به مجله نقل شد و کنجکاوی بسیاری برانگیخت. به‌طوری که خبرش به من هم که در مأموریت خارج بودم رسید. با این‌که موجب توهمی می‌شد، آن موقع چیزی نگفتم. اما،

بالاخره لازم می‌نمود روشن بشود که این اتفاق خانه‌ی ایرج پزشک‌زاد که به چنان عشق شورانگیزی پایان داده چه بوده و آیا صاحب‌خانه در این اتفاق نقشی داشته است؟

اول باید توضیح بدهم که این خانه، محل وقوع جرم عشق‌کشی، خانه نبوده و دفترکار بوده است. در سال‌های بعد از کودتای ۲۸ مرداد که اوضاع مالی مملکت به رغم کمک مالی خارجی هیچ خوب نبود، من برای جبران کسر مخارج، در کنار کار دولتی، قلمی می‌زدم. برای نشستن و قلم‌زدن، از یک وکیل دادگستری تازه کار که در کوچه‌ی آقا قاسم شیروانی در خیابان نادری، یک آپارتمان سه اطاقه اجاره کرده بود، یک اطاقش را اجاره کردم. سه چهار صندلی و یک میز کوچک تحریر از خانه آوردم. دوستم تورج فرازمند یک صندلی چوبی راحتی تشکچه‌دار، برای تکمیل آموبلمان دفتر من آورد و توضیح داد که این صندلی در اصل مال شازده نمی‌دانم چی‌چی میرزا، از بستگان دور خانواده‌ی فرازمند بوده که دوران رضاشاه سرگرد شهربانی بوده است. در محاکمه‌ی سرپاس مختاری رئیس شهربانی رضاشاه به عنوان شریک جرایم او، بابت بازداشت و آزار مرحوم مدرس، محاکمه شده و در زندان درگذشته است. ورثه‌اش حاضر نشده‌اند بیایند تیر و تخته و این صندلی را که قبل از زندان رفتن در انبار خانه‌ی فرازمند گذاشته ببرند. آن‌جا سال‌ها خاک خورده است و اضافه کرد: مادرم اسمش را صندلی مرحوم مدرس گذاشته و به شوخی می‌گوید که لابد شازده بعد از آزار و شکنجه‌ی مدرس این را جزء اموال او ضبط کرده است. باری دفتر من

که با این وسایل دایر شده بود، محل وقوع اتفاق بود.

آن موقع محل دیدارمان با دوستان، که غالباً شاعر و نویسنده و هنرمند بودند، معمولاً کافه‌ها و اغذیه‌فروشی‌های اسلامبول و نادری بود. اما چون دوستان دخترمان نمی‌توانستند درکافه و اغذیه‌فروشی به ما بپیوندند، ناچار قرارگذاشته بودیم که در حدامکان ماهی یک‌بار همان بساط پذیرایی اغذیه‌فروشی را در خانه‌ی یکی‌مان ترتیب بدهیم که جمع‌مان جمع باشد. شبی که نوبت من شد، دوستان قبول کردندکه به‌جای جمع شدن در خانه‌ی ما، مهمانی را در دفتر من برگذارکنیم که پدر و مادر سالخورده‌ی من از سر و صدای ما جوانان بیست و چهار پنج ساله‌ی شلوغ آزار نبینند.

آن شب عده‌مان پانزده شانزده نفر شد. آنهایی از جمع که به روشنی یادم مانده، منوچهر شیبانی، نادر نادرپور، سهراب سپهری، فروغ فرخزاد، منصوره حسینی، تیمور سپهری، چنگیز شهوق، فهیمه راستکار و البته تورج فرازمند بودند. ساندویچ و مزه و تنقلات و چند بطری آب‌جو و شراب را قبلاً آماده کرده بودم. دوست وکیلم یک اطاق و دو سه صندلی و چارپایه به من قرض داده بود، که به کمک صندلی‌های خودم و صندلی مرحوم مدرس، جای نشستن دوستان تأمین بشود.

شب شاد دلپذیری شد. بچه‌ها شعرهای تازه‌شان را خواندند. تورج ترانه‌ی رنج آگینی را که با عنوان «آب حوضی» ساخته بود و به ملاحظه‌ی سانسور، فقط من و دو سه نفر دیگر شنیده بودیم، به خواهش و اصرار فروغ، برای اولین‌بار در جمع خواند و مورد تحسین فراوان قرار

گرفت. در گرماگرم مجلس و سر و صدای بگو بخند، در حالی که فروغ لم داده روی صندلی مرحوم مدرس، به حرف‌های تورج کنار دستش، غش‌غش می‌خندید، یکی از دوستان- نمی‌دانم سهراب یا منوچهر- مراکه مشغول پذیرائی بودم، صدا زد و آهسته گفت: ببین نادر کجا رفت، به‌نظرم خیلی عصبانی با حالت قهر از آپارتمان بیرون رفت. من بیرون دویدم. آنجا نبود. تا طبقه‌ی هم‌کف هم رفتم، ندیدمش. سری به کوچه کشیدم. با تعجب نادر را دیدم که جلوی در ورودی ساختمان ایستاده بود. پرسیدم: نادر، چرا اینجا آمدی؟ چرا توی کوچه وایستاده‌ای؟ حالت بهم خورده؟ با لحن تندی جواب داد: نه، حالم خوب است. برو به مهمان‌هایت برس! گفتم بسیار خوب، می‌روم. اما تو، اگر ناراحتی نداری، چرا مثل مجسمه اینجا وایستادی؟ بعد از لحظه‌ای، یک‌باره با صدا و لحن خشم‌آلودی جواب داد: وایستادم آن شازده‌تون بیاد یک جفت سیلی به گوشش بزنم که جدّ امجدش جلو چشمش بیاد!

این اصطلاح «شازده‌تون» نشان می‌داد که هدف تیر خشم تورج فرازمند بود. ولی چه اتفاقی افتاده بود؟ تورج چه کرده بود؟ چه خیانتی کرده بود که جز نادر کسی ندیده بود؟ با اولین تلاش مسالمت‌جویانه و دو سه کلمه‌ی تندی که از دهن همیشه منزّه نادر شنیدم، دانستم که فقط حکایت تعصب عاشق در برابر توجه معشوق به صحبت غیر است: خشم آیدم که چشم به اغیار می‌کنی! البته از علاقه‌ی نادر به فروغ من هم مثل سایر دوستان خبر داشتم ولی این درجه تعصّب برایم تازگی داشت. البته بعد دانستم که دوستان، آن شب، بیش از من که مشغول پذیرائی بودم،

متوجه شــده بودندکه فروغ عمد داشــته که حسادت نادر را برانگیزد. به خصوص سـعی در تبرئه‌ی تورج کردم. گفتم نادر: اگر از شــوخی باردی‌های تورج با فروغ عصبانی شــده‌ای، مفت و مجانی خونت را کثیف کرده‌ای. تورج اولین گیلاس شــراب که ازگلویش پائین می‌رود، شاعر می‌شــود و برای اولین زنی که کنار دستش بیفتد شعر می‌خواند، قصه می‌گوید، فلســفه می‌بافد. اما به مقصود و منظوری نیست. یک ســاعت بعد فراموش می‌کند. دفعه‌ی پیش منزل فخری که تو نبودی، کنار دســت منصوره حسینی افتاده بودکه برای اولین بار می‌دید. بیا از شوهرش چنگیز بپرس که آن شب برای منصوره چه‌قدر حافظ خواند. اما امشب وقتی منصوره این‌جا رسید، نشناختش. من معرفی کردم و او را با شــعر مزن بر دل زنوک غمزه تیرم، معرفی کردم وگفتم این همان کسی است که می‌خواستی که پیش چشم بیمارش بمیری!

نفــس گرم من در نادر اثری نکرد. به شــوخی گفتم بیا بالا این ســیلی‌های جّد امجد جلوی چشم بیار را به آخر شب موکول کن. ما از عقب دســت‌هایش را می‌گیریم تو بزن! این هم فایده نکرد. با من هم شروع به تندی کرد. ناچار برگشتم بالا. سهراب و منوچهر هم به نوبت رفتند و دست خالی برگشتند. کسی که می‌توانست او را برگرداند فروغ بــود که او هم مغرورتر از آن بودکه در این باب قدمی بردارد. هم‌چنان بر صندلی مرحوم مدرس به بلبل‌زبانی تورج، که انگار متوجه غیبت نادر نشده بود ـ گوش می‌داد. ناچار به بهانه‌ای غیبت نادر را توجیه کردیم و بدون او به مجلس ادامه دادیم. البته من باز تا مدتی از بالا به کوچه

سرک می‌کشیدم، تا وقتی که دیگر نادر را در انتظار ندیدم و خیالم راحت شد.

من تا خیلی بعد یعنی تا مصاحبه‌ی نادر، ندانستم که طغیان غیرت عاشقانه‌ی آن شب نقطه‌ی پایان بر عشق او گذاشته است. به هر حال خوشبختانه آن اتفاق غیر از این انفصال نتیجه‌ی سوء دیگری نداشت. فروغ کارهای خود را پی گرفت. نادر هم در اقل مدتی عاشق دیگری شد. از طرفی، نه‌تنها از سیلی‌های جدّ امجد جلوی چشم بیار خبری نشد، که همان ایام، نادر شعر «ناگفته» را سرود و آن را به تورج فرازمند تقدیم کرد. و یادم نمی‌رود روزی را که «ناگفته» در یکی از مجلات چاپ شد و شب همان روز در اغذیه‌فروشی جعفر، سرچهارراه یوسف‌آباد، که دوستان جمع بودیم، نادر به خواهش نصرت رحمانی،

شام منزل نادرپور در لس‌آنجلس
حلقه‌ی من و تورج و هادی و خادمی و محمد و محمود عاصمی، به دور نادر

آن را برای ما خواند: شعری است در دلم۔ شعری که لفظ نیست، هوس نیست، ناله نیست، شعری که آتش است۔ شعری که می‌گدازد و می‌سوزدم مدام ...

و... کمی بعد ـ گمانم برای این که مبادا من حسودی‌ام شده باشد ـ شعر «برگور بوسه‌ها» را به ایرج پزشک‌زاد هدیه کرد.

و رابطه‌ی دوستی نادر و تورج ـ من می‌توانم شهادت بدهم ـ تا پایان زندگی هر دو به گرمی ادامه داشت.

یادی از فریدون مشیری

چهارده پانزده ساله بودیم که زلزله‌ی شدیدی در یکی از شهرها تلفات جانی و خسارات زیادی به بار آورد. من و چند تن از همسالان، از جمله فریدون مشیری، که با هم خویشی هم داریم، تصمیم گرفتیم برای کمک به زلزله‌زدگان، نمایشی به‌کارگردانی من ترتیب بدهیم. برنامه‌ای که تنظیم کردیم دو نمایشنامه‌ی یک پرده‌ای باب روز و دکلاماسیون شعر معروف «قلب مادر» ایرج میرزا بود. در باغ منزل ما داربست بستیم و صحنه‌ای ترتیب دادیم و به چهل پنجاه نفر از قوم و خویش‌ها، که غالباً ساکن همان محله بودند، بلیط فروختیم. چند روز تمرین کردیم. از قضا، شبی که قرار بود برنامه اجرا شود، از صبح هوا توفانی و بارانی شد. ناگزیر به تمام خریداران بلیط قاصد فرستادیم و خبر کردیم که نمایش به تأخیر افتاده و فلان روز اجرا می‌شود.

در چندکلمه شعر «قلب مادر» را به آن‌هایی که فراموشش کرده‌اند

یادآوری می‌کنیم. با این بیت شروع می‌شود:

داد معشوقه به عاشق پیغام

که کند مادر تو با من جنگ

اگر طالب وصالم هستی باید بروی قلبش را از سینه بیرون بکشی و «گرم و خونین به منش بازآری»! «عاشق بی‌خرد ناهنجار» می‌رود سینه مادر را می‌شکافد. وقتی قلب به دست به‌طرف خانه‌ی معشوقه می‌رود زمین می‌خورد و دستش زخم می‌شود. از قلب خونین مادر ناله‌ای می‌شنود:

آه دست پسرم یافت خراش   وای پای پسرم خورد به سنگ

دکلاماسیون شعر «قلب مادر» به این ترتیب بود که شعر از پشت پرده‌ی بسته خوانده می‌شد و وقتی عاشق بی‌خرد ناهنجار، به پیغام معشوقه‌ی دل نازک، قصد می‌کرد که برود و قلب مادر را از سینه بیرون بکشد، پرده باز می‌شد و حکایت به صورت پانتومیم بازی می‌شد. نقش عاشق را فریدون مشیری بازی می‌کرد و نقش مادر را، که وسط صحنه نشسته بود و مشغول پولور بافتن برای پسرش بود، منوچهر برادر کوچک فریدون- که او را به شکل زنی سالخورده می‌ساختیم- به‌عهده داشت. به خیال خودمان، برای آن که صحنه کاملاً طبیعی بنماید، از قصابی سرگذر یک دل گوسفند خریده بودیم که زیر بلوز مادر، روی سینه‌اش قرار بدهیم تا عاشق آن را از سینه‌ی تنگ برون آرد!

طبق برنامه، بعد از پرده‌ی اول، من خواندن شعر را همراه با موسیقی ویولن که از گرامافون پخش می‌شد- از پشت پرده‌ی بسته- شروع

کردم. رسیدم به آن‌جا که عاشق «حرمت مادری از یاد ببرد» آن موقع پرده باز شد و فریدون در نقش عاشق «خیره از باده و دیوانه ز بنگ» تلو تلو خوران وارد صحنه شد. مادر را زمین زد و با خنجر، مثلاً، سینه‌ی او را درید و قلب را از «آن سینه‌ی تنگ» بیرون آورد. در این لحظه، ناگهان بوی نفرت‌انگیزی آن‌چنان بلند شد که همه‌ی تماشاچیان چهره در هم کشیدند و عده‌ای دماغشان را گرفتند!

ما غافل از این بودیم که دل گوسفند را سه‌چهار روز پیش از قصابی خریده بودیم و در هوای گرم تهران، بدون بخچال، به حد اعلی فاسد شده بود. به‌رغم این بوی غیرقابل تحمل، فریدون به اجرای نقش خود ادامه داد. ولی در این میان یکی از بستگان، سرهنگ ناصرقلی‌خان که آدم شوخ بگو بخندی بود، از میان تماشاچیان به صدای بلند گفت: «کار فریدون بود». خوشبختانه آخر کار و موقع افتادن پرده بود. فریدون از صحنه که بیرون آمد از شدت عصبانیت می‌لرزید و گفت که دیگر در پرده‌ی دوم بازی نمی‌کند. من دست‌پاچه و آشفته، برای نجات از این مخمصه، از پشت پرده اعلام کردم: «بوی بدی که به دماغ تماشاچیان محترم خورد از قلب مادر بود و بازیکنان تقصیری نداشتند»! به رغم این توضیح، بچه‌گانه، فریدون که فوق‌العاده عصبانی بود، حاضر به اجرای پرده‌ی دوم نبود. تا به آقای امیر معتضد، که بزرگ خانواده بود متوسل شدیم و با وساطت و اصرار و ابرام او، فریدون آشتی کرد و پرده‌ی دوم را هم اجرا کردیم.

سال ۹۷ یا ۹۸ بود که بعد از عمری دوری، تصادفاً، چهار پنج

روزی از نعمت دلپذیر مصاحبت فریدون در بنیاد فرهنگی کیان در شهر لوس‌آنجلس، برخوردار شدم. هر دو بسیار شادمانی کردیم و از خاطرات گذشته فراوان گفتیم. از اشعار تازه‌اش خواند و کتاب «از دیار آشتی» را برایم امضاء کرد. در بازی تخته نرد یک جفت جوراب فیلدو غوز از من برد. با یادآوری خاطره‌ی نمایش «قلب مادر» و دل بوگرفته‌ی گوسفند خندیدیم. ولی آن جائی شلوغ شد که فریدون گفت به دلیل این که تو کارگردان نمایش بودی و من فقط بازیگر آن، پس، از تو کم‌سال‌ترم. شعر مولانا را برایش خواندم و خندان به بازی ادامه دادیم:

فریدون در بازی تخته نرد یک جفت جوراب فیلدو غوز از من بُرد.

گفت عمرت چند سال است ای پسر
باز گوی و در مَدُزد و می‌شمر
گفت هجده، هفده، نی نی شانزده
ای برادر خوانده یا که پانزده
گفت واپس واپس ای خیره سرت
باز میرو تا به ناف مادرت

(البته با پوزش از مولانا به‌خاطر مختصر تصحیف)

یادی از توللی و نیما

یادم می‌آید یک وقتی، فریدون توللی، شرح دیداری با نیما یوشیج را حکایت می‌کرد. گفت: یک روز به اتفاق رسول پرویزی به دیدن استاد رفته بودیم. شراگیم، پسر نیما، که آن موقع حدود دو سال داشت، هنوز زبان باز نکرده بود ولی خوب دو وا دو می‌کرد و تا دلتان بخواهد، شیطان بود. نمی‌گذاشت ما دو کلمه با استاد حرف بزنیم. لاینقطع، از من به رسول و از رسول به من، می‌رفت و می‌آمد، با «عمو عمو» و کلمات نامفهومی، حرف ما را می‌برید. تنها حرف ظاهراً مفهومش، که مرتباً به‌صورت سئوال تکرار می‌کرد، این بود که: عمو، قرص اَخه؟ ... پیدا بود که برای این که یک وقت از سر شیطنت بچگی، قرص‌های دوا را نخورد، به او تلقین کرده بودندکه قرص چیز بدی است. شاید پنجاه بار، رفت و آمد و از من و رسول درباره‌ی «اَخ» بودن قرص

فتوی خواست که ما هم، با این‌که امانمان را بریده بود، به احترام استاد، باز جواب می‌دادیم: بله، قرص اَخه، بَده! آن وقت، تازه سراغ استکان و نعلبکی و سیخ و سه‌پایه و چراغ می‌رفت و همه چیز را زیر و رو می‌کرد. نیما هم به‌خاطر علاقه‌ی زیادی که به این بچه داشت، اعتراضی نمی‌کرد. تا این‌که عاقبت، استاد به حاجتی، چند لحظه از اطاق بیرون رفت. رسول، این‌بارکه شراگیم به سراغش آمد، ناگهان، دست را به حالت حمله بالا برد و با قیافه‌ی درهم کشیده‌ی ترسناکی بچه را تهدید کرد:

آرام بگیر، پدرسوخته! می‌زنم دک و دنده‌ات را خرد می‌کنم‌ها!... بچه، از وحشت یک لحظه بهتش زد و ناگهان عرّ گریه صداداری را سر داد. از صدای شیون بچه، استاد سراسیمه دگمه نبسته به اطاق دوید. رسول، به آنی، تغییر قیافه داد و با نگاه ملایم و مهربان، خطاب به بچه‌ی لرزان وگریان از ترس، گفت:

خیلی خوب، خیلی خوب، بوس نده، به عمو بوس نده! گریه ندارد، عمو بوس نمی‌خواهد. ما غلط کردیم بوس خواستیم... اما چیز غریبی است، استاد، شراگیم نازنین چرا وقتی شما نیستید، این‌قدر غریبی می‌کند!

این نقل فریدون توللی را به رسول پرویزی حکایت کردم گفت:

فریدون قضیه را تا آخر برایت تعریف نکرده. آن روز، ما چهار زانو، کنار منقل استاد نشسته بودیم. بعد از این تشر و تهدید نجات‌دهنده، بچه دور من یکی را خط کشید و دیگر طرفم نیامد. ولی فریدون را نه تنها ول

نکرد، بلکه تمام انرژی خودش را صرف وجود اوکرد. یعنی سهمیه‌ی مرا هم به سهمیه‌ی او اضافه کرده بود. یک سیخ وافور برداشته بود و به سراغ فریدون رفته بود. من یک‌وقت متوجه شدم که بچه اصراری دارد سیخ را به گوش فریدون فروکند. او هم به احترام استاد چیزی نمی‌گفت. فقط سعی می‌کرد با ملایمت دست بچه را عقب بزند. ولی دیگر حواسش به صحبت نبود. و تمام مدت مراقب سیخ و دست بچه و نجات گوشش بود. بچه هم به هیچ‌وجه دست‌بردار نبود. نیما هم مشغول کار خودش بود و سربلند نمی‌کرد. چون با همه مراقبت زیرچشمی فریدون، خطر پاره شدن پرده‌ی گوشش می‌رفت، عاقبت من به صدا درآمدم وگفتم:

استاد، یک چیزی به این شراگیم بفرمایید! با این سیخ که برداشته پرده‌ی گوش فریدون را پاره می‌کند.

نیما عاقبت سربلندکرد و به بچه تشر زد:

هنیش بچه، سیخ اِشکنه!

(یعنی بنشین بچه، سیخ می‌شکند!)

> به‌مناسبت لگدی که روز بیستمین سالگرد ترور شاپور بختیار به تابوت او زده شد.

پیک بشارت بی‌بی

خیر نبینند از عمرشان آن‌هایی که شایع کرده بودند پرزیدنت بنی‌صدر مرحوم شده و مراسم‌اش را خانواده بی‌سر و صدا برگذارکرده‌اند! هزار بار شکر که معلوم شد به‌کلی دروغ و شوخی مخالفین قدیم پرزیدنت بوده است. و خدا خیر بدهد بی‌بی‌سی را که به مناسبت سالگردی، مصاحبه‌ای با پرزیدنت کرد و بر این شایعه خط بطلان کشید و آبی بر آتش دل‌های سوخته‌ی علاقه‌مندان تاریخی پرزیدنت ریخت.

باید قبول کرد که زمینه هم برای شایعه‌سازان فراهم بوده، چون مدت‌های مدید بود که از پرزیدنت سر و صدایی به گوش نمی‌رسید. در این سال‌ها رسم شده بود که هر وقت یکی از رجال یا علما مرحوم می‌شد، یک رادیویی با پرزیدنت مصاحبه ترتیب می‌داد، درباره‌ی علت فوت و سوابق خانوادگی متوفی سؤال می‌کرد و ... در حالی که در

این یکی‌دوساله‌ی اخیر، چهارپنج‌نفر از علمای اعلام و رجال دولت اسلامی فوت شده بودند، خبری از پرزیدنت نشده بود.

در این بی‌خبری‌ها، معمولاً فکر من جای بدی نمی‌رفت. می‌گفتم لابد پرزیدنت عاقبت به نصیحت خیرخواهانه‌ی ما علاقه‌مندان عمل کرده و در بزرگسالی به ادامه‌ی تحصیل مشغول شده‌اند. هر چند وسعت وکثرت و شدّت معلومات پرزیدنت برکسی پوشیده نیست ولی در این دور و زمانه، در دست داشتن یک مدرک تحصیلی، مثلاً یک ورقه‌ی لیسانس حالا، جامعه‌شناسی یا مدیریت یا هر چیز، برای آدم سیاسی لازم است. چشم ما علاقه‌مندان سابق و لاحق پرزیدنت برنمی‌دارد که یک روزی ببینیم فرضاً دکتر محمود احمدی‌نژاد تیتر دکترای ترافیک خود را به رخ پرزیدنت بکشد. علی‌الخصوص که در روزنامه‌های تهران خواندیم که ماه گذشته در جمع دانشجویان گفته که من اولین رئیس‌جمهوری دانشگاهی ایران هستم.

باری، خدا را شکر و بی‌بی‌سی را شکر که کذب خبر را معلوم کردند. اما ضربت و شوک این خبر مجعول، خاطره‌ی ناراحتی‌ها و دل‌شوره‌های سی‌ساله‌ی ما علاقه‌مندان همیشگی پرزیدنت را در ذهن‌مان زنده کرد. خاطراتی که به یاد روزگار گذشته وگذشتگان مرتباً مرور می‌کنیم.

سی سال پیش بود که یک روزی ناگهان خبر رسید که پرزیدنت که از ریاست جمهوری معزول شده و در تهران مخفی بوده‌اند، موفق شده‌اند از چنگال دژخیم فرارکنند و به فرانسه پناهنده شوند. روزهای اول بر ما علاقه‌مندان از نگرانی چه گذشت، بماند! از خود می‌پرسیدیم

پرزیدنت در میان امواج مخالفین و معاندین و مخاصمین چه می‌کنند و چه برنامه‌ای برای آینده دارند؟ برای اطلاع از نظریات پرزیدنت در این باب ناچار به مصاحبه‌هاشان با روزنامه‌های فرانسوی متوسل می‌شدیم. روزنامه‌هایی که به یادگار حفظ کرده‌ایم. اولین مصاحبه با روزنامه‌ی فرانسوی لیبراسیون روز ۶ اوت ۱۹۸۱ منتشر شد. در این مصاحبه خواندیم که پرزیدنت به توصیه خانم‌شان تصمیم گرفته‌اند رستم باشند:

«من گفتم من محکومم که سیاوش دوران جدید باشم. آن‌وقت زنم علیه من طغیان کرد و گفت چرا سیاوش باشی و رستم نباشی که مقاومت می‌کند؟»

نگرانی ما با خواندن این مصاحبه زیادتر شد چون سیاوش شدن را به رستم شدن، که خطراتی در برداشت سخت ترجیح می‌دادیم. البته رستم شدن پرزیدنت همان اندازه که ما را نگران کرده بود، مایه‌ی هرّ و کرّ خنده و متلک‌پرانی مخالفین و معاندین شده بود. درباره‌ی هفت‌خان پرزیدنت به تقلید هفت‌خان رستم، قصه‌ها پرداختند.

ولی ما به این لغزخوانی‌های معاندین توجهی نداشتیم. ناراحت و متحیر بودیم که چرا خانم بنی‌صدر با سیاوش شدن پرزیدنت که خطری ندارد، مخالفت کرده است. علت را نمی‌فهمیدیم. تا این‌که یکی از معاندین نظری داد که غیرمستقیم به گوش ما رسید. گفته بود پرزیدنت یک چیزی از شهرت و محبوبیت سیاوش در میان مردم شنیده و مثل بچه‌های لوس، جدّ کرده که می‌خواهم سیاوش باشم. اما خانم بنی‌صدر که در شاهنامه، داستان سیاوش را از اول تا آخر خوانده، به یاد دارد

که وقتی سیاوش بعد از فرار از دست کاوس، به توران زمین پناهنده شد، تورانی‌ها برای این که آن‌جا حسابی پای‌بندش کنند و به این وسیله خاک تو چشم کاوس‌شاه بپاشند، جوان را با این که زن داشت، از نو دامادکردند و فرنگیس دختر افراسیاب را بهـش دادند. حالا، خانم بنی‌صدرکه تحت تأثیر تبلیغات پرزیدنت، اهمیت فوق‌العاده‌ی وجود او در سیاست خاورمیانه و صلح جهانی را باور کرده، می‌ترسد که انگلیسی‌ها و آمریکایی‌ها برای پاگیرکردن پرزیدنت و خاک تو چشم خمینی پاشیدن، بیایند مثلاً دختر ملکه انگلیس یا دختر جیمی کارتر را برایش بگیرند.

اما نگرانی ما علاقه‌مندان در درجه‌ی اول، مسأله‌ی امنیت پرزیدنت ــ چه سیاوش چه رستم ــ بود. آن موقع تروریست‌های جور واجور جمهوری اسلامی درگوشه وکنار اروپا مستقر و آماده‌ی اجرای دستور پاک‌سازی مخالفان قدیم و جدید رژیم بودند. خوش‌بختانه دولت فرانسه در اتخاذ تدابیر امنیتی هیچ قصور نکرد. محل اقامت پرزیدنت را در محاصره‌ی کامل پلیس قرار داد. تعدادی پاسبان و مأمور مسلح مراقب هرگونه رفت و آمدی بودند. ولی به مرورکه سیاست خارجی جمهوری اسلامی و نحوه‌ی اقدام مأمورانش شناخته شد، از شدت تدابیر امنیتی پلیس کاستند و طبیعی است که به همان میزان بر نگرانی ما افزوده شد. این تخفیف تدریجی محافظت ادامه یافت. از محاصره‌ی پلیسی اقامت‌گاه پرزیدنت، فقط دو پاسبان ــ یک پاسبان در خیابان و یک پاسبان جلوی درِ آپارتمان ــ باقی ماندند. در مقابل اعتراض

علاقه‌مندان پرزیدنت، استدلال مقامات فرانسوی این بود که اکنون به خوبی روشن شده که حکومت جمهوری اسلامی به هیچ‌وجه اهل کینه‌توری و مجازات اقدامات گذشته‌ی مخالفین نیست. به دلیل این که نخست‌وزیران و سرداران رژیم گذشته، که حالا دیگر کاری به کار رژیم جدید ندارند، در اروپا و آمریکا بدون محافظ و مراقب زندگی عادی‌شان را می‌کنند. برای مثال آقای مهندس شریف‌امامی را اسم می‌بردند، نخست‌وزیری که به ادعای جمهوری‌اسلامی مسؤول کشتار جمعه‌ی سیاه ۱۷ شهریور ۵۷ است (که به حساب آن‌ها چهار هزار و دویست و هشتاد نفر و به حساب دولت ۹۵ کشته داشته) تاکنون کسی کاری به کارش نداشته است. به دنبال این احتجاج، از چند قربانی ترور یاد می‌کردند که جمهوری‌اسلامی خطر وجود و مبارزه‌ی آن‌ها را برای موجودیت خود احساس کرده بود ـ اما دلیل آن‌ها برای تخفیف تدابیر امنیتی پرزیدنت، ما را قانع نکرد و هم‌چنان معترض باقی ماندیم تا چندی بعد که متوجه شدیم تعداد دو پاسبان اولیه، در نهایت فقط به یکی در خیابان جلوی درِ خانه تقلیل پیدا کرد و عاقبت کار به جایی رسید که آن یک پاسبان درِ خانه را هم برداشتند. و در مقابل اعتراض علاقه‌مندان پرزیدنت، گفتند به پاسبان راهنمائی رانندگی سر خیابان سپرده‌ایم که ضمن انجام کارش مراقب درِ خانه‌ی پرزیدنت هم باشد. این بود، تا چندی بعد که خیابان کلاً به عابر پیاده اختصاص یافت. معاندین لیچارگو در برابر دل‌شوره‌ی ما گفتند نگران نباشید. پرزیدنت اگر به تهران هم برگردد کسی کاری به کارش نخواهد داشت و چه بسا

بتواند حقوق عقب‌افتاده‌ی بازنشستگی‌اش را هم زنده کند!

ولی نگرانی ما، تا وقتی پرزیدنت کتاب «خیانت به امید» را منتشر کردند، رفع نشـــده بود. این کتاب قطور با عنوان خطابی «عذرا همسر شجاعم»، تماماً خطاب به خانم بنی‌صدر است. پرزیدنت در این کتاب کــه مکرّر خانم را درباره‌ی اقدامات متهورانه‌ی خود در برابر خمینی، به شـــهادت می‌گیرند، تلویحاً به خواننده‌ی نگران دلداری می‌دهندکه منظورشان رستم‌بزن‌بهادر نبوده است. در این باب توضیح می‌دهندکه به شخص خود به چشم یک اثر هنری نگاه می‌کنند و متذکر می‌شوند کــه هنرمندی خانم بوده‌که این اثر هنری را به وجود آورده اســـت. در صفحه‌ی ۲۲ کتاب جریان آن ساعتی که همسرشان آن را به وجود آورده وصف شده است:

«چهـــره‌ی تو، چهره‌ی یک مبارز مملو از امید بود که غیرممکن را ممکن می‌دید. چهـــره‌ی زن بود. چهره‌ی یک هنرمند بود که می‌رفت یک اثر هنری را به وجود بیاورد. تو درکار ممکن ســـاختن غیرممکن بودی. آیا به این امر شـــاعر هســـتی؟ با نگریستن به چهره‌ی تو و گوش دادن به حرف تو و دوستان حاضر تصمیم گرفتم که رستم بشوم.»

خوب، رستم دست‌ساز به عنوان یک اثر هنری، دیگر نگرانی ندارد چون مثل ســـایر آثار هنری، اگر به نظرکارشناس جعلی نباشد، جایش در موزه اســـت. ولی این تابلوی هنری رســـتم شدن پرزیدنت بازگزک به دســـت معاندین دادکه با بی‌پروائی موزه‌ی رســـتم‌های درِ حمام را عنوان کردند. ولی ما به آن‌ها اعتنا نکردیم. مطمئن شده بودیم که دیگر

خطر جنگ و جدال و مخاصمه برای پرزیدنت وجود ندارد. و اشتباه نمی‌کردیم. چون سال‌ها از قضیه‌ی رستم شدن گذشت، و خوشبختانه دیدیم که پرزیدنت نه با کسی درافتادند و نه به حمله و هجوم مخالفان جوابی دادند. حتی در مورد کسانی که دشمن بدخواه خود فرض‌شان می‌کردند و کهنه دق‌دلی داشتند، تا آن‌ها در قید حیات بودند، در نهایت بردباری، زبان درکشیدند و هیچ نوع تعرضی نکردند که مایه‌ی سر و صدا و بگومگو و مرافعه بشود. ولی پس از درگذشت آن‌ها، در چلّه یا سال‌شان، آنچه در دل داشتند در مصاحبه‌های رادیوئی بیرون ریختند. شنیدیم که معاندین بدخواه، به جای تجلیل این صلح‌جوئی، شایسته‌ی جایزه‌ی صلح نوبل، از قول پرزیدنت ساخته‌اند:

من آن رستمم کز پس کوهسار   زنـم تیر بـرگور اسـفندیار

بـاری، اگر این کتاب هنری پرزیدنت نگرانی مـا را رفع کرد، در عــوض یک تألیف علمی‌شـان «نفاق در قرآن» کــه خیلی پیش، در زمان ریاست‌جمهوری منتشر کرده بودند، ما را سخت گرفتار معاندین و مخالفـین کرد. پرزیدنت فردای روزی که حکم ریاست‌جمهوری را از آیت‌الله خمینی گرفتند دستور دادند که متن سخنرانی‌هایی که در ماه رمضان در مساجد ایراد کرده بودند در مجموعه‌ای با عنوان فوق منتشر شــود. این کتاب در واقع بهترین هدیه‌ای بود که به معاندین پیشکش شـد. آن‌ها که از خیلی پیش به پرزیدنت لقب کلاخوند داده بودند به استناد مندرجات این کتاب، لقب را کاملاً ثابت و تثبیت کردند. بنا به

تعریف آن‌ها «کلاخوند»، آخوند مدرسه رفته‌ای است که به‌جای عمامه کلاه سر می‌گذارد و به قصد دلبری از مقام ولایت و حوزه‌ی علمیه، زور می‌زند دُگم‌های مذهبی یا آخوندی را با دلایل علمی ثابت کند. مثلاً می‌کوشد که به موجب اصول استریوشیمی بیولوژیک پاستور، به ثبوت برساند که آب کُر (محتوای ظرفی به طول و عرض و عمق سه وجب و نیم) بهترین پاک‌کننده‌ی هر نوع آلودگی و عفونت است. یا حجاب اسلامی را به استناد تئوری الکترومانیتیک ماکسول، به‌علت امواج شهوت‌زای موی زنان، توجیه می‌کند و یا اصل ولایت فقیه را به حکم روح‌القوانین مونتسکیو، به عنوان دموکرات‌ترین سیستم حکومتی به تمام جوامع بشری توصیه می‌کند. معاندین در این کتاب به‌خصوص روی سخنرانی پرزیدنت که در مسجد امیرالمؤمنین مهرآباد جنوبی ایراد کرده بودند، انگشت گذاشتند و گفتند کسی که در سخنرانی درباره‌ی مقام زن، کتک‌زدن زنان را به استناد علم روان‌پزشکی توجیه می‌کند، به حق، اعظم و اکبرکلاخوندهاست و نامش به‌عنوان بزرگ سلسله‌ی کلاخوندیان ثبت خواهد شد. های و هوی معاندین درباره‌ی این سخنرانی چه بود؟ بعد از پایان سخنرانی، خانمی از حاضران مسأله‌ی کتک‌زدن زن‌ها یعنی «اضربوهن» موضوع آیه‌ی ۳۴ از سوره‌ی نساء را مطرح می‌کند و می‌پرسد که فلسفه‌ی این که مرد، زن را اگر نافرمانی کرد در خانه حبس کند و در صورت تکرار اضربوهن، یعنی کتک بزند، چیست؟ پرزیدنت در جواب، با تئوری علمی روان‌پزشکی و عارضه‌ی مازوخیسم (آزارطلبی) موضوع را توجیه و تفسیر می‌کنند:

«به روان‌پزشکی مراجعه کنید فلسفه‌اش را به شما خواهند گفت. بعضی زنان در رابطه با هم‌خوابگی خشونت‌پذیرند. من در رابطه با این مسائل نیستم. از قول آن‌ها می گویم. چون در طی قرون زن در موقعیت مادونی بوده و همیشه در حالت تحقیر و توسری خوردن بوده، یک حالت بیم و هراس در او هست و این حالت در بعضی زن‌ها شدید است، متمایل به یک حمایتی می‌شوند و این حمایت به صورت خشونت‌طلبی درمی‌آید و خشونت می‌طلبند. این آیه در مورد نشوز است. نشوز به معنی نافرمانی است. اما نه بطور مطلق. منظور از نشوز همان‌طور که امام‌خمینی تفسیرکرده نافرمانی جنسی است، نافرمانی در رختخواب، آن هم ممکن است در تمام مدت زندگی یک دفعه اتفاق بیفتد که یک خشونت جزئی لازم دارد، اگرکفایت نکرد یک خشونتی می‌خواهد و موردش را روان‌پزشک یا حاکم شرع حل خواهدکرد یا دکتر باید تشخیص بدهد.» (سخنرانی ۱۸ رمضان ۱۳۹۹ (۱۳۵۸) در مسجد امیرالمؤمنین مهرآباد جنوبی)

معاندین بدخواه چه جار و جنجالی راه انداختندکه ببینید پرزیدنت چه تصوری از رختخواب زن و شوهر دارد. که عیناً سربازخانه‌ی عشرت‌آباد صد سال پیش را در نظر می‌آورد. سرگروهبان شیرعلی به سرباز وظیفه نقلعلی فرمان می‌دهد به‌راست راست، به‌چپ چپ، عقب گرد! که سرباز بیچاره، چه بخواهد و چه نخواهد باید اجرا کند و گرنه به جرم نافرمانی حبس و شلاق را تحمل کند. پرزیدنت براساس دیسپلین نظامی، به‌عنوان کلاخوند مجتهد در واقع فتوی داده که زن

اگر در رختخواب نافرمانی جنسی کرد، شوهر با یک جفت کشیده به اجرای فرمان مجبورش کند و اگر به نافرمانی ادامه داد با مشت و لگد به فرمان‌برداری وادارش کند!

سوء نیت معاندین را ملاحظه می‌کنید؟ از کدام کلام پرزیدنت یک جفت کشیده مفهوم می‌شود. چرا فقط یک کشیده نه؟ و لگد را از کجا آورده‌اند؟ چرا منظور تنها یک مشت نبوده باشد؟ آن‌ها، این توصیه‌ی مهم پرزیدنت را هم که اندازه و میزان کتک را به‌نظر حاکم شرع و روان‌پزشک موکول کرده‌اند، عمداً ندیده گرفتند. و وقتی یادآورشان شدیم، گفتند بله، اطلاع داریم که پرزیدنت با حسن تدبیر جبلی در نظر داشته در دوران ریاست‌جمهوری در تمام محلات شهر سرویس کشیک شبانه و اورژانس حاکم شرع ایجاد کند و به موجب مقرراتی که پیش‌نویس طرحش را دیده بودیم، شوهر بلافاصله نافرمانی را به اطلاع اورژانس محل می‌رساند. حاکم شرع کشیک فوراً بالای سر رختخواب حاضر می‌شود. پس از ملاحظه‌ی وضع رختخواب و بازرسی بدنی زن به‌وسیله‌ی شوهر، اگر موجبات اجرای فرمان را از نظر جسمانی فراهم دید، بدون توجه به معاذیر روحی و احساسی و عاطفی و غیره، با در نظرگرفتن سن زن و چاقی و لاغری یا سلامت و بیماری او، حکم میزان و نوع کتک و تعداد ضربات را صادر و به زن و شوهر ابلاغ می‌کند. چنانچه زن خواب رفته یا خواب‌آلوده باشد، مکلف است که او را برای ابلاغ حکم، بیدار کند. البته حق‌القدم و حق‌الجعاله‌ی قاضی شرع برعهده‌ی زن نافرمان است که از مهریه‌ی او برداشت می‌شود.

اما خانم‌های معاندکه فکر می کردند، دور از جون، پرزیدنت مرحوم شده‌اند، وقتی دیدندکه نه، طوری که نشده حتی چهارپنج کیلو هم گوشت آورده‌اند، دوباره آتشی شدند. گفتند و نوشتندکه این جناب پرزیدنت که می گویند پیش از پرزیدنتی ده‌بیست سال در فرنگ زندگی کرده، آیا اتفاق نیفتاده که در این مدت روزنامه بخواند تا بداندکه در دنیای متمدن عمل جنسی شوهر با زن، اگر به زورکتک یا تهدید به کتک صورت بگیرد، تجاوز جنسی به عنف محسوب می‌شود و به شکایت زن، شوهر در دادگاه جنائی محاکمه و محکوم می‌شود؟ و آیا نشنیده که خارج ازکادر نظامی و ارتشی، فرمان دادن مخصوص چاروادارها یاگاریچی‌هاست که به اسب و الاغ و قاطر، با الفاظ و اصوات خاصی فرمان می‌دهندکه راه بیفتد یا توقف کند؟ و آیا خبر نداردکه اگر حیوان به فرمان حرکت کردن یا ایست عمل نکرد چاروادار یاگاریچی حق زدن او را ندارد. چون زدن حیوانات هم جرم است و زندان دارد.

خانم‌های معاند بسیار عصبانی به‌عنوان مدعیان خصوصی، به‌هیچ وجه دست‌بردار نبودند. اولاً در طومار پراحساسی به خانم پرزیدنت پیشنهادکردندکه به عِرق حمیت زنانه، حتی اگر شخصاً سابقه‌ی کتک‌خوری نداشته باشند، به‌خاطر این فتوای چاروادارانه‌ی کتک به ازای نافرمانی زن‌ها، از پرزیدنت طلاق بگیرند. از طرف دیگر در نامه‌ی مفصلی، از دادستان دادگاه جزائی بین‌المللی خواستندکه به استناد ماده‌ی ۷ قرارداد بین‌المللی راجع به حقوق مدنی و سیاسی مصوب ۱۶

دسامبر ۱۹۶۶ که مجازات و خشونت بی‌رحمانه و غیرانسانی یا ترذیلی را ممنوع می‌کند، پرزیدنت را به‌عنوان فردی که ریاست یک کشور عضو سازمان ملل متحد را عهده‌دار بوده و رفتار خشونت‌بار غیرانسانی و ترذیلی شوهران نسبت به زنان‌شان در رختخواب را در سخنرانی عام توجیه و تأویل و درکتاب خود چاپ و منتشرکرده، به جرم جنایت علیه بشریت، که مشمول مرور زمان نمی‌شود، تحت تعقیب قرار دهد.

در این گیر و دار، اقدامات انسان‌دوستانه‌ی ما طرفداران، که می‌کوشیدیم، با توجه به وضع ناجور پرزیدنت، جماعت خانم‌های معاند را از خر شیطان پیاده کنیم به جایی نمی‌رسید. تا عاقبت از ناچاری دست‌شان راگرفتیم و به تماشای مجسمه‌ی تمام قد پرزیدنت، که از دوران ریاست جمهوری، روی دست پرزیدنت مانده، بردیم. وقتی دانستندکه مجسمه‌ساز برای وصول باقی‌مانده‌ی طلبش از پرزیدنت، اجرائیه صادرکرده، دل‌شان سوخت، گذشت کردند و ما، پرزیدنت مدیر و مدبرمان را بازیافتیم. فالله خیرٌ حافظاً و هو ارحم‌الراحمین.

بعدالتحریر- از همدلانی که دستی در اینترنت دارند، خواهشمندیم برای تسکین آلام کسانی که شایعه‌ی واقعه‌ی مؤلمه را شنیده ولی روز ۶ اوت ۲۰۱۱ مژده‌ی بقای پرزیدنت از بی‌بی‌سی، را نشنیده باشند، این بشارت‌نامه را هرچه زودتر منتشر نمایند.

پاریس شهریور ۹۰

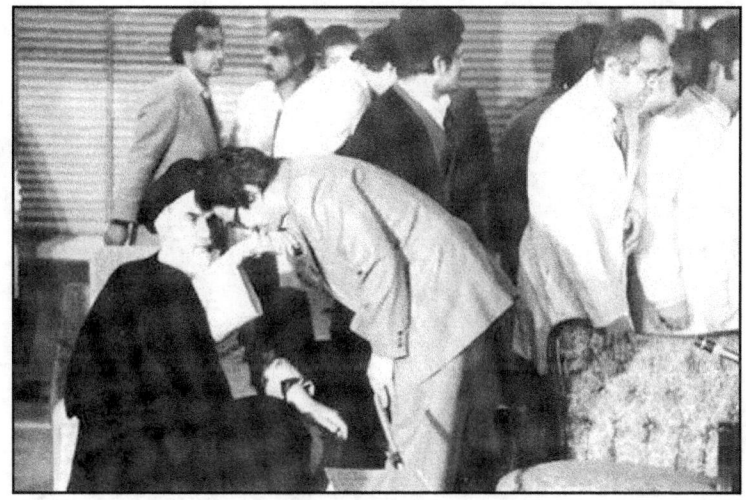

بدون شرح

شب اول

Black Humour

(ماشین در حال حرکت ـ زنگ تلفن)

ـ الو، بله... سـلام دکتر. من پشـت رُل هستم. صبرکن بلندگو را روشن کنم. این جوری پلیس ببیند جریمه می‌کند.. حالا بگو! صدایت را می‌شنوم.

دکترـ الان کجا هستی؟

ـ دمِ این ... خلاصه نیمه راه. باید تا بیست دقیقه دیگر برسم.

دکترـ عجله کن! استاد سراغت را می‌گرفت. علاقه دارد تو در این جلسه باشی.

ـ خدمتش عرض کن فلانی گفت با اشتیاق خدمت می‌رسم. اما،

دکتر جان، بگو ببینم، عنوان سخنرانی همان است که آن شب اعلام کردند؟

دکتر- عیناً. موضوع، که جلوی تریبون به خط درشت آگهی شده جلوی چشمم است. برایت می‌خوانم: «فواید خوبی و مضار بدی در فلسفه‌ی فردریک نیچه- سخنران: استاد دکتر امیرحسام‌الدین مستقانمی - شروع ساعت نوزده و سی دقیقه» می‌بینی که چیز زیادی به وقت نمانده. عجله کن!

- سعی می‌کنم سر وقت برسم. اما جاده خیلی شلوغ است. تو یک صندلی کنار دست برای من نگه‌دار! قربانت.

* * * *

(صدای هولناک تصادف، بوق ماشین، هیاهو، آژیر آمبولانس)
(سکوت مطلق)

- بله؟ ... کی بود؟ ... آهای! کی بودی؟
یک صدای خشن- مائیم!
یک صدای ملایم- غریبه نیست. خود مائیم.
- آقایان اصلاً کی هستند، که خودشان باشند یا نباشند؟
صدای خشن- ببینم، مؤمن! تنه‌ات به تنه‌ی دهری‌های فرنگی خورده که دین و ایمانت را مرخص کرده‌ای؟!

- چی؟ نفهمیدم! هرکی هستی، آقا، حرف دهنت را بفهم. شک در ایمان یک مؤمن معصیت کبیره است. عقوبت سختی دارد.

صدای خشن_ فضولی موقوف! لازم نکرده تو به ما درس ثواب و معصیت بدهی!

صدای ملایم_ انگار ما را نشناخته‌ای!

صدای خشن_ یعنی ما باید خودمان را به تو معرفی کنیم؟ تو ما را نمی‌شناسی؟

- ازکجا بشناسم‌تان؟ توی پیشانی‌تان که ننوشته، اگر هم نوشته بود بی‌عینک نمی‌دیدم. این عینکم کو؟ کجاگذاشتمش؟

صدای ملایم_ یعنی به تو حالی نکرده‌اندکه شب اول کی، یا بهتر، چه کسانی به سراغت می‌آیند؟

- آها... ها... هان... آهاهاهان... فهمیدم! نکیرین! حضرت نکیر و منکر! سلام عرض می‌کنم خیلی باید ببخشیدکه به جا نیاوردم.

صدای خشن_ جای شکرش باقی‌است که معرفی‌نامه نخواست!

- واقعاً شرمنده‌ام، روسیا هم. آقایان باید به بزرگی خودشان ببخشند که نشناختم و یک قدری فضولی کردم.

صدای خشن_ یک قدری نه که خیلی زیاد فضولی کردی، جناب فضول آقا!

- حق باشماست. به هزار زبان عذر می‌خواهم. یعنی حواسم سرجا نبود که ...

صدای ملایم_ حالا که حواست جا آمده، درست توجه کن که من

نکیر هستم و ایشان همکارم منکرند.

ـ اجازه بفرمائید دستتان را ببوسم و عذرخواهی کنم.

منکر ـ تعارف را کنار بگذار! به اندازه‌ی کافی وقتمان را تلف کرده‌ای، فضول آقا!

نکیر ـ زیاد ناراحت نباش! غالباً وحشت از نکیرین یک حالت گیجی و منگی ایجاد می‌کند.

منکر ـ چون ظاهراً از گیجی درآمده، می‌توانیم کارمان را شروع کنیم.

نکیر ـ حالا که شناخته دیگر مشکلی نداریم. اسم خوبی هم رویش گذاشتی: فضول آقا، که به سابقه‌اش و قیافه‌اش می‌خورد!

فضول ـ فضول آقا کوچک شماست، خاک پای شماست. هر امری بفرمائید در خدمتگزاری با منّت حاضرم و باید عرض کنم که به قول شاعر:

زهی سعادت من کـم تو آمدی به سلام

خوش آمدی و علیک السلام و الاکرام

منکر ـ ساکت! خفه‌شو!

فضول ـ جسارتی کردم، قربان؟

نکیر ـ نه، شعر خواندی. منکر به شعر حساسیت دارد، از شعر بدش می‌آید. بگذریم. مأموریت ما و شیوه‌ی کارمان را لابد می‌دانی؟

فضول ـ البته که می‌دانم. سؤال می‌فرمائید و بنده جواب عرض می‌کنم. ولی جسارتاً یک عرض مختصری دارم. اگر از راه لطف توضیح بفرمائید، سراپا گوش می‌شوم.

نکیرـ بگو، فضول آقا، اما خیلی مختصر.

فضولـ می‌خواستم تقاضا کنم به این کوچک خاکسارتان بفرمائید چرا توی تاریکی مانده‌اید؟ چرا یک قدری جلو نمی‌آئید که افتخار زیارت آقایان را پیدا کنم؟

نکیرـ علتش را بعد می‌فهمی. ولی از حالا عنوان «آقایان» را به‌کلی فراموش کن! ما از ملایکه قدسی هستیم.

فضولـ به‌به! دیگر چه بهترکه افتخار زیارت ملایکه قدسی را پیدا کنم. ولی می‌خواهم بپرسم...

منکرـ بالاخره صدایت را می‌بُری یا ساکتت کنم؟

نکیرـ عصبانی نشو! بگذار سؤالش را بکند. به شرط این که سؤال آخر باشد. سؤالت را بکن! چی می‌خواستی بپرسی، فضول آقا؟

فضولـ با عرض بندگی به خاک‌پای فرشتگان قدسی، می‌خواستم بدانم چه‌طور این‌جا توی فرنگستان مرا پیدا کردید؟ این‌جا که جزء ابوابجمعی شما نیست!

منکرـ سؤالت احمقانه است. این‌جا و آن‌جا برای ما فرقی نمی کند. واقعه هر جایی اتفاق بیفتد، بلافاصله با تمام جزئیات و مشخصات از دبیرخانه‌ی مقام معظّم برای اقدام به ما ابلاغ می‌شود و ما چند لحظه بعد به ارباب رجوع می رسیم.

فضولـ مقام معظّم...؟

منکرـ مقام معظّم حضرت قابض‌الارواحی ملک‌الموت ابویحیی عزرائیل ارواحنا فداه.

فضول‌ـ ببخشید قربان، اما بفرمائید ابویحیی اسم تازه‌ی ایشان است؟

منکر‌ـ نادان بی‌سواد، این کُنیه‌ی همیشگی مقام معظّم است. باید به تو هشدار بدهم که کوچک‌ترین بی‌احترامی به وجود مقدس مقام معظّم قابض‌الارواحی مجازاتی دارد که کسی طاقت شنیدنش را هم ندارد.

فضول‌ـ من سگ کی باشم که به مقام معظّم قابض الارواحی اهانت کنم. اما بفرمائید چرا تشریف نمی‌آورید جلو ترکه قیافه‌ی مبارک آقایان... ببخشید ملایکه قدسی اعزامی از طرف مقام معظّم حضرت ابویحیی را زیارت کنم؟

منکر‌ـ این طور که پیداست، شرح و تفصیل قیافه‌ی ما را درست حالی‌ات نکرده‌اند. قیافه‌ی ما طوری است که بعضی‌ها وقتی چشمشان به ما می‌افتد، از وحشت زبانشان بند می‌آید. در نتیجه ما همیشه با احتیاط جلو می‌رویم.

نکیر‌ـ البته نباید خیال کنی که قیافه‌ای که می‌بینی صورت واقعی ماست. ما فرشتگان پری پیکر هستیم که به اراده‌ی مقام معظّم برای بازجویی به موجودات ترسناک بدل می‌شویم.

منکر‌ـ چه ضرورتی دارد برای فضول آقا توضیح بدهی؟!

فضول‌ـ نگران وحشت من نباشید. من توی فیلم‌های وحشت هالیوود قیافه‌هایی دیده‌ام که خود شما هم ببینید وحشت می‌کنید. هالیوود که معروف حضورتان هست؟ در کالیفرنیا؟

نکیر- البته. آن‌جا از چند سال پیش خیلی رفت و آمد داشته‌ایم.

منکر- با وجود این، وصف قیافه‌ی نکیرین را از روی سند برایش بخوان که زیاد غافل گیر نشود!

(نکیر یک تلنگر به هوا می‌زند. کتابی روی دستش باز می‌شود. از روی نوشته می‌خواند)

نکیر- «... پس نکیر و منکر درآیند با روح‌های سیاه و دیده‌ی کبود و حدقه‌ها مانند دیگ سـرخ چون برق لامع به نیش‌های خود زمین را بشکافند با صدائی مانند رعدعاصف و برق خاطف در نهایت زشتی و بد بویی ...»

فضول- عرض کردم که زشت‌تر از این‌ها را دیده‌ام. از بدبویی هم نگران نباشید. چون از پریروز دماغم از زکام کیپ شده بویی نمی‌شنوم. اما بفرمائید این توصیف ترسناک که خواندید به قلم حضرت ابویحیی است؟

نکیر- نه، نادان. حضرت ابویحیی ارواحنا فداه چیزی نمی‌نویسند. اقـدام می‌فرمایند. این از افاضات بزرگ‌ترین دانشـمند تمام قرون و اعصار، عالم ربّانی حضرت علامّه ملامحمد باقر مجلسی است.

فضول- بله، می‌شناسـم. حضرت امام‌خمینـی رضوان‌الله علیه، خوانـدن آثار علّامه را به همه توصیه می‌فرمودند. به هر صورت، چون خطر پس افتادن من از ترس مرتفع شده، می‌توانید تشریف بیاورید جلو توی روشنائی، که هم زیارت‌تان کنم و هم سؤالات را بهتر بشنوم.

منکر- حالا که فضول آقا این قدر برای دیدن ما بی‌تابی می‌کند،

بیشتر از این منتظرش نگذاریم! بفرما، این هم قیافه‌ی ما توی روشنایی!

فضول_ یا مرتضی علی! فرانکنشتین پیش این آقایان آلن‌دلون است!

نکیر_ یادت باشه که این قیافه‌ی اصلی ما نیست.

منکر_ (تند) باشد یا نباشد، به فضول چه مربوط است؟ چرا توضیح می‌دهی؟

فضول_ اما بفرمائید دیگر چراگرز و زنجیر و قمه آورده‌اید؟ با این قیافه‌ها دیگر چه حاجت به این‌ها؟

نکیر_ نترس! این‌ها برای شخص تو نیست.

فضول_ خیلی ممنونم. مرحمت دارید. ولی...

منکر_ این ابزار شکنجه خیلی مصرف دارد. بشر متقلب دروغگو را مگر می‌شود با زبان خوش مُقر آورد؟ مورد مصرف این‌ها را برایش بخوان که ذهنش روشن بشود.

(نکیر دوباره یک تلنگر به هوا می‌زند. کتاب روی دستش باز می‌شود. از روی نوشته می‌خواند)

نکیر_ «... نکیر و منکر به آواز رعدآسا بانگ بر او زنند که جانش به حنجره آید. بپرسند از خدا و دین و پیغمبر و امام، گوید نمی‌دانم. آن‌گاه گرزی بر او زنند که غیر از جن و انس، آنچه در مشرق و مغرب عالم است بشنوند ماهیان و وحشیان همه رم کنند و خداوند مسلط گرداند بر او مار ابلق سیاهی که روزی سی و شش مرتبه او را عذاب کند...»

فضولـ ولی با این وسائل مدرن شکنجه برای مُقر آوردن دیگر گرز و زنجیر و قمه...

نکیرـ گفتم که برای تو جای نگرانی نیست. این ابزار همیشه همراهمان است. ربطی به بازجویی تو ندارد.

فضولـ یعنی می‌فرمائید از بالا کسی توصیه و سفارش مرا کرده؟

منکرـ مزخرف نگو! درکار ما سفارش و توصیه جایی ندارد.

نکیرـ اگر سفارشی در میان باشد، سفارش خود ماست. برای این‌که وقت تلف نشود، خیلی صریح موضوع را برایت توضیح می‌دهم:

مشکلی در کار ما پیش آمده که فکرکردیم شاید تو بتوانی به حلش کمک کنی. قضیه از این قرار است که از این طرف و آن طرف به شرف عرض مقام معظّم قابض‌الارواحی ابویحیی رسانده‌اندکه مردم، که در گذشته با شنیدن اسم نکیر و منکر از ترس قبض روح می‌شدند، این آخری‌ها دیگر از بازجوئی نکیرین وحشت ندارند وگاهی متلکی هم می‌پرانند. مقام معظّم از این موضوع فوق‌العاده عصبانی شده‌اند. به ما امر و مقرر فرمودندکه با بررسی و تحقیق دقیقی هر چه زودتر یک گزارش مستند و مشروح درباره‌ی علت ریختن ترس مردم از نکیرین تهیه کنیم و به شرف عرض‌شان برسانیم. فکر و ذکر ما تهیه این گزارش است. امروز وقتی خبر تو از دبیرخانه‌ی مقام معظّم ملک‌الموتی رسید، با اولین نگاه به خلاصه شرح حالت، متفقاً تصمیم گرفتیم، از توکمک بخواهیم.

فضولـ از حسن ظن‌تان متشکرم. ولی بفرمائید چه حسنی در من

دیدیدکه فکر فرمودید به دردکارتان می‌خورم؟

نکیر_ در خلاصه شرح حالت خواندیم که قاضی بوده‌ای، روزنامه‌نویس و قصه‌نویس بوده‌ای، چندکتاب نوشته‌ای، سفیر بوده‌ای، به خیلی جاهای دنیا سفرکرده‌ای، با طبقات مختلف مردم حشر و نشر داشته‌ای...

فضول_ با همه‌ی این‌ها من تحفه‌ای نیستم. چند نفر را می‌خواهید اسم ببرم که همه‌ی این مشخصات را داشته باشند؟

منکر_ شاید داشته باشند، اما گمان نکنم به اندازه‌ی تو فضول باشند!

نکیر_ مهم‌تر از این‌ها، بنا بر خلاصه‌ی احوالت، تو از یک خانواده‌ی مؤمن هستی و خودت هم پیداست که آدم با عقیده و ایمانی هستی. به‌هر حال، تو اطلاعات و تجربیاتت در این باب را برای ما شرح می‌دهی و ماگزارش شرف‌عرضی را تهیه می‌کنیم.

منکر_ حکایت می‌کنی که مردم، از جمله خودت، چه‌طور با اسم و رسم نکیرین آشنا می‌شوند، درباره‌ی آن‌ها چه می‌گویند و چه عکس‌العملی نشان می‌دهند، که ما بتوانیم...

فضول_ جسارتاً به عرض‌تان می‌رسانم که در مراجعه به این حقیر، از یک جهت دیگر هم شانس آورده‌اید. آن‌هم این است که من از قضا مدت‌ها بین دو قطب موافق و مخالف نکیرین گرفتار و در تلاطم بودم. یک طرف عمّه‌ی بزرگم خانم قدس اعظم بود که نکیرین را در حدّ پیغمبران و ائمه عزّت و احترام می‌گذاشت و مردم را به تعظیم و

تکریم آن‌ها دعوت می‌کرد. طرف دیگر دوستم، دکتر میرعلی‌نقی‌خان بود که لحظه‌ای از تخطئه و انکار وجود نکیرین و تمسخر معتقدان آن‌ها غافل نمی‌شـــد. تا جائی که من تحت تأثیر ایمان و اعتقاد عمّه‌ام، بعد از مدت‌ها بحث و جدال شـــدید با این دوست، عاقبت به‌کلی و برای همیشه از او بریدم.

نکـیرـ به همین علت که به نکیریـــن و اهمیت نقش آن‌ها اعتقاد راسخ داری، نظریات تو برای ما اهمیت حیاتی دارد. چون مقام معظّم قابض‌الارواحی ابویحیی، یک جایی فرموده‌اندکه اگر شرایط تازه‌ای برای تجدید وحشـــت از نکیرین ایجاد نشود، اصولاً نکیرین را حذف می‌فرمایند.

فضـولـ خوب، چه بهتر شـــما، به یک کار بهتر و تمیزتری مأمور می‌شوید.

نکیرـ متأسفانه در حیطه‌ی ما تغییر مأموریت وجود ندارد. تعطیل این مأموریت یعنی حذف ما.

فضولـ عجب! خیلی متأســـفم. مســـلم بدانیدکـــه برای نجات مأموریت شما هم شده، هرکاری از دستم بربیاید دریغ نمی‌کنم.

منکرـ آفرین فضول آقا! ما هم به همین علت به تو مراجعه کردیم. حالا نظریات عمّه‌ات و دوستت و نظر خودت را شرح بده.

نکیرـ اولاً بگو خودت چه موقع و در چه شـــرایطی با اسم و رسم نکیرین آشنا شدی؟

فضولـ به روی چشـــم. ولی باید به عرض‌تان برســـانم که ممکن

است بعضی کلمات و اصطلاحات مردم راجع به نکیرین برای شما خوش‌آیند نباشد.

نکیر- مهم نیست. ما طی قرون و اعصار به خاطر مأموریت‌مان بدترین ناسزاها را شنیده‌ایم و تحمل کرده‌ایم.

فضول- برای مثال، من وقتی بچه بودم برای اولین بار اسم نکیرین را از دهن کبری خانم کلفت‌مان شنیدم. که با نانوای محل بد بود، مکرّر می‌گفت پناه بر خدا از بی‌ریختی شاطرعباس و داداشش جواد! این‌ها انگار از تخم و ترکه‌ی نکیر و منکرند. ولی ما این دو برادر را ندیده بودیم تا روزی که کارکبری خانم و نکیر و منکرش به آجان‌کشی رسید. ظاهراً منکر، برادر شاطر، که راستی قیافه‌ی ترسناکی داشت، مرضیه دختر سیزده ساله کبری خانم را برده بود تو انبار آرد. فریادکبری خانم هنوز توی گوشم است: دختر ذلیل مرده وقتی منکر بدتر ازکثافت سگ بـردت توی انبار چرا جیغ نزدی؟ و صدای مرضیه که معصومانه جواب داد: قسـم داد، گفت مرگ مادرت جیغ نزن. خلاصه، منظورم این‌که الفاظ بدتر از این را چه‌طور حکایت کنم؟

نکیر- گفتم که عیبی ندارد. بعد از این کلفت، دیگرکجا از نکیرین شنیدی؟

فضول- در روضه‌خوانی‌هـا از آخوندهـا، به‌خصـوص آسـید ابوالقاسم واعظ، آیت‌الله محله‌ی مـا، از یادآوری نکیرین و حکایت آزار و عذاب‌شان غافل نمی‌شد. مرحله‌ی بعدی وقتی بود که من توی کتاب‌های ادبی پدرم به اسم نکیر و منکر برخوردم. شعر سعدی هنوز

یادم هست:

ز دانندگان بشـــنو امروز قول　　　که فردا نکیرت بپرسد زهول...

منکـرـ آهای فضول احمق! با این‌که ملاحظه‌ات را می‌کنیم اگر باز شعرخواندی منتظرگرز من باش!

فضولـ آخر قربان، فرمودندکجا با اسم نکیرین آشنا شدی، وقتی در شعر خوانده‌ام ناچار باید...

نکیرـ هر جا به شـــعر رسیدی، به نثر بگو! چون منکر طاقت شعر ندارد.

فضولـ ولی شعر نثر شده چیز خوبی نمی‌شود. آن هم شعر سعدی. اگر حضرت منکر بزرگواری بفرمایند یک دقیقه گوش‌شان را بگیرند، یک مختصری راجع به اشکال تبدیل شعر به نثر خدمت‌تان عرض کنم.

نکیرـ خاطرت پیش منکر عزیز اســـت کـــه قبول کرد. می‌بینی که گوشش راگرفت. پس تند بگو!

فضـولـ یکی از فضلای ما با دو سال زحمت، بوستان سعدی را به نثر برگرداند و با چه دنگ و فنگی به‌عنوان یک خدمت بزرگ ادبی چاپ و معرفی کرد. نمونه‌ای که یادم مانده نثر شده‌ی این دو بیت است:

شـبی یـاد دارم کـه چشـمم نخفـت

شـنیدم‌کـه پروانـه بـا شـمع گفـت

کـه مــن عاشـقم گـر بسـوزم رواسـت

تـرا گریـه و سـوز و زاری چراسـت

نثر شده‌اش تقریباً به این صورت درآمده بود:

چنین به خاطرم می‌آیدکه یک شبی دچار عارضه‌ی بی‌خوابی شده بودم. در این اثنا شنیدم‌که پروانه به شمع اظهار نمودکه من عاشق می‌باشم به این علت اگر بسوزم استحقاق سوختن دارم. لکن تو به چه سبب گریه می‌کنی و سوز و زاری می نمائی؟

منکر- تمام شد؟ چه غلطی کرد؟

نکیر- هیچی. یک شعر نثر شده‌ی سعدی را خواند.

فضول- تن سعدی را توی قبر لرزاندم.

منکر- این همان سعدوقاص نیست‌که در جنگ عرب و عجم شاه عجم راکشت؟

فضول- (زیرلب) نه، ماشاءالله اطلاعات تاریخی حضرت منکر پای اطلاعات ادبی‌شان درمی‌آید!

نکیر- بسیار خوب، بگو، از مرحله‌ی بعد بگو!

فضول- مرحله‌ی بعد وقتی است‌که من به همت عمّه بزرگم خانم قدس‌اعظم ارشاد شدم و به تدریج اعتقادم به نقش مهم نکیرین در رستگاری مردم طوری محکم شدکه، همان‌طورکه گفتم، مخالف خوانی های دوستم دکتر میرعلینقی‌خان، نه تنها رشته‌ی پیوندم با نکیرین را سست نکرد، بلکه در نهایت، کارمان به بحث و جدال و قهر و غضب و جدائی همیشگی انجامید.

منکر- آفرین بر فضول‌باشی! شرح جزئیات اعتقاد عمه‌ات و مخالفت دوستت و دلائل هرکدام‌شان و نظریه‌ی خودت، بهترین مایه

برای گزارش شرف‌عرضی ماست. پس دیگر حاشیه نرو و شروع کن!

فضولـ به روی چشم. اوامرتان مطاع است. ولی لطفاً بفرمائید در مقابل این همفکری و همکاری مهم من، که فرمودید حیاتی است، چه پاداشی برای این بنده در نظر گرفته‌اید؟

نکیرـ پاداش برای ...؟

منکرـ فضول آقا را از گرز و زنجیر معاف کردیم، یک چیزی هم طلب کار شده!

فضولـ حضرت منکر، بنده‌ی خاکسارم. ولی تمنا دارم بابت معافیت از شکنجه، منّت ابواب جمع بنده نفرمائید. شکنجه مال کسی است که نخواهد به معاصی اقرار کند. من که آماده‌ام به هر سؤال سختی جواب بدهم، دیگر قابل شکنجه نیستم.

نکیرـ وقت تلف نکن! بگو چه پاداشی توقع داری؟

فضولـ می‌دانم که جزای خوب و بد اعمال دنیوی، به اصطلاح کار بهشت و دوزخ دست حضرت نکیرین، حتی دست مقام معظم حضرت ابویحیی ملک‌الموت هم نیست. در نتیجه، تمنای مختصر بنده این است که شما که با بالا آزادانه رفت و آمد دارید، از دو نفر برایم خبر بیاورید. یعنی بزرگواری بفرمائید یک نوک پا تشریف ببرید مرا از حال و روز این دو نفر مطلع بفرمائید.

منکرـ عجب! فقط یک نوک پا!

فضولـ بله قربان، نوک پا یا نوک بال. مگر رفت و برگشت شما با بالا چقدر طول می‌کشد؟ شما که به یک چشم بهم زدن از دفتر مقام

معظّم جان‌ستانی تا سراغ من در فرنگستان آمدید، یک بال می‌زنید می‌روید، یک بال می‌زنید برمی‌گردید.

نکیر_ رفت و برگشت مسئله‌ای نیست. فقط باید دید آن بالا خبر گرفتن از این دو نفر چه‌قدر طول می‌کشد. این دو نفرکی هستند؟ لابد یکی عمّه‌ات و یکی آن دوست قدیمی‌ات دکتر میرعلینقی؟

فضول_ عمّه‌ام را درست حدس زدید. اما با آن دوست سابقم کاری ندارم. روی وجود او در ذهنم قلم کشیده‌ام. عمّه‌ام خانم قدس اعظم، عیال عنایت‌الله خان است. نفر دوم را نمی‌شناسم. فقط نشانی‌اش را دارم.

نکیر_ وقت تلف نکن! بگو نشانی‌اش را!

فضول_ با عرض معذرت، باید تمناکنم حضرت منکر باز یک دقیقه گوش‌شان را بگیرند. چون نشانی در شعر است.

نکیر_ می‌بینی که منکر تا حرف ترا شنید فوری گوشش راگرفت که وقت تلف نشود. تند بگو نشانی را!

فضول_ نشانی در این شعر شیخ سعدی است که می‌فرماید:

یکــی خــار پـای یتیمــی بکـنـد

به خـواب انـدرش دیـد صـدر خجند

همـی گفـت و در روضه‌هـا می‌چمیـد

کـز آن خـار بـر من چـه گلهـا دمید

نکیر_ خوب، که چه؟

فضول_ می‌خواهم تمناکنم که غیر از عمّه قدسی، از این آدمی که

خار از پای یتیم‌کنده برایم خبر بیاورید که در چه حال است.

منکر- چی گفت؟ نشانی‌اش چیه؟

نکیر- می‌گوید یک آدمی که خار پای یک یتیم را کنده در روضه‌هاست. بیشتر از این نشانی ندارد.

منکر- روضه‌ها هم شد نشانی، جناب فضول‌باشی؟

نکیر- فضول‌باشی افتاده روی مهمل گویی! اولاً ازکجا که عمّه جانت آنجا باشد و...

فضول- از عمّه قدسی صد در صد خاطر جمعم. چون تمام عمر از صبح تا شب کارش نماز و روزه و طاعت و عبادت بود و از نصیحت دیگران به طاعت و عبادت و نیکوکاری لحظه‌ای غافل نمی‌شد. محال است که آنجا نباشد.

نکیر- آن یکی چه‌طور؟

فضول- آن یکی هم تقریباً مطمئنم. چون شیخ سعدی آدمی نبوده که حرف بی‌پایه زده باشد، یا صدر خجند را نشناخته حرفش را تکرار کند. ضمناً آدمی که صدر خجند خوابش را دیده حتماً آدم مهمی بوده. چون بزرگان خواب عمله اکره و نوکرهاشان را که نمی‌بینند.

نکیر- با این خارکن چه قوم خویشی داری؟ از اجدادت بوده؟

فضول- نه‌خیر، قربان. ولی دانستن سرنوشتش برای آینده‌ی من اهمیت دارد. یعنی اگر معلوم بشود این خارکن در روضه‌ها می‌چمد، چه بسا من هم شانس چمیدن در روضه‌ها را داشته باشم.

منکر- یعنی تو هم خار از پای یتیم کنده‌ای؟

فضول‌ـ شاید مهم‌تر از خار!

نکیر‌ـ آدم نادان! آن خارکن حتماً تمام عمر به طاعت و عبادت و نیکوکاری و خدمت به خلق مشغول بوده، این خدمتش به یتیم، به ثواب طاعت و عبادتش اضافه شده، وگرنه گمان نکنم فقط یک خارکندن...

منکر‌ـ از طرفی شاید آن یتیم فرزند یک آدم معزّز و محترمی بوده.

فضول‌ـ این‌ها را من نمی‌دانم. اما وضع خارکن تکلیف مرا روشن می‌کند. بحث جزئیات را بگذارید برای بعد از مراجعت از بالا.

نکیر‌ـ ما حق نداریم تو را تنها بگذاریم. در نتیجه منکر باید این زحمت را قبول کند. نشانی کمی دقیق‌تر از این‌ها را نداری؟

فضول‌ـ نه، ولی مطمئنم که پیدا کردن عمه‌قدسی هیچ سخت نیست. چون آنجا هم یقین دارم که به‌جای لذت و تنعم از نعمت‌های روضه‌ها، از صبح تا شب غیر از نماز و طاعت و عبادت کاری نمی‌کند و به این علت همه او را می‌شناسند.

نکیر‌ـ خارکن از پای یتیم را چه‌طور پیدا کند؟

فضول‌ـ برای خارکن، باید دندان روی جگر بگذارند و نشانی‌اش را از شیخ سعدی که مطمئناً و صد در صد آنجاست و معروف خاص و عام است، سؤال بفرمایند.

منکر‌ـ هیچ مطمئن نیستم این‌ها را بتوانم راحت پیدا کنم. ولی برای دل‌خوشی فضول‌باشی می‌روم. گرز را می‌گذارم که دم دست باشد.

فضول‌ـ حضرت منکر، دستم به دامن مبارک‌تان، یک وقت با این هیبت ترسناک سراغ عمّه قدسی من نروید، از ترس پس می‌افتد.

(بعد از حرکت منکر)

نکیر- نترس! پا به مرز بالا که می‌گذاریم صورت فرشتگی‌مان بر می‌گردد. به‌هر حال نمی بینم که از این رفت و آمد حاصلی ببری. حالا، خبر سلامت عمّه شاید خوشحالت کند. ولی متحیرم که از خبر چمیدن خارکن در روضه‌ها- اگر واقعیت داشته باشد- چه نصیبی می‌بری! قضیه‌ی خارکندنت، یا به‌قول خودت مهم‌تر از خارکندن از پای یتیم را بگو ببینم چه بوده! خیلی خلاصه بگو!

فضول- عرض کنم به حضورتان که من در جوانی یک وقتی مأمور خدمت در شهر وین بودم. شهر وین پایتخت اتریش که معروف حضورتان هست؟

نکیر- بله، این اواخر آن‌جا خیلی ارباب رجوع داشته‌ایم.

فضول- من به موسیقی موزار خیلی علاقه دارم. شما موزار را نمی‌شناسید چون جزء ابوابجمعی شما نیست. آن‌جا، یک وقتی شنیدم که موزار در نوجوانی در جنگل مشرف به شهر، اسم خودش و دختر مورد علاقه‌اش را روی یک درخت کنده یعنی حک کرده، که تا زمان ما خوب حفظ شده است. یک روزی با دوستی برای دیدن آن درخت به راه افتادیم. بعد از طی مسافتی در جنگل، متوجه شدیم که جهت را گم کرده‌ایم. در حال سرگردانی، تصادفاً به یک خانواده‌ی خارجی برخوردیم که آن‌ها هم مثل ما راه را گم کرده بودند. خانواده‌ی ایرلندی مرکب از یک آقا و خانم مسن و یک دختر جوان بود. در جستجوی راه درست، با آن‌ها هم قدم شدیم. چیزی نگذشت که یک اتفاق ناگوار

متوقف‌مان کرد...

نکیرـ نمی‌توانی قصه‌ات را خلاصه کنی؟

فضولـ خلاصه کرده‌ام، قربان. چیزی به آخرش نمانده در آن نواحی یک نوع زنبور سرخ فوق‌العاده درشتی وجود دارد که می گویند از مغولستان جنوبی آمده که مردم از نیشش وحشت دارند. گذشته از نیش بدخیمش، هیکل و هیبتی دارد که زنبور گاوی شیراز که سعدی در حقش فرموده: زنبور درشت بی‌مروت را گوی/ باری چو عسل نمی‌دهی نیش مزن- در برابرش پشه هم به حساب نمی‌آید. باری، در حین راه رفتن و صحبت، ناگهان دختر جوان ایرلندی فریادی از ته جگر کشید: زنبور! زنبور! ظاهراً زنبوری را که به صورتش نزدیک شده بود، با دست رد کرده بود. ولی زنبور بر اثر ضربت دست او، از یقه‌ی باز تابستانی به داخل پیرهنش افتاده بود. من، در مقابل چهره‌ی وحشت‌زده‌ی دختر، که دکولته‌اش را با دو دست کاملاً بازکرده و فریاد می‌زد: زنبور، بی‌محابا دست در سینه‌اش کردم و زنبور را درآوردم و پرتاب کردم. به اندازه‌ی شاید یک جوجه گنجشک بود. خوشبختانه سینه‌ی لخت و بی‌حفاظ دختر را نیش نزده بود. ولی در عوض تلافی‌اش را سر دست من درآورد. نیش زد، چه نیشی! ورم کردن دستم تا آرنج و درد شدید حکایت می کرد که اگر سینه‌ی لطیف و نوجوان دختر را نیش زده بود، معلوم نبود چه بر سرش می‌آمد.

نکیرـ ببینم! چون یک زنبور را از پیرهن دختر درآورده‌ای، انتظار چمیدن در روضه‌ها داری؟

فضـولـ به این هم توجه بفرمائیدکه وقتی به درمانگاه رسـیدیم، دکترگفت اگر سـینه‌ی دختر را نیش زده بـود، احتمالاً به ریه و قلبش آسیب می‌رساند. نمی‌دانید خانواده‌ی دختر چه‌قدر از من تشکرکردند که برای نجات او آن اندازه خطرکرده بودم. به من به چشم ناجی دختر که اسمش مارگارت بود، نگاه می کردند.

نکیرـ توکه می گوئی دختر با پدر و مادرش بوده، پس ...

فضـولـ نه‌خیر، قربـان. پدربزرگ و مادربزرگـش بودند. پدر و مادرش سال پیش از آن در یک تصادف کشته شده بودند.

نکیرـ این اطلاعات را همان موقعی که دسـت توی سینه‌ی دختر کرده بودی، کسب کردی؟

فضولـ نه قربان، این‌ها توریسـت ایرلندی بودند. بعد از آن روز زنبـوری، دو هفته در ویـن ماندند و به‌عنوان قدردانـی، مکّرر از من پذیرایی کردند.

نکیرـ بعد از این رفت و آمدها لابد سـنش را هم پرسـیدی. این دختر یتیم چند ساله بود؟

فضولـ هجده سال داشت.

نکـیرـ اسم دختر هجده سـاله را می گذاری یتیم؟ یتیم یعنی پدر مرده‌ای که به حدّ رشـد نرسیده باشـد. غیر از این باشد تو خودت هم یتیمی!

فضولـ نه، حضرت نکیر. سن رشد قانونی آن موقع در اروپا بیست‌و یک سالگی بود.

نکیر_ لابد این یتیم هجده ساله بر و رویی هم داشته؟

فضول_ بله، خلاف نمی‌توانم عرض کنم. خیلی خوش بر و رو بود. شما چون مثل حضرت منکر با شعر مخالف نیستید، عرض می‌کنم که به قول حافظ بتی شیرین لبی سیمین بناگوش بود. راستی حضرت نکیر، بفرمائید چرا حضرت منکر با شعر این قدر مخالفند؟ اگر یک قدری با شعر و ادب آشنا می‌شدند شاید شوق‌شان به شکنجه برای مُقر بیاری تخفیف پیدا می‌کرد.

نکیر_ مهمل نگو! کار بازجوئی، یا به قول تو شکنجه، برای مُقر بیاری با شعر و شاعری جور در نمی‌آید. تو شکنجه‌گر اهل شعر و ادب دیده‌ای؟ وانگهی، صحبت دختر ایرلندی بود.

فضول_ آن را که عرض کردم بر و روی خوبی داشت.

نکیر_ ببینم! اگر آن زنبور سرخ مغول، به‌جای افتادن توی پیرهن این دختر یتیم، توی پیرهن مادربزرگش می‌افتاد، باز همان‌طور خطر می‌کردی؟

فضول_ حقیقتش نه، حضرت نکیر. برای این‌که در درجه اول وظیفه‌ی شوهرش بود. ثانیاً طبیعی است که نیش زنبور آن‌طور که به پوست لطیف سینه‌ی دختر بچه آزار می‌رساند، برای پوست سفت و سخت شده‌ی زن سالخورده خطر ندارد.

نکیر_ چه زنبورشناس دقیقی! لابد بعد از این‌که دختر یتیم از خطر گذشت، یتیم‌نوازی هم کردی؟

فضول_ عرض کنم که در دو هفته‌ای که خانواده در وین ماندند،

ازکمک به آن‌ها دریغ نکردم. پدربزرگ و مادربزرگ به دیدن بناهای تاریخی علاقه داشتند. ولی مارگارت تفریح و تفرج شبانه را دوست داشت. به این جور جاها راهنمائی‌اش می‌کردم.

نکیر- در این راهنمائی‌ها لابد از تفریح و تفرج خودت هم غفلت نمی‌کردی؟

فضول- تمنا دارم، حضرت نکیر، برای بنده، به‌عنوان فریب یتیم بی‌گناه پرونده‌سازی نفرمائید! مارگارت نامزد سابق داشت و قبلاً نامزد بازی‌هایش را کرده بود.

نکیر- به‌هر حال، خیال می‌کنم برای یک نیش زنبور زیادی به خودت دلخوشی داده‌ای!

فضول- یعنی فکر می‌فرمائید این خطرکردن من و تحمل درد زیاد، پای خار درآوردن آن خارکن در نمی‌آید؟

نکیر- من از چند و چون قضیه خارکن خبر ندارم. ولی مطمئن باش اگر به پاس خارکندن از پای یتیم تا آن حد اجری گرفته باشد، حتماً این کار خیرش به یک عمرکار خیر و طاعت و عبادت اضافه شده. ولی تو که از وجناتت پیداست که دفتر اعمال چندان روشنی نداری، چه‌طور می‌خواهی...

فضول- ببخشید، حضرت نکیر، چه علائمی در وجنات بنده بر سیاهی دفتر اعمالم حکایت می‌کند؟ هزار بار شکرکه از بابت اعمالم در دنیا کوچک‌ترین ناراحتی و شرمندگی وجدان ندارم.

نکیر- مواظب حرف زدنت باش، فضول آقا! این گنده‌گویی‌ها را

اگر در مقابل منکر تکرار کنی یک ضربت گرز گاوسر روی سرت حتمی است. من هم نمی‌توانم جلوی دستش را بگیرم... آهان! این هم منکر مواظب باش!

منکر‌ـ سر مرا دور دیدی، باز رفتی پی مزخرف گویی؟

فضول‌ـ نفرمائید،حضرت منکر. داشتم عرض می‌کردم که شکر خدا هیچ ناراحتی وجدان بابت اعمال زندگی‌ام ندارم.

منکر‌ـ هیچ تردیدی نیست که مغزت بدجوری ضربت خورده که به این راحتی حکم برائت وجدانت را صادر می‌کنی!

فضول‌ـ راجع به این موضوع هر قدر توضیح بخواهید عرض می‌کنم ولی حالا که بزرگواری فرموده‌اید و زحمت رفت و برگشت را تحمل فرموده‌اید، تمنا دارم بنده را بیشتر در انتظار نگذارید. بفرمائید از عمّه قدسی و خارکن چه خبری آورده‌اید؟

منکر‌ـ ازکدام شروع کنم؟ کدام بیشتر...؟

نکیر‌ـ از خارکن شروع کن. چون فضول‌باشی فکر می‌کند که سرنوشت‌اش مشابه آن خارکن است.

منکر‌ـ عمّه‌اش را راحت پیدا کردم. اما جستجوی خارکن خیلی وقت گرفت. آخر هم ...

فضول‌ـ شرمنده‌ام از زحمتی که داده‌ام. اما اطلاع از وضع این آدم برایم نهایت اهمیت را دارد.

منکر‌ـ دنبال خارکن مدتی از این روضه به آن روضه رفتم. شیخ سعدی شنیدم که آنجا بود اما نخواستم طرفش بروم. خوشبختانه به

روضه‌بان ارشد، که از قدیم می‌شناختم برخوردم. گفتم دنبال آدمی می‌گردم که سعدی شیرازی یک وقتی از صدر خجند شنیده که به خواب او را در روضه‌ها دیده است. وقتی قضیه خار در آوردن از پای یتیم را گفتم فوری شناخت. گفت منظورت شیخ ابوالعباس است. بعد توضیح داد که صدر خجند که در خواب چمیدن او را در روضه‌ها دیده دروغ نگفته. اما این خواب حتماً پیش از اتفاقی بوده که در روضه‌ها برای شیخ افتاده و تا مدت‌ها نقل مجالس بوده. پرسیدم آن اتفاق چی بوده؟ گفت این شخص را که شیخ‌الاسلام شهر خجند بوده، قدیمی‌ها هنوز به یاد دارند. این شیخ‌الاسلام ابوالعباس از موقع رسیدن شهرتی به هم زده بود چون برای همه ایجاد مزاحمت کرده بود. زیاده از حد مؤمن و مقدس بود. به عنوان تکلیف امر به معروف و نهی از منکر به کار همه دخالت می‌کرد. نه تنها به زن غیر محجبّه نگاه نمی‌کرد و حرف نمی‌زد، که اصرار فوق‌العاده داشت که حوریان هم به رعایت حجاب کامل مکلف شوند. اصرار و ابرامش به جدا کردن روضه‌های زنانه از مردانه، روضه‌بان‌ها را مستأصل کرده بود. می‌خواست یک شورای تسلیح اخلاقی تاسیس کند. مرتب جلسه سخنرانی ترتیب می‌داد و راجع به خدمت به همنوع صحبت می‌کرد. به تکرار شرح خارکندن خود از پای یتیم را حکایت می‌کرد. پیشنهاد کرده بود که وسائل ایجاد یک دارالایتام در اختیارش بگذارند. هر چه می‌گفتند این‌جا پدر و مادری نمی‌میرند که یتیم پیدا بشود، به خرجش نمی‌رفت و منصرف نمی‌شد. خلاصه جان همه را به لب رسانده بود. تا این‌که یک روزی

که مردم را در باغ جنت‌النعیم جمع کرده و زیر عنوان «حجاب پادزهر بی‌عفتی» سخنرانی می‌کرد، وسط مجلس ناگهان یک مرد میانسال ظاهراً محترمی به‌طرف او هجوم برد و او را با یک پس‌گردنی محکم از روی کرسی خطابه‌اش سرنگون کرد و با لگدی به ماتحتش، فریاد زد: این بی‌همه چیز را کی به روضه‌ها راه داده؟ جلسه بهم خورد و فتنه و آشوب بی‌سابقه‌ای به راه افتاد. معلوم شد، این مرد همان یتیمی است که شیخ‌ابوالعباس خار پایش را کنده بود. قضیه بالا گرفت و به دخالت شخص رضوان و رسیدگی سوابق منجر شد. کاشف به عمل آمدکه شیخ‌الاسلام ابوالعباس، از فردای روزی که خار را از پای یتیم کنده، هر روز به بهانه‌ی احوال‌پرسی به خانه‌ی آن‌ها می‌رفته و نقل و نبات برای یتیم می‌برده، تا یک روزی که یتیم در خانه تنها بوده، به قصد تجاوز جنسی به او حمله برده و اگر مادر یتیم سر نرسیده بوده، در انجام نیّت شوم خود موفق می‌شده است. در مقابل پرخاش مادر، گفته که می‌خواسته جای زخم خار در پای یتیم را معاینه کندکه مبادا چرک کرده باشد و یتیم بی‌جهت مقاومت می‌کرده و نمی‌گذاشته لختش کند. مادر یتیم برای حفظ آبروی خانواده سر و صدای قضیه را در نیاورده است. بعد از کشف این واقعیت، به دستور روضه‌بان ارشد، شیخ‌ابوالعباس با پس‌گردنی مستمر به دوزخ فرستاده شده.

نکیر_ خبر اخراج خارکن با پس‌گردنی به‌طرف دوزخ، خبر خوبی نیست، فضول آقا!

منکر_ از اجدادش بوده؟

نکیر_ نه، قصه‌اش را بعد برایت می‌گویم. می‌خواهد پا جای پای او بگذارد.

فضول_ تا یک جائی، حضرت نکیر! فقط تا آنجا که خار از پای یتیم کنده. من هیچ‌وقت نخواستم به زور جای پای زنبور را در سینه‌ی یتیم معاینه کنم. حالا اگر حضرت منکر خبر حال عمّه قدسی‌ام را بفرمایند ممنون می‌شوم.

منکر_ خیالت از جهت عمّه قدسی راحت باشد. حالش خوب است. از خبر تو خیلی خوشحال شد. یک نامه برایت نوشت.

فضول_ نامه؟ پس چرا نفرمودید؟ لطف بفرمائید ببینم.

منکر_ نامه از بالا را که نمی‌شود دست تو داد. می‌دهم نکیر که خط فارسی می‌داند برایت بخواند.

نکیر_ حرفهامان را بزنیم نامه را بعد برایت می‌خوانم.

فضول_ بی‌انصافی نفرمائید، حضرت نکیر، نامه‌ی عمه‌ام را نخوانده، کجا برایم حواس خاطره گفتن می‌ماند؟

(نکیر یک تلنگر به هوا می‌زند نامه روی دستش ظاهر می‌شود)

نکیر_ (می‌خواند) قربان و تصدق جوجی عزیزم...

فضول_ عمّه قدسی همیشه مرا جوجی صدا می‌زد.

نکیر به خواندن ادامه می‌دهد:

«قربان و تصدق جوجی عزیزم. یک دنیا خوشحال شدم که بعد از این همه سال بی‌خبری، امروز خبری از تو رسید. پیکی که خبر آورده می‌گفت که تو نگران حال منی. تصدق آن دل پر محبت و قد و بالای

جوجی مهربان عزیزم که عمّه قدسی را فراموش نکرده. اما عزیزم حالا که اجازه دارم این نامه را بنویسم، برای این‌که چیزی نگفته نماند، آن را قسمت قسمت می‌کنم که از شرح حالم و وضع زندگی‌ام کاملاً باخبر بشوی:

سلامت کامل

از حال من خواسته باشی الحمدالله از نظر سلامت هیچ گله‌ای ندارم. همه‌ی آن درد و مرض‌ها شکر خدا رفع شده، دیگر نه سوزش معده دارم، نه کمر درد و زانو درد، گوشم خوب می‌شنود، چشمم بی‌عینک دور و نزدیک را خوب می‌بیند. از پای سفره پا نشده احساس گرسنگی می‌کنم. خلاصه هیچ مشکل سلامتی ندارم. تا حالا، گوش شیطان کر یک دفعه هم سرما نخورده‌ام. یعنی حال جسمی‌ام هیچ‌وقت به این خوبی نبوده، هوا هم که دیگر گفتن ندارد، بهشتی است. مثل همان که توی شاهنامه راجع به مازندران می‌خواندیم: نه گرم و نه سرد و همیشه بهار است. اما جوجی جون، حال روحی‌ام به آن خوبی حال جسمی‌ام نیست. از اول یک کم و کسری داشتم که هنوز دارم. نمی‌دانم شنیده‌ای یا نه که این جا رسم است که هرکس وارد می‌شود، می‌پرسند که بزرگ‌ترین آرزوی زندگی‌اش که توی دنیا تا آخر برآورده نشده چی بوده، آن وقت، به عنوان عطیّه و هدیه‌ی ورود، آن آرزو را، هر چه باشد، این جا برایش برآورده می‌کنند. مال من، از بخت بد، وسط این همه خلایق به اشکال برخورد. گفتند به جایش یک آرزوی دیگری بکن.

مشکل عطیّه‌ی من

پیشــنهادی می‌کردندکه مقدورم نبــود. چون هیچ چیزی جای آن آرزوی مــرا نمی‌گرفت. این را، جوجی‌جون، هیچ‌کس نداند تو خوب می‌دانی که تمام عمرم تا دقیقه‌ی آخر آرزو داشــتم که مثل خانم بزرگ عصمت‌الملوک، بروم کربلا مجاور بشــوم. که صبح و شب بروم توی حرم به زیارت و پابوس امام. بعد بنشینم واسه‌ی مظلومیتش اشک بریزم دلم وابشود، برگردم خانه. اما آخری جنگ و جدال بود عراقی‌ها اجازه نمی‌دادند. من شــب و روز غصه‌اش را می‌خوردم. این‌جا موقع ورودم وقتی پرسیدند بزرگترین آرزوی برآورده نشده‌ی دنیایی‌ام چی بوده، همین را گفتم. یک خرده به هم نــگاه کردند گفتند یک چیز تازه‌ای به‌جای آن، آرزو کن، هر چه باشــد برآورده می‌کنیم. که البته مقدورم نبود. هیچ چیزی جای آن را نمی‌گرفت. چیزی نگفتــم اما غصه‌اش را خوردم. یعنی حرف‌شان هم حســابی بود. می‌گفتند ماکه نمی‌توانیم حرم مطهر امام را از آن‌جا که هست بکنیم این‌جا بیاوریم که تو مجاور بشوی! هیچ عملی نیست. اگر هم عملی بود، در آن صورت به خود امام که این‌جا تشریف دارند چی عرض می‌کردیم؟ از طرف دیگر جواب آن جماعت دل‌سوخته‌ای را که مجاور شده‌اند چه بدهیم؟ شما به‌جای مجاور شدن و صبح و شــب رفتن به زیارت حرم، برو به پابوس خود امام. البته این حرفشــان جواب نداشت ولی پیشنهادشان عملی نبود. من اگر صبح و شب بروم به پابوس امام، خوب، یک چند روزی ممکن است که وسط

گرفتاری‌هاشان و دید و بازدیدهاشان، با بزرگواری تحمل کنند. اما بعد حوصله‌شـــان سر می‌رود، با پای مبارک یک تیپا می‌زنند ردم می‌کنند. وانگهی آن اشک ریختن دلم را وا می‌کرد. در محضر امام که نمی‌توانم صبح و شب بعد از پابوسی اشک بریزم. به‌هر صورت عملی نشد.

غرقه‌ی محبت

آرزویم عملی نشـــد. صد البته برای جبران غصه‌ی من خیلی زیاد محبت کردندکه اگر تعریف کنم یک کتاب می‌شود. بگذریم. اما جوجی جون، اگر یادت باشد، برای سربسرگذاشتن با من موضوع حمام رفتنم را مسخره می‌کردی. می گفتنی عمّه قدسی بعد از هفت هشت ساعت که از حمام دسته‌جمعی بر می گردد، صورتش طوری قرمز شده که آدم دلش می‌خواهد لپش را مثل لبوگاز بزند.

این‌جا از آن حمام دســـته‌جمعی پای کاســـه‌ی انار دون شده وگلپر خبری نیســـت. اصلاً از حمام و لیف و صابون و ســـنگ‌پا هم خبری نیســـت. یعنی آدم هیچ‌وقت کثیف نمی‌شود. توی آب سرد وگرم برای تفریـــح می‌روند. به‌هر صورت نگران من نباش. مثل یک ملکه زندگی می‌کنم. حوری‌های خوشگل خدمتم را می‌کنند. نمی گذارند آب توی دلم تکان بخورد. هر غذائی که هوس کنم به یک چشم بهم زدن آماده می‌کنند.

امـــا جوجی جون، خبر مهم آمدن عنایت‌الله اســـت. من تمام این ســـال‌ها نگران عنایت بودم. البته آدم پاکیزه‌ای بود. گناهی نکرده بود.

ولی می‌ترسیدم واسه‌ی آن یک چتول ودکائی که شب‌ها، به‌قول خودش برای رفع خشکی مزاج با ماست و خیار می‌خورد، آن طرفی باشد. اما لطف و رحمت پروردگار عالم شامل حالش شد. البته ـ اگر باز نگوئی عمّه قدسی یک کلاغ چل کلاغ می‌کند ـ بیشتر نان طاعت و عبادت مرا می‌خورد. به‌قول خودش خواسته‌اند یکی باشدکه من بهش غر بزنم. هر چند تو خوب می‌دانی که من اهل غر زدن نیستم. به‌هرحال، از صدقه‌ی سر من مثل یک پادشاه ازش استقبال کردند. همان‌طور که موقع ورود از من راجع به آرزوی نامرادم در دنیا سؤال کردند، از عنایت هم بزرگ‌ترین آرزوی برآورده نشده‌ی دنیائی‌اش را پرسیدند. من آن‌جا حاضر نبودم. ولی گزارش جوابش را برایم آورند. باز زن بیچاره گنه کار شد!

مشکل عطّیه‌ی عنایت

گفته بود آرزو داشتم به منزل که می‌رسیدم، زنم منقلم را با آتش گل انداخته زیر خاکستر، بگذارد جلویم. اما وقتی به خانه می‌رسیدم می‌دیدم تازه معصومه خاتون خدمتکارمان دارد آتش گردان می‌چرخاند که سماور آتش کند. حالا دلم می‌خواهد یک جوری باشدکه تا لقمه‌ی آخر غذا ازگلویم پائین نرفته منقل و قوری چای دم کشیده جلویم باشد. کسی هم غر نزندکه از بوی ذغال سرم دردگرفت و از بس خاکستر تمیزکردم کمرم دردگرفت، نظارتی‌های ورودی چیزی از این آرزویش نفهمیده بودند یک روضه‌بان را صدا زده بودند. او ملتفت موضوع

شـــده بود و خیلی روشن بهش گفته بود که از این چیزها، یعنی تریاک و منقـــل و وافور این‌جا خبری نیســـت. عنایت این را که شـــنیده بود، داشت پس می‌افتاد. که فوری دورش را گرفتند و تا آمد بفهمد چه خبر است، بردندش به کاخ پرنیان، نمی‌دانم با چه متدی اعتیادش را ترکش دادند. نمی‌دانم این کاخ پرنیان چه جور جائی اســـت ولی بعد شنیدم که حوری‌های خوشگل مثل غنچه‌ی نوشکفته خدمتش را می کردند. به‌گردش و ورزش و هواخوری می‌بردندش، با بهترین میوه‌ها و اغذیه ازش پذیرایی می کردند. خلاصه وقتی به من تحویلش دادند قیافه‌اش به‌کلی عوض شـــده بود. ماشاءالله گوشتی آورده بود. با لپ‌های سرخ و پوســـت برّاق انگار چند سال جوان شده بود. می گفتم عنایت‌الله به رحمت پروردگار، از اجر طاعت و عبادت من سهمی گرفت و عاقبت بخیر شد.

عوارض مزاجی

ســـلامتش برگشـــت اما، جوجی جون، چشـــمت روز بد نبیند از خماری‌اش! طفلک‌ها حوری و غلمان چه‌قدر زحمتش را کشیده بودند و به‌کلـــی تریاک را ترکش داده بودند. اما برای خماری‌اش نتوانســـته بودندکاری بکنند موقع منقلش که می‌شد، سگ می‌شد. طوری بدعنق و بددماغ و بدپیله می‌شـــد که نمی‌شـــد طرفش رفت. از همه‌چیز ایراد می‌گرفت. توی این هوای عالی بهشتی، یک وقت گرمش می‌شد داد می‌زد پنجره‌ها را واکنید! یک وقت سردش می‌شد پوستین می‌خواست.

گلدان یاس را از پنجره بیرون می‌انداخت که بوی زُهم می‌دهد. پنبه تو گوشش می‌چپاندکه چهچه‌ی بلبل آزارش ندهد. حوری مثل غنچه‌ی گل پایش را می‌مالید می‌گفت دستش زبر است پوستم را زخم می‌کند. ناچاری، با روضه‌بانمان درباره‌ی بداخلاقی‌های خماری‌اش صحبت کردم. گفت عوارض گذرائی است. تحمل کنید رفع می‌شود. من هم با او صحبت خواهم کرد. اما جوجی جون چی بگم که چی شنیدم. چند روز بعدکه روضه‌بان را دیدم گفت من با شوهرت صحبت کردم. شوهر بی‌نظیری است قدرش را بدان! هر چی گفتم چی گفتید چی شنیدید نمی‌خواست چیز دیگری بگوید. چون خیلی زیاد اصرار کردم عاقبت یک چیزی گفت که دهنم از تعجب باز ماند. به عنایت گفته بود آقا، بهترین راه انصراف فکر از مشغولیات گذشته این است که دست یک حوری گل‌چهره‌ی گلندام را بگیری ببری دشت و دمن! عنایت که قدر آقائی‌اش را نمی‌دانستم، جواب داده بود من چه‌طور جلوی زنم که چهل‌سال با خوب و بد من ساخته، دست یک حوری را بگیرم به دشت و دمن ببرم؟ ببین، در مقابل این انسانیت و بزرگواری عنایت چه می‌توانستم بکنم جز تحمل عوارض خماری‌اش تا بهبود کامل، اما متأسفانه خبری از بهبود یا تخفیف خماری‌اش نبود. به نظر من علت اصلی خماری‌اش نبودن رفقای پست و تلگراف‌اش بود. بیشترشان را دیده بودی که مثل خودش کارمند پست و تلگراف بودند و مورس می‌دانستند. یادت باشد وقتی جمع بودند از اطاق‌شان صدای تق‌تق مورس که با انبر به لبه‌ی منقل می‌زدند می‌شنیدیم که من می‌گفتم دارند

حرف محرمانه‌ای بهم می‌زنند. خلاصه با همه ناز و نعمت این‌جا دوری از آن رفقا را تحمل نمی‌کرد.

بحران خطرناک

این ناراحتی عصبی مداوم، که سعی می‌کرد از من پنهان کند، انگار تعـادل روحی‌اش را کاملاً بهم زد. تا جائی که عاقبت به سـرش زد و تصمیم به خودکشی گرفت که البته عملی نبود و فقط برای من دردسر درسـت می‌کرد. یک دفعه نمی‌دانم با چه همتی و چه زوری خودش را به بالای شجرةالبق که بلندترین درخت نزدیک ماست و چهل‌پنجاه متر ارتفاع دارد، رساند و از آن ارتفاع به‌قصد انتحار خودش را پرتاب کرد. ولی مثل پرمرغ مدتی روی هوا چرخید و به زمین نشست. هرکس دید به ریشش خندید و خمارتر از همیشه به خانه برگشت. عاقبت، یک دفعه وقتی من خانه نبودم برای خودکشی یک کارد آشپزخانه زد توی شکمش، اما چون نه دردش آمد و نه خون آمد، زیادتر فروکرد، آن‌قدر که دسته‌ی کارد هم فرو رفت و نوک کارد از پشتش درآمد. البته این خریتش را رویش نشد به من بگوید. گرفتاری‌اش این بود که دیگر نمی‌توانست طاق باز بخوابد. روی شکم می‌خوابید می‌گفت پشتم کورک درآورده. تا یک شـب که لحاف از رویش پس رفته بود، من دیدم. پرسیدم این سـیخ چیه از پشتت درآمده؟ شروع کرد یک مهملاتی سرهم کردن، تا آخرش مُقر آمد که می‌خواسته خودکشی کند. ناچاری روضه‌بان را خبر کردم. برای حفظ آبرو گفتم موقع جنگ نوک سرنیزه شکسته توی تن

عنایت مانده. که البته گمان نکنم باور کرده باشد چون از یک فرسخی پیداست که عنایت جنگ برو نیست. یکی را فرستاد با گاز انبرکارد را از شکمش درآورد. خیلی خجالت کشیدم که سر نیزه‌ی جنگی کارد آشپزخانه از آب درآمد.

رفیق شفیق کیمیای سعادت

این گرفتاری‌های عنایت که مدت‌ها خیالم را ناراحت کرده بود شکرخدا براثر نصیحت دوست تازه‌ای که پیداکرده تقریباً تمام شده. این آقاکه بهش می‌گویند سرهنگ مرتضی‌خان، گویا در سررشته‌داری ژاندارمری کار می‌کرده، زن ندارد. یعنی زنش آن طرف است. عنایت می‌رود پیش این سرهنگ ساعت‌ها شطرنج بازی می‌کنند. یعنی عنایت شطرنج بلد نبود از قرار سرهنگ یادش داده در عوض عنایت‌الله به سرهنگ مورس یاد داده که حرف‌های خصوصی‌شان را برای این‌که روضه‌بان نفهمد به مورس می‌زنند. بعضی روزها هم بعد از شطرنج می‌روند کوه‌نوردی. البته این‌جا کوه نیست. آن چیزی که بهش کوه می‌گویند تپه‌های قشنگ سراسرگل و سنبل و سبزه است. بعد از مدت‌ها خواهش و تمنا، یک دفعه هم مرا بردند کوه‌نوردی. آن روز ضمن گردش، وسط گل وگیاه چشمم به حقه‌های خشخاش افتاد. نزدیک که رفتم دیدم حقه‌ها تیغ‌زده است. خدا از تقصیرم بگذرد، به شطرنج‌بازان شک بردم. گفتم نکند شما این حقه‌ها را تیغ زده‌اید؟ هر دو، یعنی عنایت و سرهنگ مرتضی‌خان، به ارواح پدران‌شان قسم خوردند که تقصیری

ندارند و این خشــخاش‌ها را یا دیگران تیغ زده‌اند یا همین‌طور تیغ‌زده عمل می‌آیند. دیگر خدا می‌داند. دوســه دوست دیگر شطرنج‌باز هم پیدا کرده‌اند. به همت این رفیق شفیق و به برکت بازی فکری شطرنج، خوشبختانه خلق‌خوش عنایت به او برگشته است. الان هم که مشغول نوشــتن این نامه هستم، در منزل سرهنگ مرتضی‌خان مشغول شطرنج هستند. سلام و اشتیاق غایبانه‌ی عنایت را می‌رسانم. بطوری که پیک می‌گفت در مرحله‌ی ســؤال و جواب هســتی. دعا می‌کنم که نمره‌ی قبولی بگیری و زودتر روی عزیزت را ببوسم. قربانت عمه قدسی.»

نکــیر- این نامه‌ی عمهات و خبر ســلامت خودش و شوهرش آن هم شرح حال شیخ ابوالعباس خارکن پای یتیم. دیگر وقت تلف نکن؛ نظریــات موافق و مخالــف و نظری که خودت درباره‌ی راه تجدید وحشت از نکیرین داری، بیان کن!

فضول- آن را که خدمت‌تان عرض می‌کنم. ولی کاش حضرت منکر یک نوک پا هم تا دوزخ تشریف برده بودندکه بدانم شیخ‌ابوالعباس را کجای دوزخ جا داده‌اند.

نکیر- چرا مهمل می‌گویی، فضول‌باشــی؟ می‌خواســتی بدانی خارکن در روضه‌ها می‌چمد یا نه، که خبرش را گرفتی.

منکر- این فضول مزه گرزگاوســر را نچشیده که بفهمد با ما نباید شوخی کرد.

فضول- نه، تمنا دارم عصبانی نشــوید، حضرت منکر شــما که تشریف نداشتید خدمت حضرت نکیر عرض کردم که چرا به سرنوشت

خاركن علاقه دارم.

نکیر- می‌خواست بداندکه اگر خاركن به پاداش خاركندن از پای یتیم در روضه‌ها می‌چمد، او هم به سرنوشت خودش امیدوار باشد. چون یک دفعه یک زنبور را از پیراهن یک یتیم درآورده است.

فضول- نه هر زنبوری! بفرمائید زنبور سرخ مغولستانی!

نکیر- به‌هرحال فهمیدی که خاركن قبلاً در روضه‌ها بوده و بعد روانه‌ی دوزخ شده. دیگر چرا وقت تلف می‌کنی؟

منکر- همان‌طور که گفتم این تا یک گرز نخورد زبانش باز نمی‌شود.

نکیر- تو که معتقدی دفتر اعمال پاکیزه‌ای داری و هیچ معصیتی نکرده‌ای و در نتیجه روضه‌رضوان در انتظارت است، دیگر به دورخ خاركن چه کار داری؟

فضول- بله، من تا آنجا که به یاد دارم هیچ معصیتی نکرده‌ام. اما آدم چه می‌داند! یک وقت دیدی آن حساب صاف مرا قبول نکردند. مثلاً ...

نکیر- تو در هر صورت سرمایه‌ی مهم زنبور درآوردن از پیرهن یتیم را که ذخیره داری!

فضول- بله، ولی آن هم یک وقت دیدی یکی، یک سوسه‌ای درش دواند! مثلاً یکی پیدا شدگفت آن زنبور سرخ مغولستانی نبوده، یا فرضاً مارگارت به یک آدم متعصّب شوهرکرده، شوهرش از سر غیرت ناموسی شدکه چرا یک مرد غریبه پیشترها دست توی سینه‌ی لخت زنش کرده،

دختر هم برای خلاصی از قال و مقال و طلاق و طلاق‌کشی، گفت آن غریبه به بهانه‌ی زنبور، به زور دست توی سینه‌اش کرده. خلاصه، این جور اِنقلت‌ها پیش بیایدکه حکم روضه‌ی من ملغی بشود و روانه‌ام کنند به دوزخ.

نکیرـ آن وقت دیگرکسی کاری برایت نمی‌تواند بکند.

فضولـ من هم ازکسی توقع کاری ندارم. دلم می‌خواست می‌دانستم این‌جور تجدیدنظری‌ها راکجای دوزخ جا می‌دهند.

منکرـ فضول لاعن‌شعور! دوزخ دوزخ است دیگر! جای ییلاقی خوش آب و هوا ندارد.

فضولـ قبول حضرت منکر، ولی طبقات سبعه‌ی دوزخ را فراموش نفرمائید. هفت طبقه‌ی دوزخ را که آسیدابوالقاسم واعظ، آیت‌الله محله‌ی ما، بالای منبر مرتباً یادآوری می‌کرد، هنوز یادم است، از جهنم طبقه‌اول تا هفت طبقه زیر، که آخری هاویه مخصوص اشقیای خون‌خوار است. به‌هرحال، شما که آقائی فرمودید، آن همه زحمت کشیدید، این بزرگواری را هم بفرمائید. کار سختی نیست. در روضه‌ها، معطلی‌تان برای این بود که اسم و رسم خارکن را نمی‌دانستید. حالا که می‌دانید، از همان دم در بپرسید شیخ‌ابوالعباس کجاست، جایش را نشان‌تان می‌دهند.

منکرـ گمانم آخر سر ناچار بشویم فضول را با گرز و زنجیر سلاسل به حرف بیاوریم.

فضولـ نفرمائید، حضرت منکر! اجازه بفرمائید دست‌تان را ببوسم

و عرض کنم که اگر می‌شود با یک محبت مختصر مسئله‌ای را حل کرد، چرا توسل به گرز و زنجیر؟ این بزرگواری آخری را بفرمائید، دقیق‌ترین نظریات موافقین و مخالفین نکیرین را طوری به عرض‌تان می‌رسانم که گزارش شرفعرضی‌تان محتاج اصلاح عبارتی هم نباشد و مقام معظّم قابض‌الارواحی ابویحیی ارواحنا فداه، کار شما را به رخ تمام ملایک قدسی بکشند.

نکیرـ حالا این امتیاز آخر را هم به فضول بده که دیگر بهانه‌ای نداشته باشد.

فضولـ تا آخرالابد روزگار منّت‌دار وجود مبارک‌تان می‌شوم.

منکرـ من می‌روم ولی اگر آمدم و باز بهانه‌آوردی منتظرگرزگاوسر باش و در غیاب من حکایت آن‌هایی را که گرزگاو سر مرا خورده‌اند، از نکیر بپرس که بدانی چه‌طور مغز سرت از ناخن پایت بیرون می‌آید (به نکیر) گرز را می گذارم دم دستت.

فضولـ خاطر مبارک آسوده باشد. در اجرای اوامرتان بنده‌وار آماده‌ام.

(بعد از حرکت منکر)

نکیرـ منکر رفت ولی بدان که حوصله‌اش سر رفته و اگر دست به گرزگاوسر ببرد، من هم نمی‌توانم نجاتت بدهم.

فضولـ نه‌خیر مطمئن باشید، حضرت نکیر! می‌خواهم عرض کنم که اصرارم بیشتر به‌خاطر این بود که دلم می‌خواست باز یک کمی با شما تنها باشم. وگرنه یک طبقه بالا یک طبقه پائین آن‌قدر مهم نیست.

می‌خواهم اگر اجازه بفرمائید از شما یک سؤال کوچکی بکنم.

نکیر- باز چه مهملی می‌خواهی سر هم کنی؟ من صحبت تو را راحت‌تر از منکر تحمل می‌کنم ولی سوء استفاده نکن و پرت و پلا نگو!

فضول- می‌خواستم بپرسم شما با این کار بیست و چهار ساعته بازجوئی سال به دوازده ماه، چه موقع استراحت می‌فرمائید؟ چه‌قدر تعطیلی دارید؟

نکیر- مزخرف‌گوئی را شروع کردی! برای ما ملایک قدسی استراحت و تعطیلی معنی ندارد.

فضول- ده همین! من اگر افتخار زیارت مقام معظم حضرت ابویحیی‌ارواحنا فداه را پیدا می‌کردم به عرض مبارک‌شان می‌رساندم که شاید یکی از علل ریختن ترس مردم از نکیرین، همین عدم استراحت و خستگی کار مداوم شما باشدکه خودتان هم متوجهش نیستید.

نکیر- مهمل نگو! خود مقام معظّم هم هیچ‌وقت استراحت نمی‌فرمایند. کار ما هم خستگی ندارد. مُقر آوردن گناه‌کاران لذتی دارد که خستگی‌مان را رفع می‌کند. ما از کارمان گله‌ای نداریم.

فضول- ممکن است گله‌ای نداشته باشید. ولی آیا دل‌تان نمی‌خواهد بعد از گرز و زنجیر و چماق‌زدن به سر مردم گناه‌کار، هر چندوقت یک‌بار مدتی تعطیلی داشته باشیدکه به‌جای قیافه‌ی هولناک حالا، چهره‌ی قشنگ فرشته‌ای‌تان را توی آینه ببینید؟ به جای بوگند فعلی، عطرگل و سنبل به دماغ‌تان بخورد؟ به‌جای ناله و نفرین شکنجه

شـــده‌ها، چهچه‌ی بلبل بشنوید؟ توی بوستان وگلستان بگردید و لذت ببرید؟ دوستتان داشته باشند و دوست داشته باشید؟ عاشق بشوید؟

نکیرـ عاشق بشوید یعنی چه؟

فضولـ یعنی... به یک فرشته‌ی دیگر مثل خودتان، مثلاً به حضرت منکر احساس عشق کنید.

نکیرـ عشق یعنی چه؟

فضولـ یعنی خاطرخواهی.

نکیرـ خاطرخواهی یعنی چه؟

فضـولـ خاطرخواهی را چه جـوری تعریف کنم؟ یعنی یکی را خیلی‌خیلی زیاد دوست داشته باشـید، آن‌قدر که دل‌تان بخواهد مدام نفس‌اش به نفس‌تان بخورد. به قول مش‌قاسم ما...

نکیرـ مش قاسم کیه؟

فضولـ شما نمی‌شناسیدش. مش قاسم یکی بود که من وقتی بچه سال بودم خاطرخواهی را برایم تعریف کرد. می گفت وقتی خاطر یکی را می‌خواهی، آن موقعی که می‌بینی‌اش یک هُورمی تو دلت بلند می‌شه که پنداری تنور نانوائی را روشن کرده‌اند. وقتی نمی‌بینی‌اش انگار دلت را بردی توی یخچال حاجی صمد... گیرم که شـــما نه تنور نانوائی را دیده‌اید نه می‌دانید یخچال حاجی صمد چه جور جائی است... ببینم! یعنی می‌فرمائید پروردگار بخشنده و مهربان عالم، نعمت دوست داشتن و عاشق شدن را که به آدمیزاد بی‌مقدار عطا فرموده، از ملایک قدسی دریغ کرده؟ یعنی حافظ ما درست فهمیده که گفته: فرشته عشق نداند که

چیست ای ساقی- بخواه جام وگلابی به خاک آدم ریز؟

نکیر- از حرف‌هائی که می‌زنی سر در نمی‌آورم، حالا، این عاشق شدن چه فایده‌ای دارد؟

فضول- ملایک را نمی‌دانم، اما آدم وقتی یکی را دوست دارد، به بقیه‌ی آدم‌ها هم با چشم دوستی نگاه می‌کند. وقتی عاشق است یک کمی از سایه‌ی معشوق اش روی سر دیگران هم می‌افتد. مثلاً شما و حضرت منکر اگر عاشق می‌شدید، شما از این‌که هستید ملایم‌تر می‌شدید و حضرت منکر دست‌شان این‌قدر راحت به گرز و زنجیر زدن به سر مردم نمی‌رفت.

نکیر- تو خودت عاشق بوده‌ای؟

فضول- بوده‌ام و هستم و خواهم بود.

نکیر- پس تا منکر نیامده خیلی سریع عشق و عاشق شدن را برای من تعریف کن!

فضول- به روی چشم، با کمال شوق. هر چند به‌قول حافظ سخن عشق نه آن است که آید به زبان، در حد توانائی بیانم سعی می‌کنم. عرض کنم به حضورتان که ...

نکیر- صبرکن ببینم، فضول آقا! این حافظ کیه که مدام ازش یاد می‌کنی؟

فضول- ها! حضرت نکیر، شما که به صرافت افتاده‌اید که بدانید عشق چیه و عاشق کیه، باید با حافظ آشنا بشوید، چون این شاعر ما عاشق‌ترین عاشقان روزگار است. عاشقی است که از دم صبح ازل تا

آخر شام ابد عاشق بوده. وقتی می گوید:

عاشـق شـو ار نـه روزی کار جهان سـرآید

ناخوانده نقش مقصود از کارگاه هستی!

یا آنجائی که به عنوان مفتی عشق، فتوا می‌دهد که

هرآن کسی که در این حلقه نیست زنده به عشق

بـر او نمـرده به فتوای مـن نماز کنید

صلای عشـق می‌زند. نه تنها عاشق اسـت، که خود عشق است. با حافظ که آشـنا بشوید عشـق را به دل‌انگیزترین شکل ممکن برای شما حکایت می‌کند. دسـتتان را می گیرد از راه عشق، از بادیه عشق می گذراند، به شهر عشق و یک‌راست به کوی عشق می‌رساند و آن‌جا خواه ناخواه عاشق می‌شوید. باید سعی کنید با حافظ که الان مطمئنم به لطف و عنایت پروردگار در روضه‌هاست، آشنا بشوید.

نکیر- دلم می‌خواهد او را بشناسم. اما همیشه با منکرم که از شعر و شاعر بدش می‌آید. اگر تو بتوانی او را به من در حد ممکن بشناسانی...

فضـول- ای حضـرت نکیر، مگر من می‌توانم حافظ را به شـما بشناسـانم؟ شـما که می‌توانید هرکتابی را آناً احضارکنید، فارسی هم می‌خوانیـد، دیوان اشـعارش را احضار بفرمائیـد و بخوانید. همه‌ی فارسی‌زبانان به این طریق حافظ را شناخته‌اند و عاشقش شده‌اند.

نکیر- الان که فرصت نیسـت چون هر لحظـه منتظر مراجعت حضرت منکر هستیم. یکی را که این شاعر را خوب می‌شناسد معرفی کن که بعد از تو به من برای شناختن حافظ کمک کند.

فضول‌ـ والله، حضرت نکیر، آن بزرگانی که من می‌شناختم، همه از زیر دست‌تان رد شده‌اند. باید فکر کنم، شاید یکی دو نفر یادم بیاید. آهان! یادداشت بفرمائید: دکتر... نه، نه، این را ننویسید. چون کار امروز و فردا نیست. ماشاءالله از آن خوش بنیه‌هائی است که صد را رد می‌کند. آهان! یکی دم بخت یادم آمد. مرقوم بفرمائید: استاد دکتر...

نکیرـ ساکت! ساکت! صدای بال منکر! دهنت را ببند! مواظب باش!

(ورود منکر)

منکرـ باز پرحرفی کرد فضول‌باشی؟

فضولـ نه خیر، قربان. مجدداً سلام و خاکساری عرض می‌کنم. از زحمتی که دادم شرمنده‌ام. چه خبر از شیخ ابوالعباس، حضرت منکر؟

منکرـ خبرگرفتن از شیخ هم آسان نبود. خوشبختانه به حضرت سقطائیل رئیس شربت‌خانه که می‌شناختم برخوردم...

فضولـ مگر آن‌جا شربت هم پیدا می‌شود؟

منکرـ دلت را خوش نکن! شربت عصاره‌ی زقّوم است که عطش را صد برابر می‌کند.

فضولـ از شیخ ابوالعباس می‌فرمودید.

منکرـ شرح حالش را از حضرت سقطائیل شنیدم. تا مدتی دوزخی سر به زیری بوده، اما چند وقت بعد، یک روزی طبیعت‌اش غالب شده، با بدن نیم‌سوز یقه‌ی یک فرشته خازن را گرفته، در نتیجه به دستور مالک، او را به هاویه که مخوف‌ترین طبقه‌ی دوزخ است فرستاده‌اند.

نکیر— خبر خوبی نیست فضول‌باشی، امیدوارم کارت به آن‌جاها نکشد و شهادت زنبور سرخ مغول و گزارش مساعد نکیرین در بازجوئی کمکت کند که اگر به روضه راه پیدا کردی، دیگر جابجا نشوی. البته نظر مساعد ما در صورتی ضمیمه‌ی سـوابقت می‌شود که صادقانه و بدون مهمل گوئی برای تنظیم گزارش شرف عرضی ما به پیشگاه مبارک حضرت ملک‌الموت ابویحیی ارواحنا فـداه، از جان و دل همکاری کنی.

فضول— بنده‌ی خاکسار در خدمت‌گزاری آماده‌ام.

منکر— پس معطل نکن! نظریات عمّه‌ات و رفیقت و نظر اصلاحی خودت را به اختصار شرح بده!

فضـول— به روی چشم. عمّه قدسی من، همان‌طور که عرض کردم آدم فوق‌العاده مؤمن و مقدسی بود. الان هم به‌طوری که حتماً ملاحظه فرموده‌ایـد، در روضه‌ی رضوان از نماز و طاعـت و عبادت کوتاهی نمی‌کند. این آدم شاید معتقدترین آدم دنیا به نکیرین و نقش‌شان در تأدیب و تنزیه جامعه بود. حتی غالباً با شـوهرش عنایت‌الله خان— که به نکیرین بی‌اعتقاد بود— بگومگوهای سـختی داشت و او را از آن‌ها می‌ترسـاند. مثلاً یک روز که عنایت الله خان خرمـای نذری او را به عنوان حلویات پای منقل دوستان مصرف کرده بود، فریادش به آسمان رفت صدایش هنوز در گوشم است که داد زد: عنایت، بترس از نکیر و منکر! و عنایت‌الله خان بعد از مدتی که دود را بیرون داد، زیرلب گفت: از وقتی تو را دیده‌ام ترسم از نکیر و منکر ریخته!

نکیرـ یعنی عمّه قدسی این قدر زشت‌رو بود؟

فضولـ نه‌خیر، حتی در پیری قیافه‌ی بسیار مطبوعی داشت. ولی فراموش نفرمائیدکه آدمیزاد زور شنیده‌ی ضعیف، که دستش نمی‌رسد تلافی کند، یک عیبی روی زورگو می گذاردکه دلش خنک بشود.

منکرـ لازم نکرده تفسیرکنی! حرفت را بزن!

فضولـ ببخشید. حضرت نکیر سؤالی فرمودند جواب دادم.

نکیرـ حالا از آن دکتر مخالف بگو!

فضولـ باید اول او را معرفی کنم. دکتر میرعلینقی‌خان دندانپزشک بود. از عقاید ضاله‌اش درباره‌ی نکیرین که بگذریم، سیّد صحیح‌النسب محترمی بود. شجره‌نامه‌اش را در قاب بزرگ مرصّعی در سالن خانه‌اش نصب کرده بود. تنها زندگی می کرد چون زنش فوت شده بود. از بزرگواری و انسانیت هیچ کم وکسری نداشت. برای خدمت به مردم زنده بود. اگر مریضش استطاعت نداشت نه تنها پول دندان پرکردن و دندان کشیدن نمی گرفت که کرایه ماشین مراجعت تا خانه را بهش می‌داد.

منکرـ حاشیه نرو! به اصل مطلب برس!

فضولـ چشم. اما اگر این‌طور تشر بزنید ممکن است خیلی جزئیات را فراموش کنم.

نکیرـ نه، حواست را جمع کن که چیزی از قلم نیندازی! دین و ایمانش چه‌طور بود؟

فضولـ آن را که نپرسید! اگر آن یک چتول ودکائی که شب‌ها

با کبابش می‌خورد، پایش ننوشــته باشند، صددرصد الان در روضه‌ها است. تازه آن دو سیخ کبابی هم که درست می‌کرد، اگر مهمان نمی‌رسید از گلویش پائین نمی‌رفت. پا می‌شد می‌رفت سرکوچه یک مهمان پیدا می‌کرد.

منکـرـ لابد تو هم پیش از قهر و جدائــی مهمانش بوده‌ای و با کباب از آن ودکایش هم خورده‌ای؟!

فضولـ حضرت منکر، الان که بازجوئی من مطرح نیست.

نکیرـ حواسش را پرت نکن! بگذار به اصل موضوع برسد. بگو فضول باشی! به نظریاتش راجع به نکیرین برس!

فضولـ به روی چشم، حضرت نکیر. سعی می‌کنم ولی نمی‌دانم چه‌قدر طاقت یادآوری حرف‌های او را داشــته باشــم. به‌خصوص که مخالفت و ضدیّتش با نکیرین، به معتقدات دیگر من هم گران می‌آمد. مثلاً به آخوندها، که مورد اکرام و احترام من هستند خیلی تندی می‌کرد.

نکیرـ آخوندها این وسط چه‌کاره بودند؟

فضولـ آخر، دکتر معتقد بود که نکیرین را آخوندها علم کرده‌اند. باری، اولین دفعه که به مناسبتی در حضور او اسم نکیر و منکر بر زبانم گذشــت، سخت به من پرید که تو آدم درس‌خوانده خجالت نمی‌کشی که مثل عوام‌الناس از این لولوهای سر خرمن اختراعی آخوندها حرف می‌زنی؟

نکیرـ لولوهای سر خرمن آخوندها یعنی چه؟

فضــولـ می‌دانید که دهاتی‌ها یک مترســک یعنی یک هیکل

نکره‌ای را مثلاً با کلّه خر مرده توی جالیزشان علم می‌کنندکه پرندگان بترسند و به محصول‌شان تجاوز نکنند. می‌خواست بگویدکه- استغفرالله- نکیرین موجودات خیالی و در حکم همان سرخرها هستند که آخوندها ضمن سایر خرافات، برای رونق کاسبی‌شان ساخته‌اند.

منکر- تو سرش نزدی؟

فضول- نه، حضرت منکر. من تو سری بزن نیستم. با دلیل و برهان به مقابله‌اش رفتم.

منکر- چه جوابی دادی؟

فضول- گفتم چه موجودات خیالی هستندکه بزرگان عالم مشخصات فیزیکی‌شان مثل شکل و هیکل و رنگ چشم‌ها و موی سرشان حتی آهنگ صداشان را دقیقاً وصف کرده‌اند. پرسید مثلاً کدام بزرگ؟ گفتم مثلاً دانشمند یگانه‌ی روزگار، محّدث عالی‌قدر، حضرت علّامه ملّا محمدباقر مجلسی.

نکیر- قانع شد؟

فضول- نه‌خیر. حتی با پوزخندی گفت به روباه گفتند شاهدت کیه گفت دُمبم! این بابا هم یک آخوند بوده که آخوندها زیرکونش را گرفته‌اند بلندش کرده‌اند. این شگرد همه فرقه‌چی‌هاست که یکی از خودشان را با یک عنوان دهن پرکن مثل قائد اعظم، رهبر معظم یا مقام‌عالی و مقتدای معّلی، آن بالا می‌نشانندکه از قبلش نان بخورند.

منکر- باز هم شنیدی و تو دهنش نزدی؟

فضول- نه، حضرت منکر. جوابی دادم که از تو دهنی تیزتر بود.

گفتم علّامه مجلسی هر آخوندی نیست. دانشمندی است که متجاوز از شصت تألیف دارد. فقط تألیف بحارالانوارش ۲۶ جلد است.

نکیر- چی گفت؟

فضول- بی‌حیا گفت اگر ششصد جلد تألیف هم داشت فقط کاغذ و مرکب زیادتر تلف کرده بود. و قبل از این که من بتوانم جوابش بدهم، گفت من اگر به یک دادگاه واقعی دسترس داشتم از ناشرکتاب‌های این علّامه‌ات شکایت می‌کردم. برای این که به اجداد من که آدم‌های بزرگ و محترمی بوده‌اند اهانت کرده است. طوری عصبانی شدم که سرش فریاد زدم. خجالت بکش!

نکیر- اثری کرد؟

فضول- ابداً. گفت بیا به یک تألیف محّدث عالی‌قدرت که دم دست دارم نگاهی بینداز. بعد بلند شدکتاب حلیة‌المتقین علّامه مجلسی را آورد وگفت بیا نشانت بدهم که علّامه‌ات از قول اجداد محترم و مقدس من چه مهملاتی به هم بافته است و وقتی تنها شدی به فلاکت ذهن خودت که به فرموده‌ی این آخوند استشهاد می‌کنی، بیندیش! بعد، از روی کتاب به صدای بلند خواند: «از حضرت امام موسی علیه‌السلام منقول است که حیواناتی که مسخ شده‌اند دوازده صنفند: فیل پادشاهی بوده که زنا و لواط می‌کرده... خرس مردی بوده که با او عمل قبیح می‌کردند... خرگوش زنی بود که به شوهر خود خیانت می‌کرد...»

نکیر- تو چه گفتی؟

فضول- چیزی نمی‌توانستم بگویم. چون نشانم داد از روی صفحه

۲۸۷ کتاب حلیةالمتقین تألیف عالم ربانی ملامحمدباقر مجلسی می‌خواند،که تازگی در جمهوری اسلامی به حلیه‌ی طبع آراسته شده بود. هر قدر خواستم حرف توی حرف بیاورم، نشد و دست برنداشت. گفت صبرکن، درد دلم تمام نشده، چون حضرت علّامه در این داروینیسم نوع آخوندی، به امام موسی کاظم اکتفا نکرده، جدّ بزرگوار دیگرم حضرت امام رضا را به همین مهمل گوئی متهم کرده است. گوش بده! می‌نویسد: «از حضرت امام رضا علیه‌السلام منقول است که پشه شخصی بود که استهزاء پیامبران می‌کرد. شپش یکی از بی‌خردان بنی‌اسرائیل بود که نماز یکی از پیغمبران را استهزاء کرد و به‌صورت شپش مسخ شد.»

نکیر- این دکتر غیر از بدگوئی از حضرت علّامه مجلسی، برای انکار نکیرین دلیلی هم داشت؟

فضول- خیلی حرف داشت. من فکرکردم بهتر است برای روشن شدن ذهنش ترتیبی بدهم که با عمّه قدسی که زنی درس خوانده و معتقد بود و در این باب بیشتر از من مطالعه داشت رو به رویش کنم. وقتی موضوع را با عمّه جان در میان گذاشتم و بعضی حرف‌های دکتر در انکار نکیرین را حکایت کردم، گفت: به قول مولانا: چون قلم در دست غدّاری بود- لاجرم منصور بر داری بود! این سیّد اولاد پیغمبر زده به کله‌اش! بیاورش، با نیم ساعت صحبت مُجابش می‌کنم.

نکیر- خوب، نتیجه؟

فضول- در منزل عمّه جان جلسه‌ی خوب و محترمی تشکیل شد. اما وقتی عنایت‌اللهخان، شوهر عمّه‌جان، که از پای منقل پا شده بود،

خودش را به مجلس رساند، با دخالت‌های مکّررش آن محیط آرام مناظره‌ی علمی را آشفته کرد، طوری که من از پیشنهاد تشکیل این جلسه پشیمان شدم. چون کار به انتقاد از آخوندها، که گفتم مورد احترام و اکرام من هستند، کشید.

منکرـ آخوندها را چه کار داشتند؟

فضولـ عرض کردم که دکتر اصرار داشت که قصّه‌ی نکیرین فقط اختراع و پرداخته آخوندهاست. در جلسه، عمّه‌جان مستقیم وارد مطلب شد. گفت آقای دکتر، شنیده‌ام که شما ـ استغفرالله ـ وجود نکیرین را انکار می‌کنید. ممکن است بفرمائید چرا؟ دکتر جواب داد برای این‌که قصه‌ی ساخته‌ی آخوندهاست و واقعیتی ندارد. عمه‌جان گفت پس این همه بزرگان ما از نکیرین گفته‌اند، حرف مفت بوده؟ و بی‌تأمل از روی نوشته‌ای که تهیه کرده بود شروع به خواندن اشعار راجع به نکیرین کرد. از سنائی و فرخی و ناصرخسرو خواند. عنایت الله‌خان با قیافه‌ی ظاهراً جّدی گفت: قدسی‌جان، عبید زاکانی را هم بگوکه فرمود: قزوینی در حال نزع وصیت کرد که با کرباس کهنه و پاره‌پوره کفنش کنند تا نکیر و منکر خیال کنند کهنه مرده است و مزاحمش نشوند. عمّه جان با یک «عنایت!» غضب‌آلود ساکتش کرد و ادامه داد. وقتی به سعدی رسید. دکتر به میان کلامش دوید و گفت: سرکار خانم، شعرا درباره‌ی افسانه‌ها مثل اسب پرنده و پری دریائی هم شعرگرفته‌اند. این که می گویم قصه‌ی نکیرین ساختگی است، برای این‌است که آخوندها که راحت حتی از قول رسول خدا حکم و سند می‌سازند، راجع به این

موجودات ساختگی‌شان نتوانسته‌اند غیر از تفسیرهای آبکی خودشان سندی بیاورند. آن‌وقت می‌خواهندکه من نظام جهان هستی- یعنی تولد، زندگی، مرگ، رستاخیز- راکه از خدا و رسولم دارم، دور بیندازم و ترتیبات امثال آخوند ملّا ممباقر، با یک ایستگاه اضافی بازجوئی وسط راه، را قبول کنم! عمّه جان که تمام مدت زیر لب استغفرالله می گفت، ناگهان از جا پرید و گفت: پس اجازه بفرمائید! و از سالن بیرون رفت.

منکر- یعنی قهرکرد و رفت؟

فضول- نه، قربان. رفت که برگردد. عنایت‌الله خان که سخت نشئه‌ی تریاک بعدازظهرش بود، با استفاده از غیبت زنش، با ریز خنده‌ای یک جوک رکیک راجع به برخورد یک پیر دختر با نکیرین، حکایت کرد. عمّه جان برگشت و با اشاره به کتابی که همراه آورده بود گفت: جناب دکتر، شما که می گوئید سند معتبر ندیده‌اید، بفرمائید: آیا این کتاب حلیة‌المتقین علّامه‌مجلسی را خوانده‌اید؟

منکر- آفرین به درایت عمّه‌ات! چی گفت دکتر؟

فضول- دکتر تا اسم علّامه‌مجلسی را شنید، روی میزکوبید و گفت خانم، اسم این علّامه را بیاورید، سرم را به این دیوار می‌شکنم. این سرسلسله‌ی آخوندها، تا توانسته به اجداد مکّرم من اهانت کرده. آن روز برای جوجی جان شما خواندم آن‌جائی که نوشته حضرت امام‌رضا فرموده که شپش اول یک آدم بوده چون یکی از پیغمبران را مسخره کرده به‌صورت شپش مسخ شده است. حالا هم خواهش می کنم صفحه‌ی ۱۱۵ همین حلیة‌المتقین را بازکنید! ببینید از امام هشتم ما- که به تصدیق

دوست و دشمن انسان بسیار فهیم و فاضلی بوده، ـ چه می گوید. عمّه جان با یک حرکت عصبی کتاب را جلوی شوهرش انداخت. عنایت‌الله خان صفحه را بازکرد و خواند: «از حضرت امام‌رضا علیه‌السلام منقول است که فرمود زینهار هر روز حمام مرو که باعث مرض سل می‌شود» و بعد ازکمی مکث، سـر را از روی کتاب بلندکرد و رو به زنش گفت: قدسی جان، تو هر روز به من زور می‌آوردی که بعد از منقل حمام بروم، نکند می‌خواستی سـل بگیرم بمیرم از شرّم خلاص بشوی! سپس ریز خنده‌ای سر دادکه همراه با فریاد اعتراض عمّه‌قدسی مجلس را به‌کلی شلوغ کرد.

نکیرـ یعنی مجلس بهم خورد؟!

فضـولـ نه‌خیر، دکـتر موضوع را پی گرفت. گفت آیا اسـتناد به نظر این علّامه باعث شرمساری نیسـت؟ عمّه‌جان گفت: آقای دکتر، علّامه به‌کنار، بفرمائید آیا تجلیل از نکیرین هم توهین به اجداد طاهرین شماست؟ دکتر جواب داد: کاش فقط توهین به اجداد من بود. گذشته از این که‌ـ تکرار می کنم‌ـ نقیض نظام مقرّر الهی، تولد، زندگی، مرگ، رسـتاخیز است، اهانت به پروردگار عالم است. آخوندها با علم کردن نکیرین، خداوند بصیر و سمیع و علیم را، تا حدّ یک خان حاکم مستبد، کوچک می کنند. خانی که از امانت نوکرهایش مشکوک است. دو تا مأمور می‌فرستدکه به ضرب و زور و شکنجه مُقرّشان بیاورند که مدت خدمـت دزدی دغلی کرده‌اند یا نه. آن هـم بعد از اخراج از خدمت! عنایت‌الله خان حرف دکتر را پی گرفت: مثل خدا بیامرز سـالار امجد

خودمان که مباشردهش را وقتی مرخص کرد، بست به چوب و فلک که اگر چیزی دزدیده باشد مُقر بیاید! عمّه جان بعد از خالی کردن دق‌دلی سرشوهرش، پرسید: ممکن است بفرمائید آخوندها از این ـ زبانم لال ـ اختراع نکیرین چه نفعی می‌برند؟

نکیرـ سؤال خوبی کرد عمّه جانت!

فضول ـ بله، ولی متأسفانه یک لگد اضافی به آخوندها خورد. دکتر در جواب سؤال اوگفت: این را همه می‌دانندکه اقلیت ثروتمند همیشه زندگی و رفاه آخوندها را از طریق کفّاره‌ی محّرمات و وقف و سهم امام و این‌جور چیزها تأمین کرده‌اند. آخوندها یک وقتی به فکر افتاده‌اندکه بقیه را هم، که اکثریت قریب به اتفاقند ـ و می‌دانندکه سهو و خطاهاشان با رحمت بی‌انتهای پروردگار عالم احتمالاً بخشوده می‌شود ـ نباید بگذارند مفت و مجانی راهی بشوند. آن‌ها را هم می‌شود با ترساندن از نکیرین و ایستگاه کتک و عذاب میان راه، به انفاق اضافی وادارکرد!

نکیرـ عمّه‌ات چی گفت؟

فضول ـ آمد جواب بدهد، باز شوهرش پرید وسط و با خنده نقلی‌اش گفت: این کتک علی‌الحساب نکیرین، حکایت سیلی‌های گروهبان صالح‌آبادی ابواب جمعی ژاندارمری فیروزآباد ماست که یکی راکه توقیف می‌کرد، تا دم ژاندارمری مرتباً بهش سیلی می‌زد. بعدکه به جرم این کار خلاف قانون اخراجش کردند، گفته بود: آخر، جناب سروان حسنخانی آدم خیلی دل‌رحمی بود. این جور جرایم کوچک را می‌بخشید. پس اگر ترس از سیلی‌های تو راه من نبود، مردم برای

ژاندارمری تره هم خرد نمی‌کردند.

منکر- عمّه‌ات نزد تو سرش؟

فضول- فرصت نشد. چون دکتر دنباله‌ی حرف خودش را گرفت. گفت: البته این بازی نکیرین حکایت گذشته است. حالا که آخوند زده وگرفته و بلاشریک مادر خرج و پدرخرج شده، دیگر به این ابزارکهنه احتیاجی ندارد. دقت کرده باشید، این آخری‌ها دیگر از نکیرین یادی نمی‌کند. چون کار شب اول نکیرین را برای مُقِر آوردن، خودش شب ما قبل اول می‌کند.

نکیر- عمّه خانم چه عکس‌العملی نشان داد؟

فضول- اول سعی کرد شوهرش را که با پرحرفی مناظره‌ی جّدی را ضایع می‌کرد، روانه کند. ولی عنایت زیر بار نرفت. حتی به‌عنوان موافق به میان صحبت دوید و گفت: البته اهمیت نقش نکیرین و بازجوئی‌شان قابل انکار نیست. ولی در مواردی درباره‌ی نحوه‌ی عمل‌شان سؤال پیش می‌آید. مثلاً در مورد دائی غلامحسین‌خان خودمان، که بنده‌ی خدا آلزایمرگرفته چه می‌کنند؟ طفلک کسی را نمی‌شناسد. حتی منیر خانم زنش، را بعد از چهل سال زندگی، داده بود دست آجان که این خانم قاشق چنگال نقره‌ی ما را دزدیده. دکتر میرعلینقی‌خان دنباله‌ی حرف او را گرفت و گفت: آخوندها باید تکلیف نکیرین را در مورد آدم‌هائی که در دریا طعمه‌ی کوسه می‌شوند، معین کنند. تکلیف بازجوئی آن‌ها چه می‌شود؟ باید بساط بازجوئی و آلات و ابزار شکنجه را ببرند توی شکم کوسه پهن کنند؟ که عنایت‌الله خان با ریز خنده‌ای افزود: یا اگر

دیر برسند باید دنبال هضم شده‌اش در کون کوسه زیرآبی بروند.

نکیر‌ـ این جلسه آبروریزی بالاخره به کجا رسید؟

فضول‌ـ بحث و بگو و مگو شدیدتر شد. اگر حوصله‌اش را داشته باشید عرض کنم.

نکیر‌ـ به‌شرط این‌که به اصل موضوع یعنی نکیرین برسد بگو!

فضول‌ـ عرض کنم که عمّه‌قدسی خیلی عصبانی شد. سر شوهرش داد زد: عنایـت! یک کلمه دیگر گفتی من می‌دانـم و تو! عنایت‌الله خان مثل بچه‌ی تنبیه شده خودش را جمع کرد و سرش را زیرانداخت. عمه‌جان از سـکوت مجلس استفاده کرد و گفت: جناب دکتر، شما که از ذرّیه‌ی شـریفه‌ی ائمه‌ی اطهار هستید و ظاهراً آدم مؤمن و معتقدی هم هسـتید، وقتی به مبانی دین اعتقاد دارید، باید آخوند را هم قبول داشـته باشیدکه ... دکتر به میان حرفش دوید و گفت: خانم محترم، نه پیغمـبر گرامی ما و نه هیچ پیغمبری آخوند نیاورده، آخوند خودآورده و خود سـاخته است. یک روزی پریده وسـط که من آخوندم، آمده‌ام از طرف خدا و رسـول شـما را به راه راسـت هدایت کنم. شما که زبان پروردگار را نمی‌دانید. پس حاجات‌تان را به من بگوئید من به عرض باری تعالی می‌رسـانم و دعا می‌کنم که اجابت بفرماید. در مقابل این وسـاطت و شـفـاعت من، هر چی درآوردید، می‌گذاریم وسط برادروار قسمت می‌کنیم. به کار من هم ایراد نکنید چون در حکم ایراد به خدا و رسول است و مستوجب کیفر اخروی و حتی دنیوی!

منکر‌ـ موضوع نکیرین انگار وسط موضوع آخوند گم شد!

فضـول- نه، حضـرت منکر. عمّه‌جان می‌خواسـت ثابت کندکه آخوند معتبر است در نتیجه نکیرین هم معتبرند.

نکیر- ثابت کرد!

فضول- چه عرض کنم؟ ولی کار به بحث درباره‌ی اصل و ریشه‌ی اسـم آخوندکشید. دکترگفت: ملاحظه بفرمائیدکه لفظ آخوند در زبان فارسی غریبه است و ریشه‌ی قدیمی ندارد. در لغت‌نامه‌ی عظیم دهخدا، هیچ کلمه‌ای تا این حد با تردید معنی نشـده است. می نویسد: «شاید مخففـی از آقا و خونـدگار به معنی خداوندگار باشـد.» در فرهنگ فارسی معین با چند علامت سؤال مکرّر آمده است: «آپیشوند+ خوند= خداوند؟ یا خوند = خواندن؟». در ادبیات فارسی هم تا یکی دو قرن اخیر اثری از آن نمی‌بینیم. بهترین دلیل غریبگی لفظ این که خواجه حافظ شیرازی، بزرگ‌ترین و دقیق‌ترین شناسای بی‌بدیل آخوند و آخوندیسم، در حالی که خصوصیات آخوند را با صفات خودبین و ظاهرپرسـت یا مهر ملک و شحنه گزین، و ریا و سالوس ورز، نشانی می‌دهد و شیوه‌ی کار او: جلوه در محراب و منبر وکار دیگر در خلوت کردن، یا در میخانه بستن و در خانه‌ی تزویر و ریا گشودن، را برملا می کند، لفظ آخوند را به کار نمی‌برد چون نمی‌شناسد.

منکر- در مقابل این اهانت‌ها به آخوند، تو چه غلطی کردی؟

فضول- من داشـتم از عصبانیت دیوانه می‌شدم. وقتی از سالوس و تزویـر و ریای آخوند می گفت، تنم می‌لرزید. قیافه‌ی نورانی آسـید ابوالقاسم واعظ جلوی چشمم مجسم می‌شد، می‌خواستم فریاد بکشم.

نکیر ـ کشیدی؟

فضول ـ نه، حضرت نکیر، فرصت نشد. باز عنایت‌الله خان پرید وسط صحبت گفت: دکتر، شاید کلمه‌ی عربی است باید توی المنجد دنبالش گشت. دکتر گفت: نمی‌دانم اما از بعضی شنیده‌ام که از عراق آمده، به این معنی که می‌گویند وجوه موقوفه‌ی پادشاه عاود هندوستان، که تا آخر امپراطوری عثمانی، در بغداد، به طلاب و اهل لباس پرداخت می‌شد، عنوان "حساب عاود" Aoudh's Account داشته که مستخدمین محلی، که از ترک‌های آناطولی و کارکنان قدیمی بانک آلمان ـ عثمانی بودند، کلمه‌ی اکاونت انگلیسی را به سیاق آلمانی‌ها «آکونت» تلفظ می‌کردند و طلبه‌ها و معممین مشمول کمک را که برای دریافت ماهانه‌شان می‌آمدند، آکونت بگیر، یا برای سهولت، به‌طور خلاصه، آکونت می‌گفتند و کلمه به مرور زمان به آخوند مبدل شده است، عنایت‌الله‌خان بلافاصله‌ی با ریز خنده‌ای گفت پس می‌فرمائید غیر از انگلیسی، اصل و نسب آلمانی هم دارد؟

نکیر ـ عمّه‌ات چی گفت؟

فضول ـ عمّه‌جان بعد از تشر شدیدی که به شوهرش زد، برای مجاب کردن دکتر از راه دیگری وارد شد. گفت آقای دکتر محترم، شما که فرنگ بوده‌اید و دیده‌اید که آن‌جا چه‌قدر به کشیش عزّت و احترام می‌گذارند، چرا این‌طور به آخوند بی‌احترامی می‌کنید؟ دکتر از رو نرفت. گفت خانم، اولاً کشیش هم مثل آخوند ما یک روز ادعا کرده بود که من نماینده‌ی مسیح هستم و مأمور راهنمایی و رستگاری شما

شده‌ام. مردم هم به‌خاطر خدا و مسیح قبول کرده بودند. اما بعد دیدند که این راهنماهای رستگاری که دم از فقر و قناعت می‌زدند، به مرور، به اتفاق شریک تاجدارشان، روی تمام قدرت و ثروت دست انداختند و آن‌هایی را که حرف زیادی می‌زدند، هزار هزار طعمه‌ی آتش کردند. یک موقعی دیگر خودشان را کم از پادشاه نمی‌دانستند. تا جائی که کاردینال مازارن برای عشق‌بازی کمتر از ملکه «آن‌دُتریش» را قبول نداشت. و کاردینال دوروهان، با هدیه‌ی گردن‌بند برلیان دنبال ملکه ماری آنتوانت افتاده بود. آن قدر کردند تا مردم به ستوه آمدند و انقلاب کردند. هر دو را سرجاشان نشاندند. کشیش را فرستادند توی کلیسا که راهنمائی خلق را از همان جا بکند. در نتیجه احترامش محفوظ ماند.

منکر ـ راجع به بی‌احترامی به آخوند چی گفت؟

فضول ـ گفت: ثانیاً من به آخوند بی‌احترامی نکردم. به نظر یک آخوندشناس بزرگ یعنی خواجه حافظ اشاره کردم. اگر گله‌ای دارید از او بکنید. اما یادتان باشد که دیوانش، که تا چهل پنجاه سال پیش با چاپ قدیمی رنگ و رو رفته، توی یک طاقچه‌ی صندوق‌خانه انتظار فال گرفتن خانم بزرگ را می‌کشید، اگر امروز حدّ نصاب تیراژ کتاب را شکسته و سر به میلیون نسخه زده، برای این است که به مناسبت اوضاع و احوال پیش‌آمده، حکم منشور مخالفت و حتی مبارزه با آخوندیسم را پیدا کرده است. آنچه گفتم کلیّاتی راجع به آخوند و آخوندیسم بود. وگرنه من شخصاً...

نکیر ـ نفهمیدم. آخوندیسم دیگر چه حکایتی است؟

فضولـ عمّه قدسی هم که نفهمیده بود، پرید میان حرفش وگفت: ممکن است آخوندیسم را معنی بفرمائید؟ دکتر جواب داد: آخوندیسم مسلکی است که عقیده دارد که آخوند از اول برای حکومت و سلطنت خلق شده و روزی که حق غصب‌شده‌اش را پس بگیرد، مثل لوئی چهارده که گفت ملک و مملکت یعنی من ـ می‌تواند هرکاری دلش می‌خواهد بکند.

منکرـ عمّه خانم در مقابل این مهملات ساکت نشست و نزد تو سرش؟

فضولـ خیلی عصبانی گفت: آقای دکتر، شما یک بحث جدی را به قصه‌پردازی می‌کشید! لوئی چهارده چه ربطی به حرف ما راجع به آخوند دارد؟ دکتر خیلی تند جواب داد: نه، خانم، قصه‌پردازی نیست. حکایت تکرار تاریخ است. لوئی چهارده یک روزی با لباس شکار سوار بر اسب کهرش به جلسه‌ی مشورتی بزرگان پاریس وارد شد و گفت: ملک و مملکت منم! آخوند هم مثل او روزی که وارد شد، حق خیالی‌اش را بگیرد، عیناً همان حرف را زد ـ منتها به زبان آخوندی ـ که می‌شد: نه یک کلمه کمتر نه یک کلمه بیشتر! عنایت‌الله خان با ریز خنده‌ای اضافه کرد: اما این یکی جای اسب کهر سوار بوئینگ کهر ارفرانس بود!

نکیرـ پس موضوع نکیرین وسط قضیه‌ی آخوندگم شد؟

فضولـ عرض کنم که با وجود جیغی که عمّه قدسی به بهانه‌ی تنبیه شوهرش کشید، دکتر دنباله حرف خودش را گرفت وگفت: داشتم

عرض می‌کردم که من با آخوندی که کار خودش را می‌کند عداوتی ندارم. آخوند از هر جا آمده، امروز دیگر جزء مناظر طبیعی ما شده، ما با آخوند بزرگ شده‌ایم. محرم و صفر برامان روضه می‌خواند. موقع عروسی بچه‌هامان می‌آید صیغه‌ی عقد جاری می‌کند. کسان‌مان که فوت می‌شوند، در مجلس ختم‌شان منبر می‌رود و دعای مغفرت می‌خواند... دکتر به این‌جا که رسید خنده‌ی نقلی عنایت‌الله خان حرفش را قطع کرد. عمّه قدسی داد زد: عنایت، قباحت دارد! عنایت خنده‌اش را جمع کرد و گفت: یاد فاتحه‌ی مادرت افتادم. بعد رو به دکتر گفت: ملک‌زاده خانم مادر قدسی، خیلی خیلی بیشتر از دخترش اهل نماز و طاعت و عبادت بود. فوتش هم سر سجّاده اتفاق افتاده بود. برایش خانقاه صفی علی‌شاه فاتحه گذاشته بودیم. آسید ابوالقاسم واعظ منبر رفت. گمانم آن روز با مادر زنش دعوایش شده بود. چون بعد از دعای مغفرت برای مرحومه ملک‌زاده خانم، هر چه آیه و حدیث راجع به مکافات فاحشه و فحشاء بلد بود ردیف کرد. طوری که ما خنده‌مان گرفته بود. عمّه قدسی باز داد زد: عنایت خجالت بکش! عنایت گفت: خان‌داداشت هم خنده‌اش گرفته بود.

منکر- تو که به نکیرین و آخوند اعتقاد داری، این‌جا دیگر باید می‌زدی تو سر این دکتر!

فضول- عمّه قدسی جوابی بهش داد که از تو سری سنگین‌تر بود. گفت: همین سیدابوالقاسم واعظ که الان عنایت حرفش را زد، با هفت سر عائله توی یک خانه‌ی چهار اطاقی زندگی می‌کند. این

آخوند بیچاره کاردینال دوروهان است که با گردن بند دنبال ملکه ماری آنتوانت افتاده باشد؟

نکیر_ آفرین عمّه خانم! دکتر چی جواب داد؟

فضول_ گفت: خانم، کسی به سیدابوالقاسم شما که دارد کارش را می‌کند و نانش را می‌خورد کاری ندارد. حرف ما سر آن آخوندی است که هزار سال زیر سایه‌ی شریک تاجدارش مفت خورده و خوابیده، حالا بلاشریک پریده وسط که همه کاره منم. شما پنجاه شصت میلیون آدم عقل‌تان به اندازه‌ی من آخوند نمی‌رسد. حاکمیت ملی و این جور مهملات ساخته‌ی استکبار را از گوشتان بیرون کنید! ثروت‌تان را من باید تصمیم بگیرم چه جوری خرج بشود. من باید بگویم چه بخورید چه نخورید. چه بگوئید چه نگوئید. باکی دوست باشید باکی دشمن. درس دانشگاه‌تان را من معین می‌کنم که چه یاد بگیرید. من تعیین می‌کنم که کدام واقعه‌ی تاریخی را جشن بگیرید و کدام را فراموش کنید و توی تقویم‌تان کاملاً خط بزنید. این آدم‌هایی که من زندانی می‌کنم و دارشان می‌زنم مستحقند. حقوق بشر و اعلامیه‌ی جهانی و این شرّ و ورها را دور بیندازید! حقوق بشر را من تعیین می‌کنم...

نکیر_ این حرف رفیقت که ربطی به سؤال عمّه نداشت!

فضول_ عمّه هم به همین علت حرف او را برید و گفت آقای دکتر، چرا خلط مبحث می‌کنید؟ من پرسیدم بیچاره سیدابوالقاسم واعظ چه ربطی به امثال کاردینال دوروهان دارد. شما رفتید توی سیاست... دکتر حرف او را برید و گفت: بله، فهمیدم ولی خانم، توی یک قشون مهاجم

همه ژنرال نیستند. وکیل‌باشی هم دارند. سیّد چهار اطاقی را بگذارید روضه‌اش را بخواند. اگر می‌خواهیدکاردینال دوروهان ببینید، یک روز یک سری بکشید به فرودگاه، آنجا ببینید ـ البته از دور چون به پاویون دولتی راه‌تان نمی‌دهند ـ ببینید چند تا کاردینال دوروهان معمم و کلاهی، یا کاردینال زاده‌های نورچشمی، با بهتر از ماری آنتوانت‌های برلیان به گردن، البته فعلاً محجّبه، بـرای تعطیلات روانه‌ی مالاگای اسـپانیا می‌شوند! عنایت‌الله‌خان وسـط حرف دکتر دوید و گفت: از قضا ما هم پارسال قرار بود برویم همین مالاگا، دوستمان مهدی‌خان دعوت‌مان کـرده بود. اما خانم جّد کرد که جاش برویم زیارت! و بعد از یک خنده نقلی، اضافه کرد: ما هم، جای شـما خالی، راه افتادیم با قدسی آنتوانت خودمان رفتیم شامات در زینبیه، نایب‌الزیاره بودیم.

منکر ـ عمّه‌ات هیچی نگفت؟ این که می‌گفتی از پس شمر هم بر می‌آید نزد تو دهن دکتر؟

فضـول ـ عمّه‌جان غضبناک چنان «عنایتی!» فریاد زد که همه از جا پریدیم و عنایت دوباره موش شد فرو رفت توی صندلی. خانم سپس با لحن ملایمی گفت: از همه چیزگذشتـه، آخوندکه می‌گوئید در عقد و عروسـی و ختم و عزا کمک می‌کنید، لااقل به جبران این خدماتش مستحق عزّت و احترامی در حدّ کشیش فرنگی نیست؟

نکیر ـ آفرین عمّه خانم! دکتر چه جوابی داد؟

فضول ـ گفت: چرا خانم. اما آن روزی که ما زورمان بر سدکاری را که فرنگی‌ها با کشیش کردند و پدران ما، در مشروطیت زورشان نرسید

با آخوند بکنند- به انجام برسانیم، یعنی آخوند را از تخت سلطنت پائین بکشیم و بفرستیم به مسجد کار خودش را بکند، او را تا در مسجد بلکه تا توی محراب، با تمام احترامات شایسته و سلام و صلوات پیشاپیش طبق گل و شاخ‌نبات، روی دوشمان می‌بریم. در این موقع عنایت‌الله‌خان که به دنبال تشر زنش مدتی مظلوم شده بود، گردن راست کرد وگفت: چرا روی دوشمان، دکتر؟ می‌گذاریم روی سرمان، تا در مسجد حلوا حلوا می‌کنیم. و بلافاصله خندان روی میز ضرب گرفت و خواند: حلوای طنطنانی، تازه و زعفرانی، تا نخوری ندانی، حلوای طنطنانی، تا نخوری ندانی!

نکیر- پس جلسه‌ی بحث عمّه‌جان به مجلس ساز و ضرب بدل شد؟

فضول- نه، حتی آخر سر، کار به تندی و تلخی کشید. عمّه قدسی بعد از چشم غرّه ترسناکی به شوهرش، به عنوان نتیجه صحبت گفت: آقای دکتر محترم، حالا آخوند توی مسجد یا بیرون مسجد، شما بالا بروید پائین بیائید، خودتان را هلاک کنید، گردی به دامن منزّه و مقدّس نکیرین نمی‌نشیند. با این همه تأکیدات علما و بزرگان دین، هیچ آدم با شعوری نمی‌تواند اصالت وجود نکیرین و اهمیت بازجوئی‌شان در نظام کار دنیا و دین، را انکارکند، همین و بس! در این موقع دکتر رو به من کرد وگفت: شما که سال‌ها قاضی بوده اید، بفرمائیدکه از آدم ناقص‌العقل آیا شرعاً و قانوناً می‌شود بازجوئی کرد یا نه؟ و اگر نمی‌شود، از سرکار خانم بپرسید نکیرین چه‌طور جسد بی‌روح را بازجوئی می کنند؟ و

چه‌قدر گُرز و داغ و درفش در مّقر آوردنش مؤثر اســت؟ چون چشــم بــه دهن من منتظر جواب ماند، گفتم: من این چیزها را نمی‌دانم. ولی به‌هرحال وجود نکیرین و حضورشــان در شــب اول واقعه قابل انکار نیست.

منکــرـ آفرین فضول‌باشــی! عاقبت یک غیرتی از خودت نشان دادی!

نکیرـ متقاعد شد، یا باز سماجت کرد؟

فضولـ چه عرض کنم؟ این حرف راکه از من شنید، بلافاصله از جا بلند شد و گفت: ببخشید، خانم، من مریض دارم باید مرخص بشوم. مرحمت عالی زیاد. کلاهش را سرش گذاشت و راه افتاد. از جلوی من که رد می‌شــد، شنیدم‌که زیرلب گفت: رنج احمق قهر ذات کبریاست! اهانتی که در واقع تیر خلاص را به رابطه‌ی دوستی ما زد. عمّه قدسی که با گوش سنگینش این توهین دکتر به مرا، نشنیده بود، به محض بیرون رفتن او، تبســم بر لب گفت: جوجی‌جون، دیدی رفیقت را چه خوب مجاب کردم؟ به‌قول سعدی دلیلش نماند ذلیلش کردم. عنایت‌الله‌خان، یک حبه قندگوشه‌ی لپش گذاشت و با خنده‌ی ته‌گلوگفت: نه، قدسی جون، فقط ذلیل نکردی، لت و پارکردی جوان مردم را! جواب نکیرین را چی میدی؟

منکرـ معنی این حرفی که آخری دکتر به تو زد نفهمیدم. چی گفت که به تو برخورد؟

فضولـ گفت رنج احمق قهر ذات کبریاست.

منکر- یعنی چه؟

فضول- من که نباید برای شما ترجمه کنم، حضرت منکر. در این جمله غیر از رنج بقیه‌اش عربی است. خلاصه یعنی...

نکیر- مهم نیست. حالا طرحی را که برای گزارش شرف‌عرضی ما داری، بگو من یادداشت کنم.

فضول- به روی چشم. عرض کنم که ...

(طنین ناگهانی صدائی بین سوت و بوق و زنگ)

منکر- (بر پا به‌حالت خبردار، دست به‌گوش) بله قربان، نه‌خیر قربان منکر. دست مبارک را می‌بوسم. بله قربان همین جاست.

نکیر- (آهسته) کیه؟

منکر- بله قربان، دست مبارک را می‌بوسد. چی؟ چی فرمودید؟ ... نه‌خیر قربان. چه‌طور ممکن است، قربان؟ از دبیرخانه‌ی مقام معظّم، قربان ... باور بفرمائید، قربان. به سر مبارک عین واقع است، خلاف عرض نمی کنم... هرطور امر بفرمائید قربان. به شرف عرض‌شان برسانید که فوراً برای پابوسشان حرکت می کنیم. چشم قربان، دست مبارک را می‌بوسم. البته قربان. (به نکیر) پاشو! پاشو راه بیفت!

فضول- ببخشید، با مقام معظّم صحبت فرمودید؟

نکیر- چی شده؟ کی بود؟

منکر- (فریاد) گفتم راه بیفت! رئیس دفتر مخصوص بود. بعد تعریف می کنم. بدو! بالا شلوغ شده، دنبال‌مان می گردند.

فضول‌ـ با حضرت ابویحیی صحبت می‌فرمودید؟
منکرـ (تند) تو دیگه خفه شو!
نکیرـ (نگران) بگو چه اتفاقی افتاده؟
منکرـ اشتباه شده.
نکیرـ یعنی چی اشتباه شده؟ مگر ممکن است؟
فضول‌ـ حضرت منکر، اگر از دست بنده خدمتی...
منکرـ گفتم خفه‌شــو! ببند آن دهن منحوست را! همه‌اش تقصیر توست!

نکیرـ چرا به فضول می‌پری؟ چه اشتباهی شده؟
منکرـ رئیس دفتر مخصوص می‌گفت مقام معظّم طوری عصبانی شده‌اندکه کســی جرأت نمی‌کند طرف‌شان برود. معلوم نیست چه به ســرمان بیاید! از دو ســاعت پیش ما را احضار فرموده‌اند. همه‌اش تقصیر این فضول ملعون است که وقت‌مان را با خارکن پای یتیم و عمّه قدسی‌اش تلف کرد!

نکیرـ (در حال جمع‌آوری وسائل) آخر، نگفتی چه اشتباهی شده؟
منکرـ مقام معظّم تا بالای ســر این بی‌شــعور رفته‌اند اما معلوم نیست چرا بلا اقدام برگشته‌اند بالا.

نکیرـ پس چه‌طور از دبیرخانه به ما...
منکرـ (عصبی) من چه می‌دانم! راه بیفت!
فضول‌ـ پس این گزارش شرف‌عرضی که قرار بود من...
منکرـ آن گزارش را لوله کن ببر به شرف‌عرض عمّه‌جانت برسان!

نکیر- به امید دیدار، فضول‌باشی!

فضول- پس به این ترتیب بنده...

منکر- نترس! دیر و زود دارد، اما ردخور ندارد! وقتت که برسد، گرزی که از من طلب داری، طوری می‌خوری که کاسه‌ی چشمت بیاید توی کاسه‌ی زانویت!

(صدای تنوره‌کشیدن- تاریکی و سکوت مطلق. سپس ناگهان)

یک صدای زنانه- الو، الو... ژاکلین، بدو به دکتر بگو مریض تصادفی چشمش را بازکرد! انگارکه ... آقا، صدای مرا می‌شنوید؟ اگر می‌شنوید، یک بله بگوئید! اگر نمی‌توانید چشمک بزنید! ... الو، ژاکلین، بگو حرف مرا می‌فهمد... صبح‌بخیر، آقا! من، با اجازه‌ی شما، کرکره را باز می‌کنم. روز آفتابی قشنگی است، آقا.

پاریس تیر ماه ۹۱

ایرج و مهین و بهمن پزشک‌زاد و ــ سیلوی سویسی
ژنو ۱۹۶۷

آثار عمده‌ی نویسنده

تألیفات داستانی

دائی جان ناپلئون .... رمان
ماشاءالله خان در بارگاه هارون الرشید........... رمان برای کودکان و نوجوانان
حافظ ناشنیده پند .... رمان تاریخی
خانواده‌ی نیک‌اختر........................... رمان
ادب مرد به ز دولت اوست .... نمایشنامه
پسر حاجی باباجان........................... نمایشنامه
بوبول......................... مجموعه‌ی طنزیات اجتماعی
آسمون ریسمون .... مجموعه‌ی طنزیات ادبی
انترناسیونال بچه پرروها............. مجموعه‌ی طنزیات سیاسی
رستم صولتان .... مجموعه‌ی طنزیات سیاسی
گلگشت خاطرات .... مجموعه‌ی چند خاطره‌ی نویسنده
به یاد یار و دیار .... مجموعه‌ی طنزیات سیاسی و اجتماعی

تألیفات تاریخی و ادبی

ریشه‌های تاریخی اختلاف چین و شوروی (رساله)
مروری در تاریخ انقلاب مشروطیت
مروری در واقعه‌ی ۱۵ خرداد ۴۲
مروری در تاریخ انقلاب کبیر فرانسه
مروری در تاریخ انقلاب اکتبر روسیه
مصدق باز مصلوب
طنز فاخر سعدی

ترجمه‌ها

خسیس .... نمایشنامه اثر مولیر
بورژوا ژانتی یوم.......................... نمایشنامه اثر مولیر
نانین .... نمایشنامه اثر ولتر
آلزیر یا آمریکائیان........................ نمایشنامه اثر ولتر
دزیره .... رمان تاریخی اثر آن‌ماری سلینکو
شوایک سرباز پاکدل.................. رمان- اثر یاروسلاو هاشک